군무원 전산직 FINAL 실전 봉투모의고사

제1회 ~~모의고사~~

KB084918

전산직

제1과목	국어	제2과목	컴퓨터일반
제3과목	정보보호론	제4과목	

응시번호		성 명	

〈 안내 사항 〉

1. 답안지의 모든 기재 및 표기사항은 반드시 『컴퓨터용 흑색사인펜』으로만 작성하여야 합니다.
   (사인펜에 "컴퓨터용"으로 표시되어 있음) (사인펜 본인 지참)
   * 매년 지정된 펜을 사용하지 않아 답안지가 무효처리 되는 상황이 빈발하고 있으므로, 답안지는 반드시 『컴퓨터용 흑색사인펜』으로만 표기하시기 바랍니다.

2. 답안은 매 문항마다 반드시 하나의 답만 골라 그 숫자에 "●"로 표기해야 하며, 표기한 내용은 수정테이프를 이용하여 정정할 수 있습니다. 단, 시험시행본부에서 수정테이프를 제공하지 않습니다.
   (표기한 부분을 긁는 경우 오답처리 될 수 있으며, 수정스티커 또는 수정액은 사용 불가)
   * 답안지는 훼손·오염되거나 구겨지지 않도록 주의해야 하며, 특히 답안지 상단의 타이밍마크 (| | | | |)를 절대로 훼손해서는 안 됩니다.

3. 필기시험 문제 관련 의견제시 기간 : 시험 당일을 포함한 5일간
   * 국방부 군무원채용관리홈페이지(http://recruit.mnd.go.kr) - 시험안내 - 시험문고답하기

제1회 모의고사

QR코드 접속을 통해 풀이시간 측정, 자동 채점
그리고 결과 분석까지!

01 안긴문장이 없는 것은?

① 영하는 부산에 살고 민주는 대전에 산다.
② 나는 형이 취직하기를 고대한다.
③ 예쁜 지혜는 자주 거울을 본다.
④ 어머니께서 나에게 다음 주에 가족 여행을 가자고 말씀하셨다.

02 다음 밑줄 친 부분의 예로 적절한 것은?

> 국어의 높임법에는 말하는 이가 듣는 이에 대하여 높이거나 낮추어 말하는 상대 높임법, 서술어의 주체를 높이는 주체 높임법, 서술어의 객체를 높이는 객체 높임법 등이 있다.

① 충무공은 훌륭한 장군이셨다.
② 선생님께서 숙제를 내 주셨다.
③ 철수는 선생님께 책을 드렸다.
④ 아버지께서는 진지를 잡수시고 계신다.

03 다음 중 문학 갈래의 예로 적절한 것은?

① 서정 양식: 향가, 몽유록, 고대 가요
② 서사 양식: 전설, 사설시조, 판소리
③ 극 양식: 탈춤, 인형극, 경기체가
④ 교술 양식: 수필, 편지, 기행문

04 다음 문장에 대한 설명으로 가장 적절한 것은?

> 눈이 녹으면 남은 발자국 자리마다 꽃이 피리니.

① 의존 형태소는 9개이다.
② 자립 형태소는 6개이다.
③ 7개의 어절, 16개의 음절로 이루어진 문장이다.
④ 실질 형태소는 8개이다.

[05~06] 다음 글을 읽고 물음에 답하시오.

> 손(客)이 주옹(舟翁)에게 묻기를,
> "그대가 배에서 사는데, 고기를 잡는다 하자니 낚시가 없고, 장사를 한다 하자니 돈이 없고, 진리(津吏) 노릇을 한다 하자니 물 가운데만 있어 왕래(往來)가 없구려. 변화불측(不測)한 물에 조각배 하나를 띄워 가없는 만경(萬頃)을 헤매다가, 바람 미치고 물결 놀라 돛대는 기울고 노까지 부러지면, 정신과 혼백(魂魄)이 흩어지고 두려움에 싸여 명(命)이 지척(咫尺)에 있게 될 것이로다. 이는 지극히 험한 데서 위태로움을 무릅쓰는 일이거늘, 그대는 도리어 이를 즐겨 오래오래 물에 떠가기만 하고 돌아오지 않으니 무슨 재미인가?"
> 하니, 주옹이 말하기를,
> "아아, 손은 생각하지 못하는가? 대개 사람의 마음이란 다잡기와 느슨해짐이 무상(無常)하니, 평탄한 땅을 디디면 태연하여 느긋해지고, 험한 지경에 처하면 두려워 서두르는 법이다. 두려워 서두르면 조심하여 든든하게 살지만, 태연하여 느긋하면 반드시 흐트러져 위태로이 죽나니, 내 차라리 위험을 딛고서 항상 조심할지언정, 편안한 데 살아 스스로 쓸모없게 되지 않으려 한다. 하물며 내 배는 정해진 꼴이 없이 떠도는 것이니, 혹시 무게가 한쪽으로 치우치면 그 모습이 반드시 기울어지도 뒤집히지도 않아 내 배의 평온을 지키게 되나니,

비록 풍랑이 거세게 인다 한들 편안한 내 마음을 어찌 흔들 수 있겠는가? 또, 무릇 인간 세상이란 한 거대한 물결이요, 인심이란 한바탕 큰 바람이니, 하잘것없는 내 한 몸이 아득한 그 가운데 떴다 잠겼다 하는 것보다는, 오히려 한 잎 조각배로 만 리의 부슬비 속에 떠 있는 것이 낫지 않은가? 내가 배에서 사는 것으로 사람 한세상 사는 것을 보건대, 안전할 때는 후환(後患)을 생각지 못하고, 욕심을 부리느라 나중을 돌보지 못하다가, 마침내는 빠지고 뒤집혀 죽는 자가 많다. 손은 어찌 이로서 두려움을 삼지 않고 도리어 나를 위태하다 하는가?"

하고, 주옹은 뱃전을 두들기며 노래하기를,

[A] ┌ "아득한 강바다여, 유유하여라. 빈 배를 띄웠네, 물 한가운데. 밝은 달 실어라, 홀로 떠가리. 한가로이 지내다 세월 마치리."

하고는 손과 작별하고 간 뒤, 더는 말이 없었다.

– 권근, 「주옹설(舟翁說)」

05 다음 중 윗글에 대한 설명으로 적절하지 않은 것은?

① 역설적 발상을 통해 일반적인 삶의 태도를 비판하고 있다.
② 질문을 하고 답하는 형식을 취하고 있다.
③ 경전을 인용하여 주장을 강조하고 있다.
④ 노래를 통해 주장을 암시하고 있다.

06 다음 중 [A]와 유사한 삶의 태도를 보여 주고 있는 작품은?

① 秋江(추강)애 밤이 드니 물결이 추노미라.
　낙시 드리치니 고기 아니 무노미라.
　無心(무심)한 달빗만 싯고 뷘 빅 저어 오노미라
② 어져 내 일이야 그릴 줄을 모로두냐.
　이시라 하더면 가랴마는 제 구투여
　보니고 그리는 정(情)은 나도 몰라 하노라
③ 눈 마즈 휘여진 디를 뉘라서 굽다턴고
　구블 節(절)이면 눈 속에 프를소냐
　아마도 歲寒孤節(세한고절)은 너쑨인가 하노라
④ 青山(청산)은 엇뎨하야 萬古(만고)애 프르르며,
　流水(유수)는 엇뎨하야 晝夜(주야)애 긋디 아니는고.
　우리도 그치디 마라 萬古常青(만고상청)호리라

07 다음 시에 대한 감상으로 적절하지 않은 것은?

네 집에서 그 샘으로 가는 길은 한 길이었습니다. 그래서 새벽이면 물 길러 가는 인기척을 들을 수 있었지요. 서로 짠 일도 아닌데 새벽 제일 맑게 고인 물은 네 집이 돌아가며 길어 먹었지요. 순번이 된 집에서 물 길어 간 후에야 똬리끈 입에 물고 삽짝 들어서시는 어머니나 물지게 진 아버지 모습을 볼 수 있었지요. 집안에 일이 있으면 그 순번이 자연스럽게 양보되기도 했었구요. 넉넉하지 못한 물로 사람들 마음을 넉넉하게 만들던 그 샘가 미나리꽝에서는 미나리가 푸르고 앙금 내리는 감자는 잘도 썩어 구린내 훅 풍겼지요.

– 함민복, 「그 샘」

① '샘'을 매개로 공동체의 삶을 표현했다.
② 공감각적 이미지로 이웃 간의 배려를 표현했다.
③ 구어체로 이웃 간의 정감 어린 분위기를 표현했다.
④ 과거 시제로 회상의 분위기를 표현했다.

08 다음 〈보기〉는 어떤 자음에 대한 설명이다. 〈보기〉의 설명에 알맞은 단어는?

> ─────〈보 기〉─────
> • 예사소리이다.
> • 공기를 막았다가 터트리면서 내는 소리이다.
> • 여린입천장에서 나는 소리이다.

① 해장   ② 사탕

③ 낭만   ④ 국밥

09 밑줄 친 부분과 다의 관계에 있는 '쓰다'의 용례로 가장 알맞은 것은?

> 이런 증세에는 이 약을 쓰면 바로 효과를 볼 수 있다.

① 아이가 자신이 좋아하는 반찬만 먹겠다고 생떼를 쓴다.

② 선산에 자신의 묘를 써 달라는 것이 그의 유언이었다.

③ 아이는 추운지 이불을 머리끝까지 쓰고 누웠다.

④ 그가 말하는 것을 들어보니 아예 소설을 쓰고 있었다.

10 다음 중 밑줄 친 단어의 표준 발음이 옳은 것으로만 묶인 것은?

> ㉠ 동원령[동월령]이 선포되었다.
> ㉡ 오늘 떠나는 직원의 송별연[송벼련]이 있다.
> ㉢ 남의 삯일[사길]을 해야 할 만큼 고생이 심했다.
> ㉣ 부모가 남긴 유산을 자식들은 야금야금[야그먀금] 까먹었다.

① ㉠, ㉡

② ㉠, ㉢

③ ㉡, ㉣

④ ㉢, ㉣

11 〈보기〉에 대한 설명으로 가장 옳은 것은?

> ─────〈보 기〉─────
> 화랑도(花郞道)란, 신라 때의 청소년들이 자신의 마음과 몸을 닦고 목숨을 바쳐 나라를 지키려는 우리 고유의 정신적 흐름을 말한다. 그리고 이를 실천하기 위하여 조직된 단체를 화랑도(花郞徒)라 한다. 그 사회의 중심인물이 되기 위하여 마음과 몸을 단련하고, 올바른 사회생활의 규범을 익히며, 나라가 어려운 시기에 처할 때 싸움터에서 목숨을 바치려는 기풍은 고구려나 백제에도 있었지만, 특히 신라에서 가장 활발하였다.
> ─ 변태섭, 「화랑도」

① 반론을 위한 전제를 제시하여 독자의 이해를 돕고 있다.

② 자신의 체험담을 제시하여 독자의 이해를 돕고 있다.

③ 용어 정의를 통해 독자의 이해를 돕고 있다.

④ 통계적 사실이나 사례 제시를 통해 독자의 이해를 돕고 있다.

12 다음 시조의 밑줄 친 ㉠에 대한 설명으로 적절한 것은?

> 梨花雨(이화우) 훗쑤릴 제 울며 잡고 離別(이별)ᄒᆞᆫ 님
> 秋風落葉(추풍낙엽)에 저도 날 싱각ᄂᆞᆫ가
> 千里(천 리)에 외로운 ㉠ 꿈만 오락가락 ᄒᆞ노매.
> ─ 계랑의 시조

① 임과의 재회에 대한 소망이 드러나 있다.

② 대립적인 상황을 해소하는 계기가 된다.

③ 인물의 과거 행적을 요약적으로 드러낸다.

④ 장면을 전환하여 긴박한 분위기를 이완하고 있다.

13 다음 중 제시된 글의 내용과 입장이 다른 하나는?

최근 교육과학기술부가 내놓은 '학교폭력 가해사실에 대한 학교생활기록부 기록 방침'은 환영할 만하다. 학생부에 가해사실을 기록하게 되면, 입시를 앞둔 학생들에게 경각심을 일으켜 자연스럽게 학교폭력을 예방할 수 있기 때문이다. 학부모들에게 학교폭력의 심각성을 알리는 데도 효과적이다.

그런데 일부 지방교육청에서 가해학생의 '인권'이 침해된다는 이유를 들어 이런 조처를 보류하고 있다는 사실에 통탄을 금할 길이 없다. 한 번의 실수로 남은 인생에 불이익을 받게 되는 것이 두렵다면, 평생을 학교폭력으로 고통받고, 학업까지 포기하며 살아야 하는 피해학생과 그 가족의 아픔은 무엇이란 말인가. 지속적인 폭력으로 몸과 마음에 상처를 입은 학생이 받은 고통을 생각한다면, 과연 학교폭력의 학교생활기록부 기재를 재고한다는 방침을 논할 수가 있는지 묻고 싶다.

더욱이 상급학교 진학 때 우려되는 불이익에서 가해학생을 보호하기 위하여 학생의 행동이나 태도에 긍정적인 변화가 있는 경우, 이를 학교생활기록부의 '행동특성 및 종합의견란'등에 구체적으로 기록하도록 하여 '낙인 효과'를 방지하도록 하고 있다. 이렇게 가해학생을 보호할 수 있는 안전판이 마련돼 있는데도 학생부 기재를 반대하는 것은 위험한 발상이 아닐 수 없다.

가해학생의 인권도 물론 중요하지만 피해자와 가해자의 인권이 대립했을 때는 약자의 권리가 우선돼야 한다. 그것이 인권의 본질적인 측면에 부합하는 것이다. 예컨대 성범죄자의 인권을 제한하거나, 가정폭력의 경우 남성에게 '접근 제한' 명령 등을 내리는 것은 이런 이유에서다. 학교폭력 학생부 기재로 가해학생이 받는 불이익보다, 학교폭력으로 고통 받고 괴로워하는 피해학생의 인권 보호가 더 중요하다.

학교폭력에 관해 우리 사회는 가해자에게 온정적이다. 피해자가 평생 시달릴 고통에 대해서는 전혀 배려가 없다. 피해자와 그 가족의 고통은 외면한 채 가해자의 인권을 외치는 사람들은 과연 학교폭력의 시퍼런 서슬 앞에 자유로울 수 있단 말인가? 가해학생에겐, 죄를 지으면 반드시 처벌받는다는 것을 깨우쳐 주어야 한다. 또 진정한 반성의 기회를 통해 새로운 사회 · 도덕적 인간으로 거듭날 수 있게 해주는 것 역시 교육의 한 부분이

다. 더 이상 가해자에게 변명과 발뺌의 기회를 주어서는 안 된다. 그로 인해 더욱 고통받는 피해자와 그 가족들이 있다는 것을 명심해야 할 것이다.

① 경각심을 일으켜 학교폭력을 예방할 수 있다.
② 한 번의 실수로 지나친 불이익을 받는 것을 방지해야 한다.
③ 피해자의 인권이 우선돼야 한다.
④ 새로운 사회 · 도덕적 인간으로 거듭날 수 있게 해준다.

14 다음 글의 내용과 가장 부합하는 것은?

세잔이, 사라졌다고 느낀 것은 균형과 질서의 감각이다. 인상주의자들은 순간순간의 감각에만 너무 사로잡힌 나머지 자연의 굳건하고 지속적인 형태는 소홀히 했다고 느꼈던 것이다. 반 고흐는 인상주의가 시각적 인상에만 집착하여 빛과 색의 광학적 성질만을 탐구한 나머지 미술의 강렬한 정열을 상실하게 될 위험에 처했다고 느꼈다. 마지막으로 고갱은 그가 본 인생과 예술 전부에 대해 철저하게 불만을 느꼈다. 그는 더 단순하고 더 솔직한 어떤 것을 열망했고 그것을 원시인들 속에서 발견할 수 있으리라고 기대했다. 이 세 사람의 화가가 모색했던 제각각의 해법은 세 가지 현대 미술 운동의 이념적 바탕이 되었다. 세잔의 해결 방법은 프랑스에 기원을 둔 입체주의(Cubism)를 일으켰고, 반 고흐의 방법은 독일 중심의 표현주의(Expressionism)를 일으켰다. 고갱의 해결 방법은 다양한 형태의 프리미티비즘(Primitivism)을 이끌어 냈다.

① 세잔은 인상주의가 균형과 질서의 감각을 너무 강조한다고 생각했다.
② 고흐는 인상주의가 빛과 색의 광학적 성질을 탐구하는 것을 간과하고 있다고 생각했다.
③ 고갱은 인상주의가 충분히 솔직하고 단순했다고 생각했다.
④ 세잔, 고흐, 고갱은 인상주의의 문제를 극복하고자 각자 새로운 해결 방법을 모색했다.

15 다음 작품과 같은 갈래에 대한 설명으로 옳지 않은 것은?

> 십 년(十年)을 경영하여 초려 삼간(草廬三間) 지어 내니
> 나 한 간 달 한 간에 청풍(淸風) 한 간 맡겨 두고
> 강산(江山)은 들일 데 없으니 둘러 두고 보리라.
> — 송순, 「십 년(十年)을 경영하여」

① 4음보의 규칙적인 율격을 지닌다.
② 초장, 중장, 종장으로 구성되었다.
③ 4구체, 8구체, 10구체로 분류할 수 있다.
④ 우리 민족이 만든 독특한 정형시라고 볼 수 있다.

16 밑줄 친 어휘의 쓰임이 적절하지 않은 것은?

① 푸른 연기가 감실감실 피어오른다.
② 날씨가 더워 모시로 만든 핫옷을 꺼내 입었다.
③ 강아지는 머뭇거리지 않고 넝큼넝큼 받아먹었다.
④ 아침 햇빛을 받아 반짝거리는 호수는 다붓하기만 했다.

17 다음 중 밑줄 친 ㉠과 어울리는 한자성어는?

> 초승달이나 보름달은 보는 이가 많다마는, 그믐달은 보는 이가 적어 그만큼 외로운 달이다. 객창한등(客窓寒燈)에 ㉠ 정든 님 그리워 잠 못 들어 하는 분이나, 못 견디게 쓰린 가슴을 움켜잡은 무슨 한(恨) 있는 사람 아니면, 그 달을 보아 주는 이가 별로 없는 것이다.

① 寤寐不忘
② 靑出於藍
③ 刻骨難忘
④ 不問曲直

18 다음 글의 ㉠~㉣에 대해 잘못 설명한 것은?

> 열무 삼십 단을 이고
> 시장에 간 우리 엄마
> 안 오시네, ㉠ 해는 시든 지 오래
> 나는 ㉡ 찬밥처럼 방에 담겨
> 아무리 천천히 숙제를 해도
> 엄마 안 오시네, ㉢ 배추잎 같은 발소리 타박타박
> 안 들리네, 어둡고 무서워
> ㉣ 금간 창 틈으로 고요한 빗소리
> 빈 방에 혼자 엎드려 훌쩍거리던
>
> 아주 먼 옛날
> 지금도 내 눈시울을 뜨겁게 하는
> 그 시절, 내 유년의 윗목
> — 기형도, 「엄마 걱정」

① ㉠: 시간의 경과가 나타나 있다.
② ㉡: 홀로 방치된 화자의 외로운 상황이 드러난다.
③ ㉢: '찬밥처럼 방에 담겨'와 같은 표현 방법이 사용되었다.
④ ㉣: 힘든 현실을 극복하고자 하는 의지가 드러나는 표현이다.

19 〈보기〉는 중세국어의 표기법에 대한 설명이다. 이에 따른 표기로 가장 옳지 않은 것은?

> ───〈보 기〉───
> 중세국어 표기법의 일반적 원칙은 표음적 표기법으로, 이는 음운의 기본 형태를 밝혀 적지 않고 소리 나는 대로 적는 표기를 말한다. 이어적기는 이러한 원리에 따른 것으로 받침이 있는 체언이나 받침이 있는 용언 어간에 모음으로 시작하는 조사나 어미가 붙을 때 소리 나는 대로 이어 적는 표기를 말한다.

① 불휘 기픈
② 브르매 아니 뮐씨
③ 쟝긔판늘 밍굴어늘
④ 바르래 가느니

20 다음 중 ㉠~㉣에 대한 수정 방안으로 옳지 않은 것은?

> 봄이면 어김없이 나타나 우리를 괴롭히는 황사가 본래 나쁘기만 한 것은 아니었다. ㉠ 황사의 이동 경로는 매우 다양하다. 황사는 탄산칼슘, 마그네슘, 칼륨 등을 포함하고 있어 봄철의 산성비를 중화시켜 토양의 산성화를 막는 역할을 했다. 또 황사는 무기물을 포함하고 있어 해양 생물에게도 도움을 줬다. ㉡ 그리고 지금의 황사는 생태계에 심각한 해를 끼치는 애물단지가 되어 버렸다. 이처럼 황사가 재앙의 주범이 된 것은 인간의 환경 파괴 ㉢ 덕분이다.
> 현대의 황사는 각종 중금속을 포함하고 있는 독성 황사이다. 황사에 포함된 독성 물질 중 대표적인 것으로 다이옥신을 들 수 있다. 다이옥신은 발암 물질이며 기형아 출산을 일으킬 수도 있는 것이다. 이러한 ㉣ 독성 물질이 다수 포함하고 있는 황사가 과거보다 자주 발생하고 정도도 훨씬 심해지고 있어 문제이다.

① ㉠은 글의 논리적인 흐름을 방해하고 있으므로 삭제한다.

② ㉡은 앞뒤 내용을 자연스럽게 연결해 주지 못하므로 '그래서'로 바꾼다.

③ ㉢은 어휘가 잘못 사용된 것이므로 '때문이다'로 고친다.

④ ㉣은 서술어와 호응하지 않으므로 '독성 물질을'로 고친다.

21 다음 시에 대한 설명으로 적절하지 않은 것은?

> 산이 날 에워싸고
> 씨나 뿌리며 살아라 한다.
> 밭이나 갈며 살아라 한다.
>
> 어느 짧은 산자락에 집을 모아
> 아들 낳고 딸을 낳고
> 흙담 안팎에 호박 심고
> 들찔레처럼 살아라 한다.
> 쑥대밭처럼 살아라 한다.
>
> 산이 날 에워싸고
> 그믐달처럼 사위어지는 목숨
> 그믐달처럼 살아라 한다.
> 그믐달처럼 살아라 한다.
>
> – 박목월, 「산이 날 에워싸고」

① 화자는 순수하고도 탈속적인 세계를 지향하고 있다.

② 유사한 통사 구조의 반복을 통해 주제를 강조하고 있다.

③ 화자는 자신의 소망을 '산'이 자신에게 말하는 것처럼 표현하고 있다.

④ 화자는 절제된 감정으로 '산'과의 일정한 거리를 유지하려 하고 있다.

22 다음 밑줄 친 부분의 표준어 표기가 옳은 것은?

① <u>온가지</u> 정성을 기울였다.

② <u>며루치</u> 한 마리 주는 것도 아깝다.

③ <u>천정</u>에서 쥐들이 달리는 소리가 요란하다.

④ 그는 나를 <u>꼭두각시</u>처럼 조종해 오고 있었다.

23 다음 글의 ㉠에 해당하는 작품이 아닌 것은?

역사적으로 볼 때 우리나라의 극 갈래는 가면극, 인형극, 판소리 등을 거쳐 신파극, 근대극, 현대극으로 발전해 왔다. 가면극은 신라의 오기, 검무, 처용무에서 시작하여 고려의 나례, 조선의 산대희와 탈춤으로 발전하였다. 인형극은 삼국 시대의 목우희에서 나무인형으로 노는 인형극, 고려 시대의 꼭두각시놀음과 그림자극인 망석중 놀이로 이어졌다. 조선 후기에 발생한 판소리는 신재효가 ㉠ 여섯 마당으로 정리하면서 전환기를 맞이하였다.

① 「만분가」
② 「적벽가」
③ 「심청가」
④ 「춘향가」

24 〈보기〉의 ㉠~㉢에 들어갈 알맞은 낱말끼리 짝 지은 것은?

─〈보 기〉─

물속에 잠긴 막대기는 굽어 보이지만 실제로 굽은 것은 아니다. 이때 나무가 굽어 보이는 것은 우리의 착각 때문도 아니고 눈에 이상이 있기 때문도 아니다. 나무는 정말 굽어 보이는 것이다. 분명히 굽어 보인다는 점과 사실은 굽지 않았다는 점 사이의 (㉠)은 빛의 굴절 이론을 통해서 해명된다.

굽어 보이는 나무도 우리의 직접적 경험을 통해서 주어지는 하나의 현실이고, 실제로는 굽지 않은 나무도 하나의 현실이다. 전자를 우리는 사물이나 사태의 보임새, 즉 (㉡)이라고 부르고, 후자를 사물이나 사태의 참모습, 즉 (㉢)이라고 부른다.

	㉠	㉡	㉢
①	葛藤	現象	本質
②	矛盾	現象	本質
③	矛盾	假象	根本
④	矛盾	現象	本質

25 글의 제목으로 가장 적절한 것은?

평화로운 시대에 시인의 존재는 문화의 비싼 장식일 수 있다. 그러나 시인의 조국이 비운에 빠졌거나 통일을 잃었을 때 시인은 장식의 의미를 떠나 민족의 예언가가 될 수 있고, 민족혼을 불러일으키는 선구자적 지위에 놓일 수도 있다. 예를 들면 스스로 군대를 가지지 못한 채 제정 러시아의 가혹한 탄압 아래 있던 폴란드 사람들은 시인의 존재를 민족의 재생을 예언하고 굴욕스러운 현실을 탈피하도록 격려하는 예언자로 여겼다. 또한 통일된 국가를 가지지 못하고 이산되어 있던 이탈리아 사람들은 시성 단테를 유일한 '이탈리아'로 숭앙했고, 제1차 세계대전 때 독일군의 잔혹한 압제하에 있었던 벨기에 사람들은 베르하렌을 조국을 상징하는 시인으로 추앙하였다.

① 시인의 운명
② 시인의 사명
③ 시인의 혁명
④ 시인의 생명

제2과목: 컴퓨터일반

QR코드 접속을 통해 풀이시간 측정, 자동 채점
그리고 결과 분석까지!

01 운영체제상의 프로세스(Process)에 대한 설명으로 옳지 않은 것은?

① 문맥교환(Context Switching)은 CPU를 점유하고 있는 프로세스를 CPU에서 내보내고 새로운 프로세스를 받아들이는 작업이다.

② 프로세스 제어 블록(Process Control Block)은 프로세스 식별자, 메모리 관련 정보, 프로세스가 사용했던 중간값을 포함한다.

③ 디스패치(Dispatch)는 CPU 스케줄러가 준비 상태의 프로세스 중 하나를 골라 실행 상태로 바꾸는 작업을 말한다.

④ 프로세스의 영역 중 스택 영역은 동적 메모리 할당에 활용된다.

02 다음 (가)와 (나)에서 설명하는 악성 프로그램의 용어를 바르게 연결한 것은?

> (가) 사용자 컴퓨터의 데이터를 암호화시켜 파일을 사용할 수 없도록 한 후 암호화를 풀어주는 대가로 금전을 요구하는 악성 프로그램
> (나) 'ㅇㅇㅇ초대장' 등의 내용을 담은 문자 메시지 내에 링크된 인터넷 주소를 클릭하면 악성코드가 설치되어 사용자의 정보를 빼가거나 소액결제를 진행하는 악성 프로그램

	(가)	(나)
①	스파이웨어	트로이 목마
②	랜섬웨어	파밍(Pharming)
③	스파이웨어	피싱(Phishing)
④	랜섬웨어	스미싱(Smishing)

03 다음 중 스레싱(Thrashing)에 대한 설명으로 옳지 않은 것은?

① 프로세스의 작업 집합(Working Set)이 새로운 작업 집합으로 전이 시 페이지 부재율이 높아질 수 있다.

② 워킹 셋이 주기억장치에 적재되지 않으면 스레싱이 발생할 수 있다.

③ 워킹 셋은 스레싱(Thrashing) 현상을 최소화하기 위한 이론으로 프로세스를 효과적으로 실행한다.

④ 각 프로세스에 설정된 작업 집합 크기와 페이지 프레임 수가 매우 큰 경우 다중 프로그래밍 정도(Degree of Multiprogramming)를 증가시킨다.

04 컴퓨터구조에 대한 설명으로 옳지 않은 것은?

① 폰 노이만이 제안한 프로그램 내장방식은 프로그램 코드와 데이터를 내부기억장치에 저장하는 방식이다.

② CISC 구조는 RISC 구조에 비해 명령어의 종류가 적고 고정 명령어 형식을 취한다.

③ 파이프라인 기법은 하나의 작업을 다수의 단계로 분할하여 시간적으로 중첩되게 실행함으로써 처리율을 높인다.

④ 병렬처리방식 중 하나인 MISD는 각기 다른 명령어를 처리하는 처리부 여러 개가 동일한 데이터를 처리하는 방식이다.

05 다음에서 설명하는 디스크 스케줄링 기법은?

- 디스크 헤드가 마지막 트랙의 끝까지 한쪽 방향으로 이동하면서 접하는 요청을 모두 처리한다. 트랙의 끝에 도달하면 다시 반대 방향으로 이동하면서 만나는 요청을 모두 처리한다.
- 이러한 방식으로 헤드가 디스크 양쪽을 계속 왕복하면서 남은 요청을 모두 처리한다.
- 엘리베이터 기법이라고도 한다.

① 선입 선처리(FCFS) 스케줄링
② 최소 탐색 시간 우선(SSTF) 스케줄링
③ 스캔(SCAN) 스케줄링
④ 룩(LOOK) 스케줄링

06 페이지(Page) 크기에 대한 설명으로 옳은 것은?

① 페이지 크기가 작을 경우, 동일한 크기의 프로그램에 더 많은 수의 페이지가 필요하게 되어 주소 변환에 필요한 페이지 사상표의 공간은 더 작게 요구된다.
② 페이지 크기가 작을 경우, 페이지 단편화를 감소시키고 특정한 참조 지역성만을 포함하기 때문에 기억 장치 효율은 좋을 수 있다.
③ 페이지 크기가 클 경우, 페이지 단편화로 인해 많은 기억 공간을 낭비하고 페이지 사상표의 공간도 늘어난다.
④ 페이지 크기가 클 경우, 디스크와 기억 장치 간에 대량의 바이트 단위로 페이지가 이동하기 때문에 디스크 접근 시간 부담이 증가되어 페이지 이동 효율이 나빠진다.

07 DBMS(DataBase Management System)에 대한 설명으로 옳지 않은 것은?

① 데이터의 종속성과 중복성의 문제를 해결하기 위해서 제안된 시스템이다.
② 데이터베이스를 생성·관리하며, 데이터로부터 사용자의 물음에 대한 대답을 추출하는 프로그램이다.
③ 데이터 모델링을 수행하고 데이터베이스를 정의하는 데이터 언어이다.
④ 응용 프로그램과 데이터의 중재자로서 모든 응용 프로그램들이 데이터베이스를 공유할 수 있도록 관리하는 소프트웨어 시스템이다.

08 다음 중 저급 언어에 해당하는 프로그래밍 언어는?

① 베이직(BASIC)
② 어셈블리어(Assembly Language)
③ 자바(JAVA)
④ 파스칼(PASCAL)

09 다음 진리표를 만족하는 부울 함수로 옳은 것은?
(단, ·은 AND, $\oplus$는 XOR, $\odot$는 XNOR 연산을 의미한다.)

A	B	C	Y
0	0	0	1
0	0	1	0
0	1	0	0
0	1	1	1
1	0	0	0
1	0	1	1
1	1	0	1
1	1	1	0

① $Y = A \cdot B \oplus C$
② $Y = A \odot B \odot C$
③ $Y = A \oplus B \oplus C$
④ $Y = A \oplus B \odot C$

10 크기가 각각 12KB, 30KB, 20KB인 프로세스가 다음과 같은 메모리 공간에 순차적으로 적재 요청될 때, 모든 프로세스를 적재할 수 있는 알고리즘만을 〈보기〉에서 모두 고른 것은?

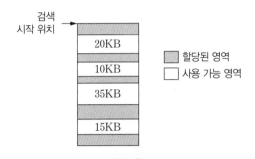

〈보 기〉
㉠ 최초 적합(First-Fit)
㉡ 최적 적합(Best-Fit)
㉢ 최악 적합(Worst-Fit)

① ㉠
② ㉡
③ ㉠, ㉡
④ ㉡, ㉢

11 다음 중 동기식 전송(Synchronous Transmission)에 대한 설명으로 옳지 않은 것은?

① 정해진 숫자만큼의 문자열을 묶어 일시에 전송한다.
② 작은 비트 블록 앞뒤에 Start Bit와 Stop Bit를 삽입하여 비트 블록을 동기화한다.
③ 2,400bps 이상의 고속 전송과 원거리 전송에 이용되며, 위상 편이 변조 방식을 사용한다.
④ 블록과 블록 사이에 유휴시간(Idle Time)이 없어 전송 효율이 높다.

12 컴퓨터 시스템의 주기억장치 및 보조기억장치에 대한 설명으로 옳지 않은 것은?

① RAM은 휘발성(Volatile) 기억장치이며 HDD 및 SSD는 비휘발성(Non-volatile) 기억장치이다.
② RAM의 경우, HDD나 SSD 등의 보조기억장치에 비해 상대적으로 접근 속도가 빠르다.
③ SSD에서는 일반적으로 특정 위치의 데이터를 읽는 데 소요되는 시간이 같은 위치의 데이터를 쓰는 데 소요되는 시간보다 더 오래 걸린다.
④ SSD의 경우, 일반적으로 HDD보다 가볍고 접근 속도가 빠르며 전력 소모가 적다.

13 NUR 기법은 호출 비트와 변형 비트를 갖는데 다음 중 가장 나중에 교체되는 페이지는?

① 호출 비트: 0, 변형 비트: 0
② 호출 비트: 0, 변형 비트: 1
③ 호출 비트: 1, 변형 비트: 0
④ 호출 비트: 1, 변형 비트: 1

14 HRN(Highest Response ratio Next) 방식으로 스케줄링할 경우, 입력된 작업이 다음과 같을 때 우선순위가 가장 높은 것은?

작업	대기 시간	서비스 시간
A	8	2
B	10	6
C	15	7
D	20	8

① A
② B
③ C
④ D

15 다음 중 캡슐화에 대한 설명으로 옳지 않은 것은?

① 캡슐화된 기능은 다른 클래스에서 재사용이 용이하다.
② 변경 작업 시 부작용의 전파를 최소화한다.
③ 인터페이스가 단순화되고 객체 간의 결합도가 높아진다.
④ 객체 안의 데이터와 연산을 하나의 단위로 묶는 것을 의미한다.

16 스택(Stack)에 대한 설명으로 옳지 않은 것은?

① 원소의 삽입과 삭제가 한쪽 끝에서만 일어나는 선형 리스트이다.
② 연결 리스트(Linked List)를 사용해 구현할 수 있다.
③ 서브루틴 호출이나 수식의 계산, 인터럽트 처리 시 복귀 주소를 지정할 때 사용한다.
④ 임의의 위치에서 푸시(Push)와 팝(Pop) 연산에 의해 데이터의 삽입과 삭제가 가능하다.

17 다음의 설명에 해당하는 클라우드 서비스 모델을 바르게 짝 지은 것은?

> ㉠ 응용 소프트웨어 개발에 필요한 개발 요소들과 실행 환경을 제공하는 서비스 모델이다. 클라우드 제공자는 운영체제, 프로그래밍 언어 실행 환경, 데이터베이스, 웹 서버를 포함한 컴퓨팅 플랫폼을 제공하고, 응용 프로그램 개발자는 소프트웨어 솔루션을 클라우드 플랫폼에서 개발할 수 있다.
> ㉡ 응용 소프트웨어 및 관련 데이터는 클라우드에 호스팅되고 사용자는 웹 브라우저 등의 클라이언트를 통해 접속하여 응용 소프트웨어를 사용할 수 있다. 이메일, ERP, CRM 등 다양한 응용 프로그램을 제공한다.

① • ㉠: IaaS(Infrastructure as a Service)
 • ㉡: SaaS(Software as a Service)
② • ㉠: PaaS(Platform as a Service)
 • ㉡: SaaS(Software as a Service)
③ • ㉠: PaaS(Platform as a Service)
 • ㉡: NaaS(Network as a Service)
④ • ㉠: SaaS(Software as a Service)
 • ㉡: PaaS(Platform as a Service)

18 재배치 가능한 형태의 기계어로 된 오브젝트 코드나 라이브러리 등을 입력받아 이를 묶어 실행 가능한 로드 모듈로 만드는 번역기는?

① 링커(Linker)
② 어셈블러(Assembler)
③ 컴파일러(Compiler)
④ 프리프로세서(Preprocessor)

19 다음 중 네트워크 통신망의 구성 형태에 대한 설명으로 옳은 것은?

① 계층(Tree)형: 한 개의 통신 회선에 여러 대의 단말 장치가 연결되어 있는 형태로, 설치가 용이하고 통신망의 가용성이 높다.

② 버스(Bus)형: 인접한 컴퓨터와 단말기를 서로 연결하여 양방향 데이터 전송이 가능한 형태로, 단말기의 추가·제거 및 기밀 보호가 어렵다.

③ 성(Star)형: 모든 단말기가 중앙 컴퓨터에 연결되어 있는 형태로, 고장 발견이 쉽고 유지보수가 용이하다.

④ 링(Ring)형: 모든 지점의 컴퓨터와 단말 장치를 서로 연결한 상태로, 응답 시간이 빠르고 노드의 연결성이 높다.

20 전자메일의 송신 또는 수신을 목적으로 하는 프로토콜에 해당하지 않는 것은?

① SMTP
② IMAP
③ POP3
④ HTTP

21 다음 수식에서 이진수 Y의 값은? (단, 수식의 모든 수는 8비트 이진수이고 1의 보수로 표현된다.)

$$11110100_{(2)} + Y = 11011111_{(2)}$$

① $11101001_{(2)}$
② $11101010_{(2)}$
③ $11101011_{(2)}$
④ $11101100_{(2)}$

22 프로토콜에 대한 설명으로 옳지 않은 것은?

① ARP는 데이터 링크 계층의 프로토콜로, MAC 주소에 대해 해당 IP 주소를 반환해 준다.

② UDP를 사용하면 일부 데이터의 손실이 발생할 수 있지만 TCP에 비해 전송 오버헤드가 적다.

③ MIME는 텍스트, 이미지, 오디오, 비디오 등의 멀티미디어 전자우편을 위한 규약이다.

④ DHCP는 한정된 개수의 IP 주소를 여러 사용자가 공유할 수 있도록 동적으로 가용한 주소를 호스트에 할당해 준다.

23 다음 C 프로그램의 실행 결과로 옳은 것은?

```
#include 〈stdio.h〉
int main()
{
    int sum = 0;
    int x;
    for(x = 1;x < = 100;x+ +)
        sum + = x;
    printf("1 + 2 + … + 100 = %d\n", sum);
        return 0;
}
```

① 5010
② 5020
③ 5040
④ 5050

24 다음 표는 단일 중앙처리장치에 진입한 프로세스의 도착 시간과 그 프로세스를 처리하는 데 필요한 실행 시간을 나타낸 것이다. 비선점 SJF(Shortest Job First) 스케줄링 알고리즘을 사용한 경우, P1, P2, P3, P4 프로세스 4개의 평균 대기시간은? (단, 프로세스 간 문맥교환에 따른 오버헤드는 무시하며, 주어진 4개의 프로세스 외에 처리할 다른 프로세스는 없다고 가정한다.)

프로세스	도착 시간[ms]	실행 시간[ms]
P1	0	4
P2	3	8
P3	4	5
P4	6	7

① 3ms

② 4ms

③ 5ms

④ 6ms

25 운영체제 유형에 대한 〈보기〉의 설명 중 옳은 것의 총 개수는?

───〈보 기〉───

㉠ 다중 프로그래밍 시스템은 CPU가 유휴상태가 될 때, CPU 작업을 필요로 하는 여러 작업 중 한 작업이 CPU를 사용할 수 있도록 한다.

㉡ 다중 처리 시스템에서는 CPU 사이의 연결, 상호작업, 역할 분담 등이 고려되어야 한다.

㉢ 시분할 시스템은 CPU가 비선점 스케줄링 방식으로 여러 개의 작업을 교대로 수행한다.

㉣ 실시간 처리 시스템은 작업 실행에 대한 시간제약 조건이 있으므로 선점 스케줄링 방식을 이용한다.

㉤ 다중 프로그래밍 시스템의 목적은 CPU 활용의 극대화에 있으며, 시분할 시스템은 응답시간의 최소화에 목적이 있다.

① 1개

② 2개

③ 3개

④ 4개

제3과목: 정보보호론

QR코드 접속을 통해 풀이시간 측정, 자동 채점
그리고 결과 분석까지!

01 다음에서 설명하는 사이버공격 기법은?

- A 기업 전산망이 외부 공격으로 인한 시스템 손상으로 모든 업무가 마비되었다.
- 외주 직원 노트북에 감염된 악성코드를 이용해 내부 시스템에 침입하였다.
- 공격자는 P2P 프로그램으로 악성코드를 유포한 이후 7개월 동안 감시 후 공격을 진행하였다.

① APT 공격
② 드라이브 바이 다운로드 공격
③ 워터링 홀 공격
④ 랜섬웨어 공격

02 다음 중 레이스 컨디션(Race Condition) 공격에 대한 설명으로 옳지 않은 것은?

① 보안기능을 우회해 데이터에 접근하는 공격 기법이다.
② 공격 조건으로 프로그램에 root 권한의 SetUID가 설정되어야 한다.
③ 임시파일 사용 시 링크상태, 파일의 종류, 파일의 소유자, 파일의 변경여부 등을 점검하여 대응한다.
④ 원본 임시 파일을 삭제하고 프로그램이 링크 대상 파일과 같은 파일을 생성한다.

03 다음 중 MS 오피스와 같은 응용 프로그램의 문서 파일에 삽입되어 스크립트 형태의 실행 환경을 악용하는 악성코드는?

① 애드웨어
② 트로이 목마
③ 백도어
④ 매크로 바이러스

04 다음 중 대칭키 암호 알고리즘의 특징으로 옳지 않은 것은?

① 비밀키는 비교적 짧으며, 소규모 시스템에 적합하다.
② 통신을 하기 위해 사전에 안전한 방법으로 비밀키를 공유해야 한다.
③ 비밀키를 변경하는 것에 대한 문제가 존재한다.
④ 비교적 오랜 기간 동안 개인키 · 공개키 사용이 가능하다.

05 다음 중 디지털 포렌식의 기본 원칙에 대한 설명으로 옳지 않은 것은?

① 정당성의 원칙: 모든 증거는 적법한 절차를 거쳐서 획득되어야 한다.
② 신속성의 원칙: 컴퓨터 내부의 정보 획득은 지체 없이 신속하게 이루어져야 한다.
③ 연계 보관성의 원칙: 증거 자료는 같은 환경에서 같은 결과가 나오도록 재현이 가능해야 한다.
④ 무결성의 원칙: 획득된 정보는 위 · 변조되지 않았음을 입증할 수 있어야 한다.

06 다음 〈보기〉 중 개인정보 보호법상 개인정보의 수집·이용에 따른 동의를 받을 때 정보주체에게 알려야 하는 항목만을 모두 고른 것은?

---〈보 기〉---
- ⊙ 개인정보의 수집·이용 목적
- ⓒ 수집하는 개인정보의 항목
- ⓒ 개인정보의 보유 및 이용 기간
- ② 동의를 거부할 권리가 있다는 사실 및 동의 거부에 따른 불이익이 있는 경우에는 그 불이익의 내용

---

① ⊙, ⓒ
② ⊙, ⓒ, ②
③ ⓒ, ⓒ, ②
④ ⊙, ⓒ, ⓒ, ②

07 정보보호를 위협하는 대표적인 공격 유형으로는 가로채기(Intercept), 위조(Fabrication), 변조(Modification), 차단(Interrupt) 공격이 있다. 이 중 위조 공격에서 저장된 데이터를 보호하기 위한 정보보호 요소는?

① 기밀성(Confidentiality)
② 무결성(Integrity)
③ 가용성(Availability)
④ 인증(Authentication)

08 다음 중 네트워크 공격에 대한 설명으로 옳지 않은 것은?

① Spoofing: 네트워크에서 송·수신되는 트래픽을 도청하는 공격이다.
② Session Hijacking: 서버와 클라이언트 간의 통신에서 세션을 가로채고 정상적 세션이 형성된 클라이언트인 것처럼 위장하여 인증을 회피하는 공격이다.
③ Teardrop: 시스템에서 패킷을 재조립할 때 IP 패킷 조각을 아주 작거나 겹치게 만들어 전송함으로써 정상 패킷의 재조립을 방해하여 네트워크를 마비시키는 공격이다.
④ Smurf: IP를 변조하여, 브로드캐스트를 통해 서브 네트워크에 있는 모든 호스트에게 ICMP Echo 패킷을 전송하고 이에 대한 다량의 응답 패킷이 대상 서버로 집중되게 하여 시스템을 마비시키는 공격이다.

09 다음 중 Diffie-Hellman 알고리즘의 특징으로 옳지 않은 것은?

① 단순하고 효율적이다.
② 인증 메시지에 비밀 세션키를 포함하여 전달할 필요가 없다.
③ 통신 주체가 KDC 없이 대칭 세션키를 생성하며, 신분 위장이나 재전송 공격(MITM)에 취약하다.
④ 사용자 A와 B만이 키를 계산할 수 있기 때문에 무결성이 제공된다.

10 다음에서 설명하는 웹 사이트의 용어로 옳은 것은?

> 일반적인 정보검색 엔진에서는 검색되지 않지만 접속을
> 위해서는 특정 프로그램을 사용해야 하는 웹으로 주로
> 사이버 범죄가 이루어지는 공간이다.

① 딥 웹
② 다크 웹
③ 스틱스넷
④ 웹 셸

11 IPSec 프로토콜과 이를 이용한 두 가지 운용 모드에
대한 설명으로 옳지 않은 것은?

① AH(Authentication Header) 프로토콜은 수신된 데
이터에 대한 발신처 호스트를 인증하고 메시지의 무결
성과 기밀성 제공, 재전송 패킷의 공격을 방지한다.
② IP 기반의 네트워크에서만 동작하며, 방화벽이나 게이
트웨이 등에 구현된다.
③ ESP(Encapsulating Security Payload) 프로토콜은
발신지 인증과 데이터의 무결성 및 프라이버시를 제공
한다.
④ 특정 암호화나 인증 방식이 지정되어 있지 않아 신규
알고리즘의 적용이 가능하다.

12 다음 중 해시 함수(Hash Function)에 대한 설명으
로 옳지 않은 것은?

① 입력 데이터의 길이가 달라도 동일한 해시 함수에서
나온 해시 결과 값의 길이는 동일하며, 같은 해시 값
을 갖는 서로 다른 입력 데이터를 찾는 것은 계산적으
로 불가능하다.
② 입력 값이 1비트만 달라지더라도 전혀 다른 결과 값을
출력한다.
③ 일방향 함수를 사용하여 해시 함수를 구성할 수 있으
며, 해시 값으로부터 메시지를 역산할 수 없다.
④ 해시 값의 충돌은 출력 공간이 입력 공간보다 크기 때
문에 발생한다.

13 〈보기〉에서 접근제어 원칙으로 옳은 것을 모두 고른
것은?

─────〈보 기〉─────
㉠ 최소 권한
㉡ 알 필요성
㉢ 직무 분리
㉣ 통신규약

① ㉠, ㉡
② ㉢, ㉣
③ ㉠, ㉡, ㉢
④ ㉡, ㉢, ㉣

14 다음 중에서 SSL 프로토콜에 대한 설명으로 옳지 않
은 것은?

① 보안성과 무결성을 유지하기 위해 마지막에는 HMAC
을 붙인다.
② SSL/TLS의 가장 하위 단계는 Record 프로토콜이다.
③ Record 프로토콜은 어떤 암호 방식을 사용할지 선택
하는 역할을 한다.
④ SSL/TLS를 시작하기 위한 최초의 교신은 암호화와
MAC 없이 시작한다.

15 정량적 분석에 대한 설명으로 옳지 않은 것은?

① 계산이 복잡하여 분석하는 데 비용이 많이 든다.
② 정량적 분석 방법에는 과거자료 분석법, 시나리오법, 확률 분포법 등이 있다.
③ 위험 관리 성능평가가 용이하다.
④ 정보의 가치가 논리적으로 평가되고 화폐로 표현되어 설득력이 있다.

16 다음 중 침입 탐지 시스템(IDS)에 대한 설명으로 옳지 않은 것은?

① 방화벽과 상호 보완적으로 사용될 수 있으며, IDS를 이용하더라도 공격 시도를 사전에 예방하고 차단할 수는 없다.
② 오용 탐지 기법은 기존에 알려진 공격 행위의 패턴 및 특징 정보를 이용하여 침입 여부를 판단한다.
③ 호스트 기반 IDS는 설치되어 있는 호스트 내의 침입 유형을 탐지하며, 네트워크 기반 IDS보다 정확하다.
④ 이상 탐지 기법은 새로운 공격 유형이 발견될 때마다 지속적으로 해당 시그니처(Signature)를 갱신해 주어야 한다.

17 다음 중 유닉스(UNIX)의 로그 파일과 기록되는 내용이 옳은 것을 모두 고른 것은?

⊙ history: 명령창에 실행했던 명령 내역
ⓛ sulog: su 명령어 사용 내역
ⓒ xferlog: 실패한 로그인 시도 내역
ⓔ loginlog: FTP 파일 전송 내역

① ⊙, ⓛ
② ⊙, ⓒ
③ ⓛ, ⓒ
④ ⓒ, ⓔ

18 다음 설명에 해당하는 OECD 개인정보보호 8원칙으로 옳은 것은?

> 각국의 입법자로 하여금 무차별적인 개인정보 수집을 하지 않도록 최소한의 범위에서 적법한 방법으로 개인정보를 수집하도록 하고, 정보 수집을 위하여 최소한 정보주체의 인지 또는 동의를 얻어야 한다.

① 수집 제한의 원칙(Collection Limitation Principle)
② 이용 제한의 원칙(Use Limitation Principle)
③ 정보 정확성의 원칙(Data Quality Principle)
④ 목적 명확화 원칙(Purpose Specification Principle)

19 다음은 보안 공격 유형을 나열한 것이다. 능동적 공격에 해당하지 않는 것을 모두 고른 것은?

⊙ 재전송(Replaying)
ⓛ 스캐닝(Scanning)
ⓒ 도청(Eavesdropping)
ⓔ 서비스 거부(Denial of Service)
ⓜ 패킷 분석(Analysis of Packet)
ⓑ 메시지 수정(Modification of Message)

① ⊙, ⓛ, ⓒ
② ⓛ, ⓒ, ⓜ
③ ⓒ, ⓜ, ⓑ
④ ⓔ, ⓜ, ⓑ

20 다음 중 「정보통신망 이용촉진 및 정보보호 등에 관한 법률」에서 정의하는 용어의 설명으로 옳지 않은 것은?

① 전자적 전송매체: 정보통신망을 통하여 부호 · 문자 · 음성 · 화상 또는 영상 등을 수신자에게 전자문서 등의 전자적 형태로 전송하는 매체를 말한다.

② 전자문서: 컴퓨터 등 정보처리능력을 가진 장치에 의하여 전자적인 형태로 작성되어 송수신되거나 저장된 문서형식의 자료로서 표준화된 것을 말한다.

③ 통신과금서비스: 정보통신서비스로서 타인이 판매 · 제공하는 재화 또는 용역의 대가를 청구 · 징수하는 업무를 말한다.

④ 침해사고: 정보통신망의 정상적인 보호 · 인증 절차를 우회하여 정보통신망에 접근할 수 있도록 하는 프로그램이나 기술적 장치 등을 정보통신망 또는 이와 관련된 정보시스템에 설치하는 방법 등으로 정보통신망 또는 이와 관련된 정보시스템을 공격하는 행위로 인하여 발생한 사태를 말한다.

21 다음 중 보안 등급을 평가하는 기준 TCSEC(Trusted Computer System Evaluation Criteria)에 대한 설명으로 옳은 것은?

① 안전 · 신뢰성이 입증된 유럽형 컴퓨터 시스템 보안 평가 기준이다.

② A1부터 D까지 7등급으로 나뉘며, 같은 등급에서는 뒤에 붙는 숫자가 클수록 보안 수준이 높다.

③ 기밀성, 무결성과 가용성까지 평가한다.

④ 보안 레이블은 C2 등급 이상에서부터 요구된다.

22 다음 〈보기〉에서 대칭키 암호 알고리즘에 대한 설명으로 옳은 것을 모두 고른 것은?

─────〈보 기〉─────

㉠ AES는 128/192/256비트의 키 길이를 지원한다.

㉡ AES는 SPN 구조를 갖는다.

㉢ 전자 코드북(ECB), 출력 피드백(OFB)은 블록 암호의 운용 방식이다.

㉣ DES는 SEED와 다르게 16라운드의 Feistel 구조를 갖는다.

① ㉠

② ㉠, ㉡

③ ㉠, ㉡, ㉢

④ ㉠, ㉡, ㉢, ㉣

23 다음 중 커버로스(Kerberos)에 대한 설명으로 옳지 않은 것은?

① 커버로스(Kerberos)는 시스템을 통해 패스워드를 대칭키로 암호화하여 암호문 형태로 전송한다.

② 인증 서버가 사용자에게 발급한 TGT(티켓-승인 티켓)은 자원 활용을 위한 키와 정보가 들어 있어 유효 기간 내에는 재사용할 수 있다.

③ 커버로스(Kerberos) 인증 프로토콜은 디피-헬만(Diffie-Hellman) 프로토콜을 기반으로 만들어졌다.

④ 커버로스(Kerberos)에서 재전송 공격을 막기 위해 사용하는 것은 타임스탬프(Timestamp)이다.

24 다음 중 SQL Injection 공격에 대한 대응책으로 옳지 않은 것은?

① 모든 스크립트에 대한 모든 파라미터를 점검하여 사용자 입력 값이 공격에 사용되지 않도록 한다.

② SQL 서버의 에러 메시지를 사용자에게 보여 주어 공격에 대비한다.

③ 사용자 입력이 직접 SQL 문장으로 사용되지 않도록 한다.

④ 매개변수화된 인터페이스를 제공하는 안전한 API를 사용한다.

25 다음 중 생체 인증 기법에 대한 설명으로 옳지 않은 것은?

① 정적인 신체적 특성 또는 동적인 행위적 특성을 이용할 수 있다.

② 인증 정보를 망각하거나 분실할 우려가 거의 없다.

③ 일반적으로 지식 기반이나 소유 기반의 인증 기법에 비해 인식 오류 발생 가능성이 매우 낮다.

④ 인증 시스템 구축 비용이 비교적 많이 든다.

군무원 전산직 FINAL 실전 봉투모의고사
제2회 모의고사

전산직

제1과목	국어	제2과목	컴퓨터일반
제3과목	정보보호론	제4과목	

응시번호		성 명	

〈 안내 사항 〉

1. 답안지의 모든 기재 및 표기사항은 반드시 『컴퓨터용 흑색사인펜』으로만 작성하여야 합니다.
   (사인펜에 "컴퓨터용"으로 표시되어 있음) (사인펜 본인 지참)
   * 매년 지정된 펜을 사용하지 않아 답안지가 무효처리 되는 상황이 빈발하고 있으므로, 답안지
     는 반드시 『컴퓨터용 흑색사인펜』으로만 표기하시기 바랍니다.

2. 답안은 매 문항마다 반드시 하나의 답만 골라 그 숫자에 "●"로 표기해야 하며, 표기한 내용은 수정
   테이프를 이용하여 정정할 수 있습니다. 단, 시험시행본부에서 수정테이프를 제공하지 않습니다.
   (표기한 부분을 긁는 경우 오답처리 될 수 있으며, 수정스티커 또는 수정액은 사용 불가)
   * 답안지는 훼손·오염되거나 구겨지지 않도록 주의해야 하며, 특히 답안지 상단의 타이밍마크
     (❘❘❘❘❘)를 절대로 훼손해서는 안 됩니다.

3. 필기시험 문제 관련 의견제시 기간 : 시험 당일을 포함한 5일간
   * 국방부 군무원채용관리홈페이지(http://recruit.mnd.go.kr) - 시험안내 - 시험문고답하기

제2회 모의고사

제1과목: 국어

QR코드 접속을 통해 풀이시간 측정, 자동 채점
그리고 결과 분석까지!

01 맞춤법에 맞는 것은?

① 희생을 치뤄야 대가를 얻을 수 있다.
② 내로라하는 선수들이 뒤처진 이유가 있겠지.
③ 방과 후 고모 댁에 들른 후 저녁에 갈 거여요.
④ 가스 밸브를 안 잠궈 화를 입으리라고는 전혀 생각지 못했다.

02 다음 글의 내용을 잘못 이해한 사람은?

심리학에서는 동조(同調)가 일어나는 이유를 크게 두 가지로 설명한다. 첫째는, 사람들은 자기가 확실히 알지 못하는 일에 대해 남이 하는 대로 따라 하면 적어도 손해를 보지는 않는다고 생각한다는 것이다. 둘째는, 어떤 집단이 그 구성원들을 이끌어 나가는 질서나 규범 같은 힘을 가지고 있을 때, 그러한 집단의 압력 때문에 동조 현상이 일어난다는 것이다. 만약 어떤 개인이 그 힘을 인정하지 않는다면 그는 집단에서 배척당하기 쉽다. 이런 사정 때문에 사람들은 집단으로부터 소외되지 않기 위해서 동조를 하게 된다. 여기서 주목할 것은 자신이 믿지 않거나 옳지 않다고 생각하는 문제에 대해서도 동조의 입장을 취하게 된다는 것이다.

동조는 개인의 심리 작용에 영향을 미치는 요인이 무엇이냐에 따라 그 강도가 다르게 나타난다. 가지고 있는 정보가 부족하여 어떤 판단을 내리기 어려운 상황일수록, 자신의 판단에 대한 확신이 들지 않을수록 동조 현상은 강하게 나타난다. 또한 집단의 구성원 수가 많거나 그 결속력이 강할 때, 특정 정보를 제공하는 사람의 권위와 지위, 그에 대한 신뢰도가 높을 때도 동조 현상은 강하게 나타난다. 그리고 어떤 문제에 대한 집단 구성원들의 만장일치 여부도 동조에 큰 영향을 미치게 되는데, 만약 이때 단 한 명이라도 이탈자가 생기면 동조의 정도는 급격히 약화된다.

① 태영: 집단으로부터 배척당하는 것이 두려워 동조하는 사람이 생기기도 하는 것 같아.
② 수희: 동조 현상에 영향을 미치는 요인은 우매한 조직의 결속력보다 개인의 신념이라고 볼 수 있겠군.
③ 지석: 응집력이 강한 집단일수록 항거하는 것이 더 어려워지지. 이런 경우, 동조 압력은 더 강할 수밖에 없겠지.
④ 영지: 아침에 수많은 정류장 중 어디에서 공항버스를 타야 할지 몰랐는데 스튜어디스 차림의 여성이 향하는 정류장 쪽으로 따라갔었어. 이 경우, 그 스튜어디스 복장이 신뢰도를 높였다고 할 수 있겠네.

03 다음 밑줄 친 ㉠과 ㉡에서 '-의'의 쓰임을 바르게 설명한 것은?

> 吾等(오등)은 玆(자)에 我(아) ㉠ 朝鮮(조선)의 獨立國(독립국)임과 ㉡ 朝鮮人(조선인)의 自主民(자주민)임을 宣言(선언)하노라. 此(차)로써 世界萬邦(세계만방)에 告(고)하야 人類平等(인류평등)의 大義(대의)를 克明(극명)하며 此(차)로써 子孫萬代(자손만대)에 誥(고)하야 民族自存(민족자존)의 正權(정권)을 永有(영유)케 하노라.

① ㉠에서 '-의'는 앞 체언이 뒤 체언에 대하여 비유의 대상임을 나타내고, ㉡에서 '-의'는 앞 체언이 뒤 체언이 나타내는 행동이나 작용의 주체임을 나타낸다.

② ㉠에서 '-의'는 앞 체언이 뒤 체언이 나타내는 행동이나 작용의 주체임을 나타내고, ㉡에서 '-의'는 앞 체언이 뒤 체언에 대하여 비유의 대상임을 나타낸다.

③ ㉠과 ㉡에서 '-의'는 앞 체언이 뒤 체언에 대하여 비유의 대상임을 나타낸다.

④ ㉠과 ㉡에서 '-의'는 앞 체언이 뒤 체언이 나타내는 행동이나 작용의 주체임을 나타낸다.

04 〈보기〉에서 설명한 시의 표현 방법이 적용된 시구로 가장 옳은 것은?

> ─〈보 기〉─
> 본래의 의미와 의도를 더욱 효과적으로 강조하기 위해 그것을 가장하거나 위장하는 것이다. 즉 본래의 의도를 숨기고 반대되는 말로 표현하는 것으로, 표면의미(표현)와 이면의미(의도) 사이에 괴리와 모순을 통해 시적 진실을 전달하는 표현 방법이다.

① 돌담에 속삭이는 햇발같이 / 풀 아래 웃음 짓는 샘물 같이

－ 김영랑, 「돌담에 속삭이는 햇발같이」

② 내가 그의 이름을 불러 주었을 때 / 그는 나에게로 와서 / 꽃이 되었다

－ 김춘수, 「꽃」

③ 산은 나무를 기르는 법으로 / 벼랑에 오르지 못하는 법으로 / 사람을 다스린다

－ 김광섭, 「산」

④ 나보기가 역겨워 / 가실 때에는 / 죽어도 아니 눈물 / 흘리오리다

－ 김소월, 「진달래꽃」

05 다음 중 〈보기〉의 시에 대한 감상으로 가장 적절한 것은?

〈보 기〉

계절이 지나가는 하늘에는
가을로 가득 차 있습니다.

나는 아무 걱정도 없이
가을 속의 별들을 다 헤일 듯합니다.

가슴 속에 하나 둘 새겨지는 별을
이제 다 못 헤는 것은
쉬이 아침이 오는 까닭이요,
내일 밤이 남은 까닭이요,
아직 나의 청춘이 다하지 않은 까닭입니다.

별 하나에 추억과
별 하나에 사랑과
별 하나에 쓸쓸함과
별 하나에 동경과
별 하나에 시와
별 하나에 어머니, 어머니

① 화자의 내면과 갈등 관계에 있는 현실에 비판적 시각을 드러내고 있다.
② 화자는 어린 시절 친구들을 청자로 설정하여 내면을 고백하고 있다.
③ 별은 시적 화자가 지향하는 내적 세계를 나타낸다.
④ 별은 현실 상황의 변화를 바라는 화자의 현실적 욕망을 상징한다.

06 〈보기〉의 ㉠~㉣ 중 띄어쓰기가 옳은 것은?

〈보 기〉

㉠ 창 밖은 가을이다. 남쪽으로 난 창으로 햇빛은 하루하루 깊이 안을 넘본다. 창가에 놓인 우단 의자는 부드러운 잿빛이다. 그러나 손으로 ㉡ 우단천을 결과 반대 방향으로 쓸면 슬쩍 녹둣빛이 돈다. 처음엔 짙은 쑥색이었다. 그 의자는 아무짝에도 쓸모가 없다. ㉢ 30년 동안을 같은 자리에서 움직이지 않은 채 하는 일이라곤 햇볕에 자신의 몸을 잿빛으로 바래는 ㉣ 일 밖에 없다.

① ㉠
② ㉡
③ ㉢
④ ㉣

07 다음 중 〈보기〉와 관련된 언어의 특성은?

〈보 기〉

㉠ '줄기나 가지가 목질로 된 여러해살이 식물'을 한국어로는 '나무[namu]'라고 하지만 영어로는 'tree[triː]', 중국어로는 '樹[shù]'라고 한다.
㉡ '배'는 소리는 같지만 문장에서 '가슴과 엉덩이 사이의 부위', '물 위로 떠다니도록 나무나 쇠 따위로 만든 물건', '배나무의 열매' 등의 다양한 의미로 쓰인다.
㉢ '어리다'는 중세 국어에서는 '어리석다'의 의미로 쓰였지만, 현대 국어에서는 '나이가 적다'의 의미로 쓰이고 있다.

① 내용과 형식의 결합에 필연적 관련성이 없다.
② 물리적으로 연속된 실체를 분절하여 표현한다.
③ 기본적인 어순이 정해져 있어 이를 어기면 비문이 된다.
④ 한정된 기호만으로 무수히 많은 문장을 만들어 사용할 수 있다.

08 다음 중 우리말 어법에 맞고 가장 자연스러운 문장은?

① 뜰에 핀 꽃이 여간 탐스러웠다.
② 안내서 및 과업 지시서 교부는 참가 신청자에게만 교부한다.
③ 졸업한 형도 못 푸는 문제인데, 하물며 네가 풀겠다고 덤비느냐.
④ 한국 정부는 독도 영유권 문제에 대하여 일본에게 강력히 항의하였다.

09 다음 표준어 규정 중 〈보기〉에 부합하는 단어들로 이루어진 것은?

〈보 기〉
[제22항] 고유어 계열의 단어가 생명력을 잃고 그에 대응하는 한자어 계열의 단어가 널리 쓰이면, 한자어 계열의 단어를 표준어로 삼는다.

① 성냥, 겸상
② 어질병, 총각무
③ 개다리소반, 푼돈
④ 칫솔, 구들장

10 ㉠~㉢에 들어갈 적절한 접속어를 순서대로 나열한 것은?

역사의 연구는 개별성을 추구하는 것이라고 할 수가 있다. (㉠) 구체적인 과거의 사실 자체에 대해 구명(究明)을 꾀하는 것이 역사학인 것이다. (㉡) 고구려가 한족과 투쟁한 일을 고구려라든가 한족이라든가 하는 구체적인 요소들을 빼 버리고, 단지 "자주적 대제국이 침략자와 투쟁하였다."라고만 진술해 버리는 것은 한국사일 수가 없다. (㉢) 일정한 시대에 활약하던 특정한 인간 집단의 구체적인 활동을 서술하지 않는다면 그것을 역사라고 말할 수 없는 것이다.

	㉠	㉡	㉢
①	가령	한편	역시
②	다시 말해	만약	그런데
③	이를테면	역시	결국
④	즉	가령	요컨대

11 다음 중 국어 로마자 표기법 규정에 어긋나는 것은?

① 독도 Docdo
② 선릉 Seolleung
③ 한라산 Hallasan
④ 학여울 Hangnyeoul

12 다음 중 〈보기〉에 따라 ㉠~㉣에 들어갈 단어가 바르게 배열된 것은?

<보 기>

어휘의 의미는 몇 가지 의미 자질로 분석할 수 있다. 예컨대 '바지'의 의미는 [+옷], [−위]의 자질로 나눌 수 있다. 이에 반해 '저고리'의 의미 자질은 [+옷]이라는 점에서 '바지'와 같지만, [+위]라는 점에서 '바지'와 다르다.

구분	㉠	㉡	㉢	㉣
어른	+	−	+	−
남성	+	+	−	−

	㉠	㉡	㉢	㉣
①	아저씨	소년	아주머니	소녀
②	아저씨	아주머니	소녀	소년
③	아주머니	소년	아저씨	소녀
④	소년	소녀	아주머니	아저씨

13 다음에 제시된 의미와 가장 가까운 속담은?

가난한 사람이 남에게 업신여김을 당하기 싫어서 허세를 부리려는 심리를 비유적으로 이르는 말

① 가난할수록 기와집 짓는다
② 가난한 집 신주 굶듯
③ 가난한 집에 자식이 많다
④ 가난한 집 제사 돌아오듯

14 다음 중 나이와 한자어가 바르게 연결된 것은?

① 고희(古稀): 일흔 살
② 이순(耳順): 마흔 살
③ 미수(米壽): 여든 살
④ 백수(白壽): 아흔 살

[15~16] 다음 시를 읽고 물음에 답하시오.

(가) 나무토막으로 조그마한 당닭을 새겨
　　 젓가락으로 집어다가 벽에 앉히고
　　 이 닭이 꼬기오 하고 때를 알리면
　　 그제사 어머님 얼굴 늙으시옵소서.

(나) 삭삭기 셰몰애 별혜 나는
　　 삭삭기 셰몰애 별혜 나는
　　 구은 밤 닷 되를 심고이다
　　 그 바미 우미 도다 삭나거시아
　　 그 바미 우미 도다 삭나거시아
　　 유덕(有德)ㅎ신 니믈 여히ᄋᆞ와지이다

(다) 三冬(삼동)에 뵈옷 닙고 巖穴(암혈)에 눈비 마자
　　 구름 낀 볏뉘도 쐰 적이 업건마난
　　 西山(서산)에 해지다 하니 눈물겨워 하노라.

(라) 四海(ᄉᆞ해) 바닷 기픠는 닫줄로 자히려니와
　　 님의 德澤(덕틱) 기픠는 어늬 줄로 자하리잇고
　　 享福無彊(향복무강)ᄒᆞ샤 萬歲(만셰)를 누리쇼셔
　　 享福無彊(향복무강)ᄒᆞ샤 萬歲(만셰)를 누리쇼셔
　　 一竿明月(일간명월)이 亦君恩(역군은)이샷다.

(마) 철령 노픈 봉에 쉬여 넘는 저 구름아
　　 고신원루를 비 삼아 띄어다가
　　 님 계신 구중심처에 뿌려본들 엇더리.

(바) 마음이 어린 後(후) ㅣ 니 하는 일이 다 어리다.
　　 萬重雲山(만중운산)에 어내 님 오리마는
　　 지는 닙 부는 바람에 행여 근가 하노라.

15 위 작품의 밑줄 친 부분에서 서로 유사한 의미의 시어끼리 바르게 연결된 것은?

① 눈비 – 비
② 당닭 – 님
③ 별뉘 – 덕틱
④ 구중심처 – 만중운산

16 위 작품 중 역설적 표현이 사용된 것으로만 묶인 것은?

① (가), (나)
② (가), (다)
③ (다), (라)
④ (마), (바)

17 다음 중 밑줄 친 부분이 주체가 제3의 대상에게 동작이나 행동을 하도록 시키는 표현인 것은?

① 철수가 옷을 입었다.
② 장난감이 그로부터 잊혔다.
③ 따스한 햇살이 고드름을 녹였다.
④ 내 책이 친구 책과 섞여서 찾느라 애를 썼다.

18 다음 시에 대한 감상으로 적절하지 않은 것은?

> 매운 계절(季節)의 챗죽에 갈겨
> 마츰내 북방(北方)으로 휩쓸려 오다
>
> 하늘도 그만 지쳐 끝난 고원(高原)
> 서리빨 칼날진 그우에 서다.
>
> 어데다 무릎을 꾸러야하나?
> 한발 재겨디딜 곳조차 없다
>
> 이러매 눈깜아 생각해볼밖에
> 겨울은 강철로된 무지갠가 보다
>
> – 이육사, 「절정」

① 1연과 2연은 화자가 처한 현실의 상황을 암시하고 있다.
② 1연의 극한적 상황이 2연에서 중첩되어 나타나 극한의 정도가 점층되고 있다.
③ 3연은 1연과 2연의 상황으로 인해 화자가 맞이한 절박함이 드러나 있다.
④ 3연과 4연은 화자의 심화된 내적 갈등을 단계적으로 보여 주고 있다.

19 다음 중 글의 전개 방식에 묘사를 사용한 것은?

① 지구와 화성은 비슷한 점이 많다. 둘은 태양계의 행성으로, 태양으로부터 거리가 비슷하고, 태양을 중심으로 공전(公轉), 자전(自轉)하고 있는 점이 같다. 그런데 지구에는 물과 공기가 있고, 생물이 있다. 그러므로 화성에도 물과 공기가 있고, 생물이 존재할 가능성이 있다.

② 거대한 기계에서 일부분만 분리되면 아무 쓸모없는 고철이 될 수도 있다. 기계의 일부분은 전체의 체계 속에서만 진정한 기능을 발휘하게 되는 것이다. 우리가 독서를 할 때에는, 이와 같이 어느 한 부분의 내용도 한 편의 글이라는 전체의 구조 속에서 파악하여야만 그 바른 의미를 이해할 수 있게 된다.

③ 이마에서 뒷머리까지는 갈색의 양털 모양 솜털이 있고, 눈앞과 뒤, 덮깃과 턱밑과 뺨에는 갈색을 띤 짧은 솜털과 어두운 갈색 털 모양의 깃털이 있다. 눈 주위에는 푸른색을 띤 흰색의 솜털과 어두운 갈색 털이 나 있다.

④ 이 사회의 경제는 모두가 제로섬 요소로 구성되어 있다. 제로섬(Zero-sum)이란 어떤 수를 합해서 제로가 된다는 뜻이다. 어떤 운동 경기를 한다고 할 때, 이기는 사람이 있으면 반드시 지는 사람이 있게 마련이다. 어느 한쪽 팀이 점수를 얻게 되면 다른 팀은 점수를 잃는다. 이 승리자와 패배자의 점수를 합치면 전체로서는 제로가 된다.

20 〈보기〉의 ㉠~㉣ 중 명사절이 동일한 문장 성분으로 사용된 것끼리 묶인 것은?

―〈보 기〉―
㉠ 농부들은 비가 오기를 기다린다.
㉡ 지금은 집에 가기에 이른 시간이다.
㉢ 그는 1년 후에 돌아오기로 결심했다.
㉣ 어린 아이들은 병원에 가기 싫어한다.

① ㉠, ㉡ / ㉢, ㉣
② ㉠, ㉢ / ㉡, ㉣
③ ㉠, ㉣ / ㉡, ㉢
④ ㉠ / ㉡, ㉢, ㉣

21 다음 중 ㉠~㉢의 예를 바르게 연결한 것은?

국어 단어는 그 형성 방식에 따라 크게 두 가지로 구성된다. 하나는 '바다, 겨우'처럼 단일한 요소가 곧 한 단어가 되는 경우이다. '바다, 겨우'와 같은 단어들은 더 이상 나뉠 수 없는 단일한 구성을 보이는 예들로서 이들은 ㉠ 단일어라고 한다.

다른 하나는 다양한 요소들이 결합하여 한 단어가 되는 경우이다. 이들은 단일어와 구별하여 복합어라고 한다. 복합어는 다시 두 가지 종류로 나뉜다. '샛노랗다, 잠'은 어휘 형태소인 '노랗다, 자-'에 각각 '샛-, -ㅁ'과 같은 접사가 덧붙어서 파생된 단어들이다. 이처럼 어휘 형태소에 접사가 결합하여 형성된 단어들을 ㉡ 파생어라고 한다. '손목, 날짐승'과 같은 단어는 각각 '손-목, 날-짐승'으로 분석된다. 이들은 각각 어근인 어휘 형태소끼리 결합하여 한 단어가 된 경우로 이를 ㉢ 합성어라고 한다.

	㉠	㉡	㉢
①	구름	무덤	빛나다
②	지우개	헛웃음	덮밥
③	맑다	고무신	선생님
④	웃음	곁눈	시나브로

22 다음 밑줄 친 단어 중 '종성부용초성'에 의한 표기가 사용된 것은?

> 불휘 기픈 남ᄀᆞᆫ ᄇᆞᄅᆞ매 아니 뮐씨 곶 됴코 여름 하ᄂᆞ니
> 시미 기픈 므른 ᄀᆞ믈래 아니 그츨씨 내히 이러 바ᄅᆞ래
> 가ᄂᆞ니
>
> – 「용비어천가」 제2장

① 곶
② 시미
③ 내히
④ 바ᄅᆞ래

23 문맥상 ㉠에 들어갈 문장으로 가장 적절한 것은?

> 인간의 역사가 발전과 변화의 가능성을 내포하고 있는 반면, 자연사는 무한한 반복 속에서 반복을 반복할 뿐이다. 그런데 마르크스는 「1844년의 경제학 철학 수고」 말미에, "역사는 인간의 진정한 자연사이다"라고 적은 바 있다. 또한 인간의 활동에 대립과 통일이 있듯이, 자연의 내부에서도 대립과 통일은 존재한다. (㉠) 마르크스의 진의(眞意) 또한 인간의 역사와 자연사의 변증법적 지양과 일여(一如)한 합일을 지향했다는 것에 있을 것이다.

① 즉 인간과 자연은 상호 간에 필연적으로 경쟁할 수밖에 없다.
② 따라서 인간의 역사와 자연의 역사를 이분법적 대립구도로 파악하는 것은 위험하다.
③ 즉 자연이 인간의 세계에 흡수·통합됨으로써 인간의 역사가 시작된다.
④ 그러나 인간사를 연구하는 일은 자연사를 연구하는 일보다 많은 노력이 요구된다.

24 다음 중 밑줄 친 말의 기본형이 옳지 않은 것은?

① 시장에 들러 배추와 무를 샀다. (기본형: 들르다)
② 북어포가 물에 불어 부드러워졌다. (기본형: 붓다)
③ 지나가는 사람에게 길을 물어 본다. (기본형: 묻다)
④ 기계로 옥돌을 가니 반들반들해졌다. (기본형: 갈다)

25 다음 글을 통해 도출할 수 있는 내용으로 적절하지 않은 것은?

미생물은 오늘날 흔히 질병과 연관된 것으로 여겨진다. 1762년 마르쿠스 플렌치즈는 미생물이 체내에서 증식함으로써 질병을 일으키고, 이는 공기를 통해 전염될 수 있다고 주장했으며, 모든 질병은 각자 고유의 미생물을 갖고 있다고 말했다. 그러나 유감스럽게도 그 주장에 대한 증거가 없었으므로 플렌치즈는 외견상 하찮아 보이는 미생물들도 사실은 중요하다는 점을 다른 사람들에게 납득시킬 수가 없었다. 심지어 한 비평가는 그처럼 어처구니없는 가설에 반박하느라 시간을 허비할 생각이 없다며 대꾸했다.

그런데 19세기 중반 들어 프랑스의 화학자 루이 파스퇴르에 의해 상황이 바뀌기 시작했다. 파스퇴르는 세균이 술을 식초로 만들고 고기를 썩게 한다는 사실을 연달아 증명한 뒤 만약 세균이 발효와 부패의 주범이라면 질병도 일으킬 수 있을 것이라고 주장했다. 이러한 배종설은 오랫동안 이어져 내려온 자연발생설에 반박하는 이론으로서 플렌치즈 등에 의해 옹호되었지만 아직 논란이 많았다. 사람들은 흔히 썩어가는 물질이 내뿜는 나쁜 공기, 즉 독기가 질병을 일으킨다고 생각했다. 1865년 파스퇴르는 이런 생각이 틀렸음을 증명했다. 그는 미생물이 누에에게 두 가지 질병을 일으킨다는 사실을 입증한 뒤, 감염된 알을 분리하여 질병이 전염되는 것을 막음으로써 프랑스의 잠사업을 위기에서 구했다.

한편 독일에서는 로베르트 코흐라는 내과 의사가 지역농장의 사육동물을 휩쓸던 탄저병을 연구하고 있었다. 때마침 다른 과학자들이 동물의 시체에서 탄저균을 발견하자, 1876년 코흐는 이 미생물을 쥐에게 주입한 뒤 쥐가 죽은 것을 확인했다. 그는 이 암울한 과정을 스무 세대에 걸쳐 집요하게 반복하여 번번이 똑같은 현상이 반복되는 것을 확인했고, 마침내 세균이 탄저병을 일으킨다는 결론을 내렸다. 배종설이 옳았던 것이다.

파스퇴르와 코흐가 미생물을 효과적으로 재발견하자 미생물은 곧 죽음의 아바타로 캐스팅되어 전염병을 옮기는 주범으로 여겨지기 시작했다. 탄저병이 연구된 뒤 20년에 걸쳐 코흐를 비롯한 과학자들은 한센병, 임질, 장티푸스, 결핵 등의 질병 뒤에 도사리고 있는 세균들을 속속 발견했다. 이러한 발견을 견인한 것은 새로운 도구였다. 이전에 있었던 렌즈를 능가하는 렌즈가 나왔고, 젤리 비슷한 배양액이 깔린 접시에서 순수한 미생물을 배양하는 방법이 개발되었으며, 새로운 염색제가 등장하여 세균의 발견과 확인을 도왔다.

세균을 확인하자 과학자들은 거두절미하고 세균을 제거하는 작업에 착수했다. 조지프 리스터는 파스퇴르에게서 영감을 얻어 소독 기법을 실무에 도입했다. 그는 자신의 스태프들에게 손과 의료 장비와 수술실을 화학적으로 소독하라고 지시함으로써 수많은 환자들을 극심한 감염으로부터 구해냈다. 또, 다른 과학자들은 질병 치료, 위생 개선, 식품 보존이라는 명분으로 세균 차단 방법을 궁리했다. 그리고 세균학은 응용과학이 되어 미생물을 쫓아내거나 파괴하는 데 동원되었다. 과학자들은 미생물과의 전쟁을 선포하고, 병든 개인과 사회에서 미생물을 몰아내는 것을 목표로 삼은 것이다. 이렇게 미생물에 대한 인식이 형성되었으며 그 부정적 태도는 오늘날에도 지속되고 있다.

① 세균은 미생물의 일종이다.
② 세균은 화학적인 방법으로 제거할 수 있다.
③ 미생물과 질병의 연관성에 대한 인식은 통시적으로 변화해 왔다.
④ 코흐는 새로운 도구의 개발 이전에 질병을 유발하는 미생물들을 발견했다.

01 데이터베이스상의 병행제어를 위한 로킹(Locking) 기법에 대한 〈보기〉의 설명 중 옳지 않은 것의 총 개수는?

─〈보 기〉─

㉠ 로크(Lock)는 하나의 트랜잭션이 데이터를 접근하는 동안 다른 트랜잭션이 그 데이터를 접근할 수 없도록 제어하는 데 쓰인다.

㉡ 트랜잭션이 로크한 데이터에 대해서는 해당 트랜잭션이 종료되기 전에 해당 데이터에 대한 언로크(Unlock)를 실행하여야 한다.

㉢ 로킹의 단위가 작아질수록 로크의 수가 많아서 관리가 복잡해지지만 병행성 수준은 높아지는 장점이 있다.

㉣ 2단계 로킹 규약을 적용하면 트랜잭션의 직렬 가능성을 보장할 수 있어서 교착상태 발생을 예방할 수 있다.

① 1개   ② 2개
③ 3개   ④ 4개

02 〈보기〉의 ㉠~㉢에 들어갈 용어를 바르게 연결한 것은?

─〈보 기〉─

• 컴퓨터의 실행 속도를 높이기 위해 복잡한 처리를 (㉠)에 맡기고, 명령 세트를 축소한 컴퓨터이다.

• 복잡한 연산을 수행하려면 (㉡)가 제공하는 명령어를 반복 수행해야 하므로 프로그램이 복잡하다.

• 명령의 대부분은 1머신 사이클에서 실행되고, 명령어 길이는 (㉢)이다.

	㉠	㉡	㉢
①	소프트웨어	CISC	유동적
②	하드웨어	CISC	고정적
③	소프트웨어	RISC	고정적
④	하드웨어	RISC	유동적

03 무선주파수를 이용하며 반도체 칩이 내장된 태그와 리더기로 구성된 인식시스템은?

① Bluetooth
② ZigBee
③ RFID
④ WAN

04 다음 중 프로세스(Process)와 스레드(Thread)에 대한 설명으로 옳지 않은 것은?

① 하나의 스레드는 여러 개의 프로세스에 포함될 수 있다.
② 프로세스 내부에 포함되는 스레드는 공통적으로 접근 가능한 기억장치를 통하여 효율적으로 통신한다.
③ 스레드는 같은 프로세스에 속한 다른 스레드와 코드를 공유한다.
④ 한 프로세스 내의 모든 스레드들은 정적 영역(Stack Area)을 공유한다.

05 입·출력과 관련하여 폴링(Polling) 방식과 인터럽트(Interrupt) 방식에 대한 설명으로 옳지 않은 것은?

① 폴링 방식에서는 프로세서가 입·출력을 위해 입·출력장치의 상태를 반복적으로 검사한다.
② 인터럽트 방식은 폴링 방식 대비 프로세서의 시간을 낭비하는 단점이 있다.
③ 인터럽트 방식에서는 인터럽트 간에 우선순위를 둘 수 있다.
④ 인터럽트 방식에서는 인터럽트 처리를 위해 인터럽트 처리 루틴을 호출한다.

06 다음 중 8비트 컴퓨터에서 $(-17)+(-4)$의 결과를 2의 보수로 계산한 값은?

① 00010101
② 11101011
③ 11110011
④ 00001101

07 다음 제어문을 실행하였을 때 Sum의 값은?

```
Sum = 0
n = 1
Do Until n > = 5
    Sum = Sum + n
    n = n + 2
```

① 3   ② 4
③ 8   ④ 9

08 다음은 캐시 기억장치를 사상(Mapping) 방식 기준으로 분류한 것이다. 캐시 블록이 4개 이상이고 사상 방식을 제외한 모든 조건이 동일하다고 가정할 때, 평균적으로 캐시 적중률(Hit Ratio)이 높은 것부터 낮은 것의 순으로 바르게 나열한 것은?

⊙ 직접 사상(Direct-Mapped)
ⓒ 완전 연관(Fully-Associative)
ⓒ 2-Way 집합 연관(Set-Associative)

① ㉠ - ㉡ - ㉢
② ㉡ - ㉢ - ㉠
③ ㉢ - ㉠ - ㉡
④ ㉠ - ㉢ - ㉡

09 다음 표는 OSI 7계층에서 계층별로 사용하는 프로토콜의 데이터 단위를 나타낸 것이다. ㉠~㉢에 들어갈 단위를 바르게 연결한 것은?

계층	데이터 단위
트랜스포트(Transport)	(㉠)
네트워크(Network)	(㉡)
데이터 링크(Data link)	(㉢)
물리(Physical)	비트

	㉠	㉡	㉢
①	세그먼트	프레임	패킷
②	패킷	세그먼트	프레임
③	세그먼트	패킷	프레임
④	패킷	프레임	세그먼트

10 다음 중 계층데이터 모델링에 대한 설명으로 옳지 않은 것은?

① 데이터 모델링의 단계에는 개념적 모델링, 논리적 모델링, 물리적 모델링이 있다.
② 개념적 데이터 모델은 데이터베이스 스키마를 실제 구축하면서 사용할 DBMS를 선정하는 설계이다.
③ 데이터 모델링은 데이터 타입, 데이터 관계, 데이터 의미 및 일관성 제약 조건 등을 기술한다.
④ 데이터 모델링은 데이터베이스 설계 과정에서 데이터의 구조를 표현하기 위해 데이터베이스로 모델화하는 작업이다.

11 다음 SQL 명령어에서 DML(Data Manipulation Language) 명령어만을 모두 고른 것은?

> ㉠ ALTER
> ㉡ DELETE
> ㉢ INSERT
> ㉣ GRANT
> ㉤ CREATE
> ㉥ UPDATE

① ㉠, ㉡, ㉣
② ㉡, ㉢, ㉤
③ ㉡, ㉢, ㉥
④ ㉢, ㉤, ㉥

12 다음 중 속성에 관련된 무결성으로 데이터 형태, 범위, 기본값, 유일성 등을 제한하는 제약은?

① 도메인 무결성(Domain Integrity)
② 고유 무결성(Unique Intergrity)
③ 개체 무결성(Entity Integrity)
④ 참조 무결성(Reference Integrity)

13 운영체제에서 가상 메모리의 페이지 교체 기법에 대한 설명으로 가장 옳지 않은 것은?

① FIFO(First In First Out) 기법은 가장 오래된 페이지를 교체한다.
② LRU(Least Recently Used) 기법은 최근에 가장 오래도록 사용되지 않은 최소 사용 페이지를 교체한다.
③ Second-chance 기법에서는 참조 비트가 0인 페이지는 교체되지 않는다.
④ LFU(Least Frequently Used) 기법은 많이 참조된 페이지는 계속 참조될 확률이 높을 것이라 판단하며, 최근에 사용 빈도가 가장 적은 페이지를 교체한다.

14 다음에서 설명하는 보안공격 방법은?

> • 공격자는 여러 대의 좀비 컴퓨터를 분산 배치하여 가상의 접속자를 만든 후 처리할 수 없을 정도로 매우 많은 양의 패킷을 동시에 발생시켜 시스템을 공격한다.
> • 인터넷상에서 다수의 시스템이 협력하여 하나의 표적 시스템을 공격함으로써 시스템을 마비시킨다.
> • 공격받은 컴퓨터는 시스템의 마비로 사용자가 정상적으로 접속할 수 없게 된다.

① 파밍(Pharming)
② DDoS(Distributed Denial of Service)
③ XSS(Cross Site Scripting)
④ 트로이 목마(Trojan Horse)

15 TCP/IP 모델의 인터넷 계층에 대한 설명으로 틀린 것은?

① IP프로토콜을 사용한다.
② 경로선택과 독주제어 기능을 수행한다.
③ 최선형의 비연결형 패킷 전달 서비스를 제공한다.
④ End to End의 통신 서비스를 제공한다.

16 파일 구성 방식 중에서 ISAM(Indexed Sequential Access Method)의 물리적인 색인 구성은 디스크의 물리적 특성에 따라 색인(Index)을 구성하는데, 다음 중 3단계 색인에 해당되지 않는 것은?

① 볼륨 색인(Volume Index)
② 트랙 색인(Track Index)
③ 마스터 색인(Master Index)
④ 실린더 색인(Cylinder Index)

17 트랜잭션(transaction)의 복구(recovery) 진행 시 복구대상을 제외, 재실행(Redo), 실행취소(Undo)할 것으로 구분하였을 때 옳은 것은?

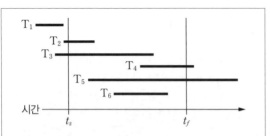

T₁, T₂, T₃, T₄, T₅, T₆ 선분은 각각 해당 트랜잭션의 시작과 끝 시점을 의미하고, t_s는 검사점(checkpoint)이 이루어진 시점을, t_f는 장애(failure)가 발생한 시점을 의미한다.

	제외	재실행	실행취소
①	T₁	T₂, T₃	T₄, T₅, T₆
②	T₁	T₂, T₃, T₆	T₄, T₅
③	T₂, T₃	T₁, T₆	T₄, T₅
④	T₄, T₅	T₆	T₁, T₂, T₃

18 소프트웨어 개발 프로세스 모델 중 하나인 나선형 모델(Spiral Model)에 대한 설명으로 옳지 않은 것은?

① 계획 수립, 개발, 평가의 3단계로 이루어진다.
② 소프트웨어 개발 프로세스를 위험 관리 측면에서 바라본 모델이다.
③ 점증적으로 개발을 진행하여 소프트웨어의 품질을 지속적으로 개선할 수 있다.
④ 프로젝트 기간이 길어질 수 있고, 반복 횟수가 많아질수록 프로젝트 관리가 어렵다.

19 〈보기〉의 SQL문에 대한 설명으로 옳은 것은?

─〈보 기〉─
SELECT 이름, 나이, 급여
FROM 사원
WHERE 부서 = '영업부' OR 부서 = '총무부'
ORDER BY 나이 ASC

① ORDER BY절의 ASC는 내림차순으로 정렬하라는 것으로 지정하지 않아도 동일한 결과를 조회한다.
② [사원] 테이블에서 부서가 영업부이거나 총무부인 사원의 이름, 나이, 급여를 검색한 후 나이를 기준으로 내림차순 정렬된 결과를 조회한다.
③ WHERE절은 WHERE 부서 IN ('영업부', '총무부')와 같이 지정해도 동일한 결과를 조회한다.
④ [사원] 테이블에서 영업부와 총무부를 제외한 사원의 이름, 나이, 급여를 검색한 후 나이를 기준으로 오름차순 정렬된 결과를 조회한다.

20 패킷 교환 방식 중 가상 회선 방식에 대한 설명으로 옳은 것은?

① 네트워크 내의 노드나 링크가 파괴되거나 상실되면 다른 경로를 이용한 전송이 가능하므로 유연성을 갖는다.
② 경로 설정에 시간이 소요되지 않으므로 한 스테이션에서 소수의 패킷을 보내는 경우에 유리하다.
③ 매 패킷 단위로 경로를 설정하므로 네트워크의 혼잡이나 교착 상태에 보다 신속하게 대처한다.
④ 패킷들은 경로가 설정된 후 경로에 따라 순서적으로 전송되는 방식이다.

21 다음의 정렬 알고리즘 중 최악의 경우에 시간 복잡도가 가장 낮은 것은?

① 버블 정렬(Bubble Sort)
② 삽입 정렬(Insertion Sort)
③ 선택 정렬(Selection Sort)
④ 힙 정렬(Heap Sort)

22 다음 프로그램의 실행 결과로 옳은 것은?

```
#include 〈stdio.h〉

int main(void)
{
  int array[] = {100, 200, 300, 400, 500};
  int *ptr;
  ptr = array;
  printf("%d\n", *(ptr+3)+100);
}
```

① 200   ② 300
③ 400   ④ 500

23 다음에서 설명하는 컴퓨터 바이러스는?

산업 소프트웨어와 공정 설비를 공격 목표로 하는 극도로 정교한 군사적 수준의 사이버 무기로 지칭된다. 공정 설비와 연결된 프로그램이 논리 제어 장치(Programmable Logic Controller)의 코드를 악의적으로 변경하여 제어권을 획득한다. 네트워크와 이동 저장 매체인 USB를 통해 전파되며, SCADA(Supervisory Control and Data Acquisition) 시스템이 공격 목표이다.

① 스틱스넷(Stuxnet)
② 백도어(Backdoor)
③ 봇넷(Botnet)
④ 오토런 바이러스(Autorun Virus)

24 다음 〈보기〉 중 파이썬 프로그래밍 언어에 대한 설명으로 옳지 않은 것을 모두 고른 것은?

─────〈보 기〉─────
㉠ 변수 선언 시 변수명 앞에 데이터형을 지정해야 한다.
㉡ 플랫폼에 독립적인 대화식 언어이다.
㉢ 클래스를 정의하여 객체 인스턴스를 생성할 수 있다.

① ㉠
② ㉡
③ ㉠, ㉡
④ ㉡, ㉢

25 다음에서 설명하는 최신 기술은?

• 높은 수준의 추상화(Abstractions, 다량의 데이터나 복잡한 자료들 속에서 핵심적인 내용 또는 기능을 요약하는 작업)를 시도하는 기계학습(Machine learning) 알고리즘의 집합이다.
• 알고리즘으로 심층 신경망(Deep Neural Network, DNN), 합성곱 신경망(Convolutional Neural Network, CNN), 순환 신경망(Recurrent Neural Network, RNN), 제한 볼츠만 머신(Restricted Boltzmann Machine, RBM), 심층 신뢰 신경망(Deep Belief Network, DBN), 심층 Q-네트워크(Deep Q-Networks)가 있다.

① 딥 러닝
② 인공지능
③ 핀테크
④ 머신러닝

QR코드 접속을 통해 풀이시간 측정, 자동 채점 그리고 결과 분석까지!

01 다음 중 사용자의 신원을 검증하고 전송된 메시지의 출처를 확인하는 것으로, 이것이 결여될 경우 주체 또는 객체에 피해를 끼칠 수 있는 정보보호 개념은?

① 인증성
② 기밀성
③ 무결성
④ 가용성

02 다음 〈보기〉에서 공개키 기반 구조(PKI; Public Key Infrastructure)의 인증서에 대한 설명으로 옳은 것만을 모두 고른 것은?

───〈보 기〉───
㉠ 인증 기관은 인증서 및 인증서 폐기 목록 등을 관리한다.
㉡ 인증 기관이 발행한 인증서는 공개키와 공개키의 소유자를 공식적으로 연결해 준다.
㉢ 인증서에는 소유자 정보, 공개키, 개인키, 발행일, 유효 기간 등의 정보가 담겨 있다.
㉣ 공인인증서는 인증 기관의 전자서명 없이 사용자의 전자서명만으로 공개키를 공증한다.

① ㉠, ㉡
② ㉠, ㉢
③ ㉡, ㉢
④ ㉢, ㉣

03 다음에서 설명하는 로그 파일은?

• 가장 최근에 성공한 로그인 파일을 담고 있는 로그 파일이다.
• binary 파일로 되어 있으며 동명의 명령어 또는 'finger' 명령어로 확인이 가능하다.

① lastlog
② utmp
③ btmp
④ sulog

04 다음 중 블록 알고리즘의 종류와 그 특징을 바르게 설명한 것은?

① IDEA: 유럽에서 1990년 개발되었으며, PGP를 채택한 8라운드의 알고리즘이다.
② RC5: 2000년 AES 알고리즘으로 선정되었으며, 10, 12, 14라운드의 알고리즘이다.
③ CRYPTON: 1999년 한국 표준 블록 알고리즘으로 16라운드에 128키를 갖고 있다.
④ Rijndael: 1994년 미국에서 개발되었으며, 64비트 블록에 16라운드로 속도가 빠르고 알고리즘이 간단하다.

05 현재 10명이 사용하는 암호 시스템을 20명이 사용할 수 있도록 확장하려고 한다. 대칭키 암호 시스템과 공개키 암호 시스템을 채택할 때 추가로 필요한 키는 각각 몇 개인가?

① 20개, 145개
② 20개, 155개
③ 145개, 20개
④ 155개, 20개

06 개인정보 보호법에서 개인정보처리자가 정보주체의 개인정보를 제3자에게 제공하거나 공유하는 경우, 정보주체에게 알리고 동의를 받아야 하는 내용으로 옳지 않은 것은?

① 개인정보를 제공받는 자와 제공하는 개인정보의 항목
② 개인정보를 제공받는 자와 체결한 계약 내용
③ 개인정보를 제공받는 자의 개인정보 이용 목적, 보유 및 이용 기간
④ 동의를 거부함에 따른 불이익이 있는 경우 그 불이익의 내용

07 다음 중 서비스 거부 공격(DoS; Denial of Service)에 대한 설명으로 옳지 않은 것은?

① Smurf 공격은 공격 대상의 IP 주소를 근원지로 대량의 ICMP 응답 패킷을 전송하여 서비스 거부를 유발시키는 공격이다.
② Syn Flooding 공격은 TCP 3-Way Handshaking 과정에서 Half-Open 연결 시도가 가능하다는 취약성을 이용한 공격이다.
③ Land 공격은 출발지와 목적지의 IP 주소를 상이하게 설정하여 IP 프로토콜 스택에 장애를 유발하는 공격이다.
④ Ping of Death 공격은 비정상적인 ICMP 패킷을 전송하여 시스템 성능을 저하시키는 공격이다.

08 다음 〈보기〉에서 설명하는 서명 방식은?

〈보 기〉
SET에서 도입된 기술로, 주문 정보(구매 요청)와 지불 정보에 대한 해시 값을 각각 구한다. 구매 요구 거래에서 상인은 주문 정보만 알아야 하고, 매입사는 지불 정보만 알아야 한다.

① 은닉서명
② 이중서명
③ 전자서명
④ 영지식 증명

09 다음 중 통신 보안에서 디지털 서명에 대한 내용으로 옳지 않은 것은?

① 특정인을 확인하기 위해 비밀키(Private Key) 암호를 이용한다.
② 송신자의 송신 여부와 수신자의 수신 여부를 확인하는 기능으로 메시지를 보낸 사람이 추후에 부인할 수 없도록 한다.
③ 전자상거래에서 활용할 수 있다.
④ 메시지를 받는 사람이 메시지를 변조하거나 위조할 수 없도록 한다.

10 국가마다 서로 다른 평가기준으로 인해 발생하는 중복평가 문제를 해소하기 위해 제정된 것은?

① BS7799
② COBIT
③ 공통평가기준(CC)
④ ISMS-P

11 다음 중 허니팟(Honey Pot)에 대한 특징으로 옳은 것을 모두 고른 것은?

> ㉠ 비정상적인 접근을 탐지하기 위해 의도적으로 설치한 시스템을 의미한다.
> ㉡ 공격자가 최대한 오래 머물게 해야 한다.
> ㉢ 실제 사용 중인 네트워크로부터 공격자를 떼어 놓을 수 있기 때문에 공격자의 주의를 딴 데로 뺏으려는 목적도 있다.
> ㉣ 회사의 규모가 커지고 허니팟을 이용하여 침입자들을 잡는 데 익숙해지면 허니팟 네트워크, 즉 허니넷을 만들 수 있다.
> ㉤ 공격자의 성향(패턴)을 분석할 수 있다.

① ㉠

② ㉠, ㉡

③ ㉠, ㉡, ㉢

④ ㉠, ㉡, ㉢, ㉣, ㉤

12 다음 중 게이트웨이(Gateway) 방식에 대한 설명으로 옳지 않은 것은?

① 서로 다른 통신망이나 프로토콜을 사용하는 네트워크 간의 통신을 가능하게 하는 컴퓨터 또는 소프트웨어를 말한다.

② 각각의 네트워크는 다른 네트워크와 구별되는 프로토콜로 데이터를 전송하며, 병목현상이 발생할 수 있다.

③ 프록시 게이트웨이와 인라인 게이트웨이의 가장 큰 차이점은 게이트웨이를 거치는 패킷의 조정 여부에 있는데, 인라인 게이트웨이는 일부 패킷만 게이트웨이를 거치도록 설정한다.

④ SQL의 수행 권한을 가진 사용자가 수행할 경우에는 SQL을 DBMS 서버로 전달하고, 권한이 없는 사용자가 수행할 경우에는 SQL을 수행한 내부 사용자에게 수행 권한이 없음을 알린다.

13 다음 중 「개인정보 보호법」에 대한 설명으로 옳지 않은 것은?

① 개인정보처리자는 제3자의 재산의 이익을 위하여 명백히 필요하다고 인정되는 경우에는 주민등록번호를 처리할 수 있다.

② 개인정보처리자는 공익적 기록보존 등을 위하여 정보주체의 동의 없이 가명정보를 처리할 수 없다.

③ 개인정보 보호에 관한 사무를 독립적으로 수행하기 위하여 국무총리 소속으로 개인정보 보호위원회를 두며, 위원장 1명, 부위원장 1명을 포함한 9명의 위원으로 구성한다.

④ 보호위원회는 개인정보처리자의 개인정보 처리 및 보호와 관련한 일련의 조치 등에 관하여 인증할 수 있으며, 그 유효기간은 3년으로 한다.

14 다음 중 SSL(Secure Sockets Layer) 프로토콜에 대한 설명으로 옳지 않은 것은?

① SSL 서버 인증: 사용자가 서버의 신원을 확인하도록 한다.

② 암호화된 SSL 세션: 브라우저와 서버 간에 전달되는 모든 정보는 송신 소프트웨어가 암호화하고, 수신 소프트웨어가 복호화한다.

③ SSL 클라이언트 인증: 서버가 사용자의 신원을 확인하도록 한다.

④ SSL 프로토콜 구조: 세션키 생성은 Alert Protocol이다.

15 다음 중 시스템 내부의 바이러스나 트로이 목마 등 악성코드를 감지하기 위한 도구로 옳은 것은?

① Snort

② COPS

③ nmap

④ Tripwire

16 주기억장치에 상주하면서 프로세스 관리, 메모리 관리, 파일 시스템 관리 등을 수행하는 시스템 운영의 핵심 컴퓨터 프로그램은?

① SID
② SAM
③ LSA
④ Kernl

17 다음의 OSI 7계층과 이에 대응하는 계층에서 동작하는 〈보기〉의 보안 프로토콜을 바르게 연결한 것은?

㉠ 전송 계층	㉡ 데이터 링크 계층
㉢ 네트워크 계층	

〈보 기〉

A. L2F	B. IPSec	C. TCP
D. IP	E. PPTP	F. SSL

	㉠	㉡	㉢
①	A, C	B, E	D, F
②	B, D	A, E	C, F
③	C, F	A, E	B, D
④	C, E	A, D	B, F

18 다음 중 VPN에 대한 설명으로 옳지 않은 것은?

① 신규 노드 확장 시 쉽고 빠르게 구축할 수 있다.
② 가상 사설망으로 공중망 연결을 통해 전용선처럼 사용하는 것이다.
③ 인터넷과 같은 공공 네트워크를 통해 기업의 재택근무자나 이동 중인 직원이 안전하게 회사 시스템에 접근할 수 있는 네트워크 환경을 제공한다.
④ 장비 구입 및 관리 비용이 증가한다.

19 다음에서 설명하는 위험 처리 방법은?

> 현재의 위험을 받아들이고, 잠재적 손실 비용을 감수하는 것을 말한다.

① 위험 수용
② 위험 회피
③ 위험 전가
④ 위험 감소

20 다음 중 웹과 DB를 연동한 애플리케이션에서 SQL Injection 공격을 방어하기 위한 방법으로 옳지 않은 것은?

① 원시 ODBC 에러를 사용자가 볼 수 있도록 코딩한다.
② 데이터베이스에 저장된 프로시저를 사용한다.
③ 데이터베이스 애플리케이션의 권한을 최소로 하여 구동한다.
④ 테이블 이름, 칼럼 이름, SQL 구조 등이 외부 HTML에 포함되어 나타나지 않게 한다.

21 다음 중 「개인정보 보호법」상 자신의 개인정보 처리와 관련한 정보주체의 권리에 대한 설명으로 옳지 않은 것은?

① 개인정보의 처리에 관한 정보를 제공받을 수 있다.
② 개인정보의 처리에 관한 동의 여부, 동의 범위 등을 선택하고 결정할 수 있다.
③ 개인정보의 처리로 인하여 발생한 피해를 신속하고 공정한 절차에 따라 구제받을 수 있다.
④ 개인정보에 대하여 열람을 할 수 있으나 사본의 발급은 요구할 수 없다.

22 다음 중 이메일 보안을 위하여 사용하는 PGP(Pretty Good Privacy)에 대한 설명으로 옳지 않은 것은?

① RSA, DSA 등의 알고리즘을 사용한 디지털 서명을 통해 보낸 사람에 대한 인증과 부인 방지 기능을 제공하나, 수신에 대한 부인 방지는 지원하지 않는다.

② 메시지의 발송 시 메시지에 대한 서명, 압축, 암호화 순으로 처리할 수 있으며, 데이터의 압축은 ZIP 형식을 사용한다.

③ 비대칭 암호 기술을 사용하며, 이메일 애플리케이션에 플러그인(Plug-In) 방식으로 확장이 가능하다.

④ PGP(Pretty Good Privacy) 서명은 송신자의 공개키로 서명하고, 송신자의 개인키로 확인하는 방식을 사용한다.

23 다음 중 벨-라파듈라(Bell-Lapadula) 모델에 대한 설명으로 옳지 않은 것은?

① 특정 객체의 접근은 특정 직무가 접근을 요구하는 경우에만 허가된다.

② 허가된 비밀정보에 허가되지 않은 방식의 접근을 방지하고자 하는 것을 목표로 한다.

③ 주체는 자신보다 낮은 수준의 객체에 쓸 수 없으므로 주체는 객체의 보안 수준보다 낮거나 같아야 한다.

④ 상업용 보안구조의 요구 사항을 충족하는 범용 모델이다.

24 SET(Secure Electronic Transaction) 프로토콜에 대한 설명으로 옳지 않은 것은?

① 전자상거래를 위한 신용카드 기반의 전자지불 프로토콜이다.

② 신용카드 트랜잭션을 보호하기 위하여 인증, 기밀성 및 메시지 무결성 등의 서비스를 제공한다.

③ SET 참여자가 신원을 확인하고 인증서를 발급하며, 단일 서명 방식을 사용한다.

④ 대칭키 암호화 방식과 공개키 암호화 방식이 모두 사용되며, 대칭키는 거래할 때마다 변경된다.

25 Unix/Linux 시스템에서 사용되는 명령어에 대한 설명으로 옳지 않은 것은?

① grep: 파일 내의 특정 문자열이나 정규 표현식을 포함한 모든 행을 검색하여 출력한다.

② chmod: 파일 및 디렉토리의 접근 권한을 변경한다.

③ mv: 파일을 다른 디렉토리로 이동하거나 파일명을 변경한다.

④ touch: 파일 시스템의 사용 중이거나 사용 가능한 디스크 공간에 대한 정보를 보여준다.

군무원 전산직 FINAL 실전 봉투모의고사
제3회 모의고사

전산직

제1과목	국어	제2과목	컴퓨터일반
제3과목	정보보호론	제4과목	

응시번호		성 명	

제3회 모의고사

제1과목: 국어

QR코드 접속을 통해 풀이시간 측정, 자동 채점
그리고 결과 분석까지!

01 밑줄 친 한자어를 쉬운 표현으로 바꾼 것으로 적절하지 않은 것은?

① 재산 관리인을 개임하는 처분을 하다.
　→ 재산 관리인을 교체 임명하는 처분을 하다.
② 일반 회계와 구분하여 계리하였다.
　→ 일반 회계와 구분하여 회계처리하였다.
③ 변경 사항을 주말하였다.
　→ 변경 사항을 붉은 선으로 표시했다.
④ 목록에 게기된 서류를 붙인다.
　→ 목록에 기재된 서류를 붙인다.

02 밑줄 친 단어의 품사가 다른 것은?

① 네가 바로 말하면 용서해 주겠다.
② 혼자 내버려 둔 것이 후회가 된다.
③ 이것은 갖은 노력을 다한 결과이다.
④ 초등학교, 중학교, 고등학교 그리고 대학교

03 다음 글의 사례로 적절하지 않은 것은?

> 인간은 언어를 사용하며 언어는 인간의 사고, 사회, 문화를 반영한다. 인간의 지적 능력이 발달하게 된 것은 바로 언어를 사용하기 때문이다.
> 언어와 사고는 기본적으로 상호작용을 한다. 둘 중 어느 것이 먼저 발달하고 어떻게 영향을 주는지는 알 수 없다. 그러나 언어와 사고가 서로 깊은 관계를 맺고 있다는 사실은 여러 가지 근거를 통해서 뒷받침된다.

① 어떤 사람은 산도 파랗다고 하고, 물도 파랗다고 하고, 보행신호의 녹색등도 파랗다고 한다.
② 일상생활에서 어떠한 사물의 개념은 머릿속에서 맴도는데도 그 명칭을 떠올리지 못할 때가 있다.
③ 우리나라는 수박(watermelon)은 '박'의 일종으로 보지만 어떤 나라는 '멜론(melon)'에 가까운 것으로 파악한다.
④ 영어의 '쌀(rice)'에 해당하는 우리말에는 '모', '벼', '쌀', '밥' 등이 있다.

04 다음 중 불규칙 활용에 대한 예로 적절하지 않은 것은?

① (실을) 잇+어 → 이어
② (소리를) 듣+어 → 들어
③ (물이) 흐르+어 → 흘러
④ (대가를) 치르+어 → 치러

05 다음 중 밑줄 친 관용 표현의 쓰임이 적절하지 않은 것은?

① 버스 안은 발 디딜 틈이 없이 복잡했다.
② 갑작스러운 태풍으로 손님들이 발이 묶였다.
③ 폭력단에 한번 들어서면 발을 빼기 어렵다고 한다.
④ 늦은 밤이 되어도 아이가 돌아오지 않자 어머니는 동동 발을 끊었다.

06 다음 시의 특징에 대한 설명으로 가장 적절한 것은?

> 허공 속에 발이 푹푹 빠진다
> 허공에서 허우적 발을 빼며 걷지만
> 얼마나 힘 드는 일인가
> 기댈 무게가 없다는 것은
> 걸어온 만큼의 거리가 없다는 것은
>
> 그동안 나는 여러 번 넘어졌는지 모른다
> 지금은 쓰러져 있는지도 모른다
> 끊임없이 제자리만 맴돌고 있거나
> 인력(引力)에 끌려 어느 주위를 공전하고 있는지도 모른다
>
> 발자국 발자국이 보고 싶다
> 뒤꿈치에서 퉁겨 오르는
> 발걸음의 힘찬 울림을 듣고 싶다
> 내가 걸어온
> 길고 삐뚤삐뚤한 길이 보고 싶다

① 과거로 돌아가고 싶은 화자의 소망을 전하고 있다.
② 시적 화자의 옛 경험을 사실적으로 묘사하고 있다.
③ 시어의 반복을 통해 화자의 정서를 강조하고 있다.
④ 허구적 상상을 통해 현실의 고난을 극복하고 있다.

[07~08] 다음 글을 읽고 물음에 답하시오.

> (가) A: 너 보고서 다 했어?
>   B: 무슨 보고서?
>   A: 내일까지 과업 달성 보고서 해서 내야 되잖아.
>   B: 맞다! 생각도 안 하고 있었네.
>   A: 버스 온다. 나 먼저 갈게. 내일 보자.
>
> (나) A: 벌써 추석이네.
>   B: 나도 고향에 내려가야 하는데 아직 기차표를 못 구했어.
>   A: 그래? 그럼 버스 타고 가야겠다.
>   B: 그건 그렇고 올해도 우리 할머니가 임진각에 가시려나?
>   A: ㉠ 해마다 가셨지?
>   B: 응.
>   A: 너희 할머니는 실향민이시구나.

07 다음 중 (가)에 대한 설명으로 적절하지 않은 것은?

① 모두 5개의 발화로 이루어져 있다.
② 모두 2개의 담화로 이루어져 있다.
③ 마지막 A의 이야기로 볼 때 버스를 기다리고 있는 상황임을 알 수 있다.
④ 위 대화에서는 특별한 사회·문화적 맥락이 드러나 있다고 보기 어렵다.

08 다음 중 (나)의 밑줄 친 ㉠에 대한 설명으로 가장 적절한 것은?

① B의 할머니와 만난 적이 있음을 보여 주는 발화이다.
② 우리나라의 풍습에 대해 잘 알고 있음을 보여 주는 발화이다.
③ 우리나라 근현대사에 대한 지식이 없으면 이해하기 힘든 발화이다.
④ A의 할머니도 매년 추석마다 임진각에 간다.

09 다음 중 '피동 표현'에서 '능동 표현'으로 바꿀 수 없는 것은?

① 그 문제가 어떤 수학자에 의해 풀렸다.
② 지민이가 감기에 걸렸다.
③ 딸이 아버지에게 안겼다.
④ 그 수필은 많은 사람들에게 읽혔다.

10 다음은 어떤 사전에 제시된 '고르다'의 내용이다. 사전에 대한 설명으로 옳지 않은 것은?

■ 고르다¹ [고르다]. 골라[골라], 고르니[고르니].
「동사」【…에서 …을】여럿 중에서 가려내거나 뽑다.
■ 고르다² [고르다]. 골라[골라], 고르니[고르니].
「동사」【…을】
「1」울퉁불퉁한 것을 평평하게 하거나 들쭉날쭉한 것을 가지런하게 하다.
「2」붓이나 악기의 줄 따위가 제 기능을 발휘하도록 다듬거나 손질하다.
■ 고르다³ [고르다]. 골라[골라], 고르니[고르니].
「형용사」「1」여럿이 다 높낮이, 크기, 양 따위의 차이가 없이 한결같다.
「2」상태가 정상적으로 순조롭다.

① '고르다¹', '고르다²', '고르다³'은 서로 동음이의어이다.
② '고르다¹', '고르다²', '고르다³'은 모두 현재진행형으로 사용할 수 있다.
③ '고르다²'와 '고르다³'은 다의어이지만 '고르다¹'은 다의어가 아니다.
④ '고르다¹', '고르다²', '고르다³'은 모두 불규칙 활용을 한다.

11 다음은 어순 병렬의 원리에 대한 설명이다. 이와 가장 부합하지 않는 어순을 보이는 것은?

> 국어에는 언어 표현이 병렬될 때 일정한 규칙이 반영된다. 시간 용어가 병렬될 때 일반적으로는 자연 시간의 순서를 따르거나 화자가 말하는 때를 기준으로 가까운 쪽이 앞서고 멀어질수록 뒤로 간다. 공간 관련 용어들은 일반적으로 위쪽이나 앞쪽 그리고 왼쪽과 관련된 용어가 앞서고, 아래쪽이나 뒤쪽 그리고 오른쪽과 관련된 용어들이 나중에 온다.

① 꽃이 피고 지고 한다.
② 문 닫고 들어와라.
③ 수입과 지출을 맞추어 보다.
④ 머리끝부터 발끝까지 달라졌다.

12 다음 글을 요약한 것으로 가장 적절한 것은?

> 영어에서 위기를 뜻하는 단어 'crisis'의 어원은 '분리하다'라는 뜻의 그리스어 '크리네인(Krinein)'이다. 크리네인은 본래 회복과 죽음의 분기점이 되는 병세의 변화를 가리키는 의학 용어로 사용되었는데, 서양인들은 위기에 어떻게 대응하느냐에 따라 결과가 달라진다고 보았다. 상황에 위축되지 않고 침착하게 위기의 원인을 분석하여 사리에 맞는 해결 방안을 찾을 수 있다면 긍정적 결과가 나올 수 있다는 것이다. 한편, 동양에서는 위기(危機)를 '위험(危險)'과 '기회(機會)'가 합쳐진 것으로 해석하여, 위기를 통해 새로운 기회를 모색하라고 한다. 동양인들 또한 상황을 바라보는 관점에 따라 위기가 기회로 변모될 수도 있다고 본 것이다.

① 서양인과 동양인은 위기에 처한 상황을 바라보는 관점이 서로 다르다.
② 위기가 아예 다가오지 못하도록 미리 대처해야 새로운 기회가 많이 주어진다.
③ 위기 상황을 냉정하게 판단하고 긍정적으로 받아들여, 위기를 통해 새로운 기회를 모색한다.
④ 위기는 인간의 욕심에서 비롯된 경우가 많으므로, 자신을 반성하고 돌아보는 자세가 필요하다.

13 지명을 로마자로 표기한 것이 옳은 것은?

① 가평군 – Gapyeong-goon
② 갈매봉 – Galmaibong
③ 마천령 – Macheollyeong
④ 백령도 – Baeknyeongdo

14 다음 〈보기〉의 밑줄 친 ㉠과 바꿔 쓰기에 가장 적절한 것은?

〈보 기〉

간접세는 조세 부담자와 납세자가 ㉠ 다르며, 주로 소비에 기준을 두고 세금을 징수하기 때문에 보통은 자신이 세금을 내고 있는지조차 모르는 경우가 많다. 부가가치세, 특별 소비세, 주세, 전화세 등이 여기에 속한다.

① 상관(相關)하며
② 상이(相異)하며
③ 상응(相應)하며
④ 상충(相衝)하며

15 다음 중 국어 순화가 옳지 않은 것은?

① 팝업 창(pop-up 窓) → 알림창
② 무빙워크(moving walk) → 안전길
③ 컨트롤타워(control tower) → 통제탑, 지휘 본부
④ 스카이 라운지(sky lounge) → 전망쉼터, 하늘쉼터

16 다음 중 ㉠과 의미가 가장 유사한 속담은 무엇인가?

그런데 문제는 정도에 지나친 생활을 하는 사람을 보면 이를 무시하거나 핀잔을 주어야 할 텐데, 오히려 없는 사람들까지도 있는 척하면서 그들을 부러워하고 모방하려고 애쓴다는 사실이다. 이러한 행동은 '모방 본능' 때문에 나타난다.

모방 본능은 필연적으로 '모방 소비'를 부추긴다. 모방 소비란 내게 꼭 필요하지도 않지만 남들이 하니까 나도 무작정 따라 하는 식의 소비이다. 이는 마치 ㉠ 남들이 시장에 가니까 나도 장바구니를 들고 덩달아 나서는 격이다. 이러한 모방 소비는 참여하는 사람들의 수가 대단히 많다는 점에서 과시 소비 못지않게 큰 경제 악이 된다.

① 친구 따라 강남 간다
② 계란으로 바위치기이다
③ 호랑이도 제 말하면 온다
④ 사공이 많으면 배가 산으로 간다

17 문맥에 따른 배열로 가장 적절한 것은?

(가) 그러나 사람들은 소유에서 오는 행복은 소중히 여기면서 정신적 창조와 인격적 성장에서 오는 행복은 모르고 사는 경우가 많다.

(나) 소유에서 오는 행복은 낮은 차원의 것이지만 성장과 창조적 활동에서 얻는 행복은 비교할 수 없이 고상한 것이다.

(다) 부자가 되어야 행복해진다고 생각하는 사람은 스스로 부자라고 만족할 때까지는 행복해지지 못한다.

(라) 하지만 최소한의 경제적 여건에 자족하면서 정신적 창조와 인격적 성장을 꾀하는 사람은 얼마든지 차원 높은 행복을 누릴 수 있다.

(마) 자기보다 더 큰 부자가 있다고 생각될 때는 여전히 불만과 불행에 사로잡히기 때문이다.

① (나) – (가) – (마) – (라) – (다)
② (나) – (라) – (가) – (다) – (마)
③ (다) – (마) – (라) – (나) – (가)
④ (다) – (라) – (마) – (가) – (나)

> 둘하 노피곰 도드샤
> 어긔야 머리곰 비취오시라
> 어긔야 어강됴리
> 아으 다롱디리
> 져재 녀러신고요
> 어긔야 즌 디룰 드디욜셰라
> 어긔야 어강됴리
> 어느이다 노코시라
> 어긔야 내 가논 디 졈그룰셰라
> 어긔야 어강됴리
> 아으 다롱디리
>
>   – 작자 미상, 「정읍사」

18 다음 중 제시된 작품에 대한 설명으로 가장 적절한 것은?

① 후렴구를 반복하여 주제 의식을 부각하고 있다.
② 반어적 표현을 사용하여 긴장감을 높이고 있다.
③ 성찰적 어조를 통해 엄숙한 분위기를 조성하고 있다.
④ 말을 건네는 방식을 통해 화자의 정서를 드러내고 있다.

19 다음 중 밑줄 친 '둘'에 대한 이해로 적절하지 않은 것은?

① 시적 진술의 시점으로 보아, 시간적 배경을 알려 주는 소재이다.
② 화자가 처한 상황으로 보아, 화자가 겪는 마음의 동요를 완화할 수 있는 존재이다.
③ '둘'과 결합한 조사 '하'의 쓰임으로 보아, 존경의 의미를 함축하고 있는 대상이다.
④ '노피곰'이 상승 이미지를 환기하는 것으로 보아, 초월적 세계에 대한 화자의 동경을 표상하는 존재이다.

20 다음 시에 대한 설명으로 적절하지 않은 것은?

> 가문 섬진강을 따라가며 보라.
> 퍼 가도 퍼 가도 전라도 실핏줄 같은
> 개울물들이 끊기지 않고 모여 흐르며
> 해 저물면 저무는 강변에
> 쌀밥 같은 토끼풀꽃,
> 숯불 같은 자운영꽃 머리에 이어 주며
> 지도에도 없는 동네 강변
> 식물 도감에도 없는 풀에
> 어둠을 끌어다 죽이며
> 그을린 이마 훤하게
> 꽃등도 달아 준다.
> 흐르다 흐르다 목메이면
> 영산강으로 가는 물줄기를 불러
> 뼈 으스러지게 그리워 얼싸안고
> 지리산 뭉툭한 허리를 감고 돌아가는
> 섬진강을 따라가며 보라.
> 섬진강물이 어디 몇 놈이 달려들어
> 퍼낸다고 마를 강물이더냐고,
> 지리산이 저문 강물에 얼굴을 씻고
> 일어서서 껄껄 웃으며
> 무등산을 보며 그렇지 않느냐고 물어 보면
> 노을 띤 무등산이 그렇다고 훤한 이마 끄덕이는
> 고갯짓을 바라보며
> 저무는 섬진강을 따라가며 보라.
> 어디 몇몇 애비 없는 후레자식들이
> 퍼 간다고 마를 강물인가를.
>
>   – 김용택, 「섬진강 1」

① 반어적인 어조를 활용하여 현실을 풍자하고 있다.
② 직유를 활용하여 대상을 인상적으로 드러내고 있다.
③ 의인화를 통해 대상의 강한 생명력을 표현하고 있다.
④ 대상이 지닌 속성을 통해 주제 의식을 강화하고 있다.

21 다음 중 밑줄 친 오류의 예를 추가할 때 가장 적절한 것은?

논리학에서 비형식적 오류 유형에는 우연의 오류, 애매어의 오류, 결합의 오류, 분해의 오류 등이 있다.

우선 우연의 오류란 거의 대부분의 경우에 적용되는 일반적인 원리나 규칙을 우연적인 상황으로 인해 생긴 예외적인 특수한 경우에까지도 무차별적으로 적용할 때 생기는 오류이다. 그 예로 "인간은 이성적인 동물이다. 중증 정신 질환자는 인간이다. 그러므로 중증 정신 질환자는 이성적인 동물이다."를 들 수 있다.

애매어의 오류는 동일한 한 단어가 한 논증에서 맥락마다 서로 다른 의미를 지니는 것으로 사용될 때 생기는 오류를 말한다. "김 씨는 성격이 직선적이다. 직선적인 모든 것들은 길이를 지닌다. 고로 김 씨의 성격은 길이를 지닌다."가 그 예이다.

한편 각각의 원소들이 개별적으로 어떤 성질을 지니고 있다는 내용의 전제로부터 그 원소들을 결합한 집합 전체도 역시 그 성질을 지니고 있다는 결론을 도출하는 경우가 결합의 오류이고, 반대로 집합이 어떤 성질을 지니고 있다는 내용의 전제로부터 그 집합의 각각의 원소들 역시 개별적으로 그 성질을 지니고 있다는 결론을 도출하는 경우가 분해의 오류이다. 전자의 예로는 "그 연극단 단원들 하나하나가 다 훌륭하다. 고로 그 연극단은 훌륭하다."를, 후자의 예로는 "그 연극단은 일류급이다. 박 씨는 그 연극단 일원이다. 그러므로 박 씨는 일류급이다."를 들 수 있다.

① 모든 사람은 죽는다. 소크라테스는 사람이다. 그러므로 소크라테스는 죽는다.

② 그 학생의 논술 시험 답안은 탁월하다. 그의 답안에 있는 문장 하나하나가 탁월하기 때문이다.

③ 부패하기 쉬운 것들은 냉동 보관해야 한다. 세상은 부패하기 쉽다. 고로 세상은 냉동 보관해야 한다.

④ 미국 아이스하키 선수단이 이번 올림픽에서 금메달을 차지했다. 그러므로 미국 선수 각자는 세계 최고 기량을 갖고 있다.

22 ㉠~㉣에 대한 이해로 가장 적절한 것은?

막차는 좀처럼 오지 않았다
대합실 밖에는 밤새 송이눈이 쌓이고
㉠ 흰 보라 수수꽃 눈시린 유리창마다
톱밥난로가 지펴지고 있었다
그믐처럼 몇은 졸고
몇은 감기에 쿨럭이고
그리웠던 순간들을 생각하며 나는
한 줌의 톱밥을 불빛 속에 던져 주었다
내면 깊숙이 할 말들은 가득해도
㉡ 청색의 손바닥을 불빛 속에 적셔 두고
모두들 아무 말도 하지 않았다
산다는 것이 때론 술에 취한 듯
한 두릅의 굴비 한 광주리의 사과를
만지작거리며 귀향하는 기분으로
침묵해야 한다는 것을
모두들 알고 있었다
㉢ 오래 앓은 기침소리와
쓴 약 같은 입술담배 연기 속에서
싸락싸락 눈꽃은 쌓이고
그래 지금은 모두들
눈꽃의 화음에 귀를 적신다
자정 넘으면
낯설음도 뼈아픔도 다 설원인데
단풍잎 같은 몇 잎의 차창을 달고
밤열차는 또 어디로 흘러가는지
㉣ 그리웠던 순간들을 호명하며 나는
한 줌의 눈물을 불빛 속에 던져 주었다

— 곽재구, 「사평역에서」

① ㉠: 여러 개의 난로가 지펴져 안온한 대합실의 상황을 비유적으로 표현하였다.

② ㉡: 대조적 색채 이미지를 통해, 눈 오는 겨울 풍경의 서정적 정취를 강조하였다.

③ ㉢: 오랜 병마에 시달린 이들의 비관적 심리와 무례한 행동을 묘사하였다.

④ ㉣: 화자가 그리워하는 지난 때를 떠올리며 느끼는 정서를 화자의 행위에 투영하였다.

23 다음 글에 대한 이해로 적절하지 않은 것은?

희극의 발생 조건에 대하여 베르그송은 집단, 지성, 한 개인의 존재 등을 꼽았다. 즉 집단으로 모인 사람들이 자신들의 감성을 침묵하게 하고 지성만을 행사하는 가운데 그들 중 한 개인에게 그들의 모든 주의가 집중되도록 할 때 희극이 발생한다고 보았다. 그러나 그가 말하는 세 가지 사항은 웃음을 유발하는 것이 아니라 그러한 것을 가능케 하는 조건들이다. 웃음을 유발하는 단순한 형태의 직접적인 장치는 대상의 신체적인 결함이나 성격적인 결함을 들 수 있다. 관객은 이러한 결함을 지닌 인물을 통하여 스스로 자기 우월성을 인식하고 즐거워질 수 있게 된다. 이와 관련해 "한 인물이 우리에게 희극적으로 보이는 것은 우리 자신과 비교해서 그 인물이 육체의 활동에는 많은 힘을 소비하면서 정신의 활동에는 힘을 쓰지 않는 경우이다. 어느 경우에나 우리의 웃음이 그 인물에 대하여 우리가 지니는 기분 좋은 우월감을 나타내는 것임은 부정할 수 없다."라는 프로이트의 말은 시사적이다.

① 베르그송에 의하면 집단, 지성, 한 개인의 존재는 희극 발생의 조건이다.
② 베르그송에 의하면 희극은 관객의 감성이 집단적으로 표출된 결과이다.
③ 프로이트에 의하면 상대적으로 정신 활동보다 육체활동에 힘을 쓰는 상대가 희극적인 존재이다.
④ 한 개인의 신체적·성격적 결함은 집단의 웃음을 유발하는 직접적인 장치이다.

24 다음 제시문의 주된 설명 방식과 같은 설명 방식이 적용된 것은?

문학이 구축하는 세계는 실제 생활과 다르다. 즉 실제 생활은 허구의 세계를 구축하는 데 필요한 재료가 되지만 이 재료들이 일단 한 구조의 구성 분자가 되면 그 본래의 재료로서의 성질과 모습은 확연히 달라진다. 건축가가 집을 짓는 것을 떠올려 보자. 건축가는 어떤 완성된 구조를 생각하고 거기에 필요한 재료를 모아서 적절하게 집을 짓게 되는데, 이때 건물이라고 하는 하나의 구조를 완성하게 되면 이 완성된 구조의 구성 분자가 된 재료들은 본래의 재료와 전혀 다른 것이 된다.

① 국어 단어는 그 형성 방식에 따라 단일한 요소가 곧 한 단어가 되는 단일어와 다양한 요소들이 결합하여 한 단어가 되는 복합어로 구분할 수 있다.
② 르네상스 시대의 화가들은 원근법을 사용하여 세상을 향한 창과 같은 사실적인 그림을 그렸다. 현대 회화를 출발시켰다고 평가되는 인상주의자들이 의식적으로 추구한 것도 이러한 사실성이었다.
③ 여자는 생각하는 것이 남자와 다른 데가 있다. 남자는 미래를 생각하지만 여자는 현재의 상태를 더 소중하게 여긴다. 남자가 모험, 사업, 성 문제를 중심으로 생각한다면 여자는 가정, 사랑, 안정성에 비중을 두어 생각한다.
④ 목적을 지닌 인생은 의미 있다. 목적 없이 살아가는 사람은 험난한 인생의 노정을 완주하지 못한다. 목적을 갖고 뛰어야 마라톤에서 완주가 가능한 것처럼 우리의 인생에서도 목표를 가지고 꾸준히 노력하는 사람이 성공한다.

25 〈보기〉의 문장이 들어가기에 가장 적절한 곳은?

─〈보 기〉─

　그동안 3·1 운동에 관한 학자들의 부단한 연구는 3·1 운동의 원인과 배경을 비롯하여, 운동의 형성과 전개 과정, 일제의 통치·지배 정책, 운동의 국내외의 반향, 운동의 검토와 평가 그리고 3·1 운동 이후의 국내외 민족운동 등 각 분야에 걸쳐 수많은 저작을 내놓고 있다.

(가) 일제의 식민지 통치 밑에서 천도교가 주도하여 일으킨 3·1 독립운동은 우리나라 민족사에서 가장 빛나는 위치를 차지하는 거족적인 해방 독립 투쟁이다.

(나) 그 뿐만 아니라 1918년 11월 제1차 세계 대전이 끝나자 미국 대통령 윌슨(Woodrow Wilson)이 전후 처리 방안인 14개조의 기본 원칙으로 민족자결주의를 이행한다고 발표한 후 최초이자 최대 규모로 일어난 제국주의에 대항한 비폭력 투쟁으로써 세계 여러 약소 민족 국가와 피압박 민족의 해방 운동에 끼친 영향은 실로 지대한 세계사적인 의의를 갖는다고 하겠다.

(다) 또한 '최후의 一人까지, 최후의 一刻까지'를 부르짖은 3·1 독립운동이 비록 민족 해방을 쟁취하는 투쟁으로서는 실패는 하였으나 평화적인 수단으로 지배자에게 청원(請願)을 하거나 외세에 의존하는 사대주의적 방법으로는 자주독립이 불가능하다는 교훈을 남겼다는 점에서도 그 의의는 크다고 할 것이다.

(라) 언론 분야는 3·1 운동이 일어나자 독립 선언서와 함께 천도교의 보성사에서 인쇄하여 발행한 지하신문인 「조선독립신문」이 나오자, 이를 계기로 국내에서는 다양한 신문이 쏟아져 나왔기 때문에 이들 자료를 통해 많은 연구가 이루어져 있다.

① (가)의 뒤
② (나)의 뒤
③ (다)의 뒤
④ (라)의 뒤

01 TCP(Transmission Control Protocol) 기반 응용 프로토콜에 해당하는 것을 〈보기〉에서 모두 고른 것은?

〈보 기〉
㉠ Telnet   ㉡ FTP
㉢ SMTP   ㉣ SNMP

① ㉠, ㉡   ② ㉢, ㉣
③ ㉠, ㉡, ㉢   ④ ㉡, ㉢, ㉣

02 다음에서 설명하는 프로그램 번역기는?

- 보조기억장치에 보관된 프로그램을 읽어 주기억장치에 적재시킨 후 실행 가능한 상태로 만드는 프로그램이다.
- 할당, 연결, 재배치, 적재의 기능이 있다.

① 링커(Linker)
② 로더(Loader)
③ 컴파일러(Compiler)
④ 디버거(Debugger)

03 다중 프로그램 실행 환경에서 일련의 프로세스들이 서로가 가진 자원을 무한정 기다리며 더 이상 진행이 될 수 없는 상태를 일컫는 용어로 가장 옳은 것은?

① 채널(Channel)
② 인터럽트(Interrupt)
③ 데드락(Deadlock)
④ 스풀(Spool)

04 다음의 다중 처리기 운영체제 형태 중 주/종(Master/Slave) 처리기에 대한 설명으로 옳지 않은 것은?

① 주 프로세서가 운영체제를 수행한다.
② 주 프로세서와 종 프로세서가 모두 입 · 출력을 수행하기 때문에 대칭 구조를 갖는다.
③ 주 프로세서가 고장이 나면 시스템 전체가 다운된다.
④ 하나의 프로세서를 주 프로세서로 지정하고, 다른 처리기들은 종 프로세서로 지정하는 구조이다.

05 다음 데이터베이스 스키마에 대한 설명으로 옳지 않은 것은? (단, 밑줄이 있는 속성은 그 릴레이션의 기본키를, 화살표는 외래키 관계를 의미한다.)

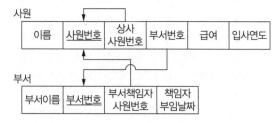

① 외래키는 동일한 릴레이션을 참조할 수 있다.
② 사원 릴레이션에서 부서번호는 부서 릴레이션의 부서번호 값 중 하나 혹은 널(null)이어야 한다는 제약조건은 참조 무결성을 의미한다.
③ 신입사원을 사원 릴레이션에 추가할 때 그 사원의 사원번호는 반드시 기존 사원의 사원번호와 같지 않아야 한다는 제약조건은 제1정규형의 원자성과 관계있다.
④ 부서 릴레이션의 책임자 부임날짜는 반드시 그 부서책임자의 입사연도 이후이어야 한다는 제약조건을 위해 트리거(Trigger)와 주장(Assertion)을 사용할 수 있다.

06 데이터베이스에서 사용되는 뷰(View)에 대한 설명으로 옳지 않은 것은?

① 뷰는 하나 이상의 테이블을 기반으로 만들어지는 가상 테이블이며, 뷰를 기반으로 새로운 뷰를 생성할 수 있다.
② 뷰는 삽입, 갱신, 삭제 연산에 제약이 있으나, 검색 연산은 모든 뷰에서 가능하다.
③ 뷰의 참조 여부와 관계없이 DROP 명령문을 사용하여 삭제가 가능하다.
④ 뷰는 독자적인 인덱스를 가질 수 없으며, 데이터에 대한 보안을 제공한다.

07 컴퓨터에서 사용하는 그래픽 파일의 형식에 대한 설명으로 옳은 것은?

① BMP 파일은 Windows에서 기본적으로 지원하는 포맷으로, 고해상도 이미지를 제공하지만 압축을 사용하지 않으므로 파일의 크기가 크다.
② JPG 파일은 인터넷 표준 그래픽 파일 형식으로, 256가지 색을 표현하지만 애니메이션으로도 표현할 수 있다.
③ GIF 파일은 손실과 무손실 압축 기법을 모두 사용할 수 있으며, 24bit를 사용하여 색을 표현하므로 사진과 같은 선명한 이미지를 표현할 수 있다.
④ WMF 방식은 데이터의 호환성을 위하여 개발된 방식으로, 3D 그래픽 표현이 가능하다.

08 다음 중 럼바우의 객체 지향 분석 기법에서 분석 활동의 모델링과 가장 관계없는 것은?

① 객체 모델링(Object Modeling)
② 정적 모델링(Static Modeling)
③ 동적 모델링(Dynamic Modeling)
④ 기능 모델링(Functional Modeling)

09 디자인 패턴에 대한 설명으로 옳지 않은 것은?

① 일반적으로 디자인 패턴을 이용하면 좋은 설계나 아키텍처를 재사용하기 쉬워진다.
② 패턴은 사용 목적에 따라 생성 패턴, 구조 패턴, 행위 패턴으로 분류할 수 있다.
③ 생성 패턴은 빌더(Builder), 추상 팩토리(Abstract Factory) 등을 포함한다.
④ 행위 패턴은 가교(Bridge), 적응자(Adapter), 복합체(Composite) 등을 포함한다.

10 라우팅 프로토콜인 OSPF(Open Shortest Path First)에 대한 설명으로 옳지 않은 것은?

① OSPF 라우터는 자신의 경로 테이블에 대한 정보를 LSA라는 자료구조를 통하여 주기적으로 또는 라우터의 상태가 변화되었을 때 전송한다.
② 라우터 간에 변경된 최소한의 부분만을 교환하므로 망의 효율을 저하시키지 않는다.
③ 도메인 내의 라우팅 프로토콜로서 RIP가 가지고 있는 여러 단점을 해결하고 있다.
④ 경로(Hop) 수가 16으로 제한되어 있어 대규모 네트워킹에 부적합하다.

11 임계구역에 대한 설명으로 옳은 것은?

① 임계구역에 진입하고자 하는 프로세스가 무한대기에 빠지지 않도록 하는 조건을 진행의 융통성(Progress Flexibility)이라고 한다.

② 자원을 공유하는 프로세스들 사이에서 공유자원에 대해 동시에 접근하여 변경할 수 있는 프로그램 코드 부분을 임계 영역(Critical Section)이라고 한다.

③ 한 프로세스가 다른 프로세스의 진행을 방해하지 않도록 하는 조건을 한정 대기(Bounded Waiting)라고 한다.

④ 한 프로세스가 임계구역에 들어가면 다른 프로세스는 임계구역에 들어갈 수 없도록 하는 조건을 상호 배타(Mutual Exclusion)라고 한다.

12 가상기억장치(Virtual Memory) 구현 방법으로서의 세그먼테이션(Segmentation) 기법에 대한 설명으로 옳지 않은 것은?

① 내부 단편화는 발생하지 않으나 외부 단편화가 발생할 수 있다.

② 세그먼트들은 2^2byte의 크기를 가져야 하며 최대 크기가 정해져 있다.

③ 기억공간을 절약하기 위한 기법이며 기억장치에 대한 보호키가 필요하다.

④ 동적 기억장지 할당방법을 사용하며 페이지 시스템보다 수행방법이 쉽고 명확하다.

13 RISC(Reduced Instruction Set Computer)에 대한 설명으로 옳지 않은 것은?

① 한 개의 명령어로 여러 작업을 수행할 수 있으며, 개별 명령어의 디코딩 시간이 많이 소요된다.

② 칩 제작을 위한 R&D 비용이 감소한다.

③ 명령어 처리구조를 단순화시켜 기계어 명령의 수를 줄인 것이다.

④ 복잡한 연산을 수행하려면 명령어를 반복하여 수행해야 하므로 CISC보다 프로그램이 복잡해진다.

14 다음 중 공개키 암호화 방식에 대한 설명으로 옳지 않은 것은?

① 암호화와 복호화를 수행하는 데 있어 동일한 키를 사용한다.

② 비공개키(대칭키) 암호화 방식에 비해 암호화 알고리즘이 복잡하여 처리속도가 느리다.

③ 알고리즘과 공개키를 알고 있어도 개인키를 알아내는 것은 쉽지 않다.

④ 전자서명이 가능하며, 무결성과 부인 방지를 제공한다.

〈보기〉는 네트워크 토폴로지(Topology)에 대한 설명이다. ㉠~㉢에 들어갈 내용을 바르게 연결한 것은?

━━━━〈보 기〉━━━━
- FDDI는 광케이블로 구성되며 (㉠) 토폴로지를 사용한다.
- 허브 장비가 필요한 (㉡) 토폴로지는 네트워크 관리가 용이하다.
- 터미네이터가 필요한 (㉢) 토폴로지는 전송회선이 단절되면 전체 네트워크가 중단된다.

	㉠	㉡	㉢
①	링형	버스형	트리형
②	링형	트리형	버스형
③	버스형	링형	트리형
④	버스형	트리형	링형

16 클록(Clock) 주파수가 4GHz인 중앙처리장치를 사용하는 컴퓨터 A에서 프로그램 P를 실행하는 데 12초가 소요된다. 클록 주파수가 더 높은 중앙처리장치를 사용하는 컴퓨터 B에서 프로그램 P를 실행하면, 소요되는 클록 사이클 수는 컴퓨터 A에 대비하여 1.5배로 증가하나 실행 시간은 8초로 감소한다. 이때 컴퓨터 B에 사용된 중앙처리장치의 클록 주파수는? (단, 실행 시간은 중앙처리장치의 실행 시간만을 고려한 것이며 프로그램 P만 실행하여 측정된다.)

① 6GHz
② 7GHz
③ 8GHz
④ 9GHz

17 현재 헤드 위치가 53에 있고 트랙 0번 방향으로 이동 중이다. 요청 대기 큐에는 다음과 같은 순서의 액세스 요청이 대기 중일 때, SSTF 스케줄링 알고리즘을 사용한다면 헤드의 총 이동 거리는?

98, 203, 37, 122, 14, 124, 65, 67

① 201
② 236
③ 256
④ 320

18 다음 중 선택한 필드에서 중복되는 결과 값은 한 번만 표시할 수 있도록 하는 SELECT문의 조건부로 옳은 것은?

① DISTINCT
② UNIQUE
③ ONLY
④ *

19 다음 중 Access에서 데이터를 찾거나 바꿀 때 사용하는 만능문자를 사용한 결과에 대한 설명으로 옳지 않은 것은?

① 1#3 → 103, 113, 123 등 검색
② 소?자 → 소비자, 소유자, 소개자 등 검색
③ 소[!비유]자 → 소비자와 소개자 등 검색
④ b[a-c]d → bad와 bbd 등 검색

20 관계 데이터베이스 스키마 STUDENT(<u>SNO</u>, NAME, AGE)에 대하여 다음과 같은 SQL 질의 문장을 사용한다고 할 때, 이 SQL 문장과 동일한 의미의 관계대수식은? (단, STUDENT 스키마에서 밑줄 친 속성은 기본키 속성을, 관계대수에서 사용하는 관계대수 연산과 기호 π는 프로젝트 연산자를, σ는 셀렉트 연산자를 나타낸다.)

──────〈SQL 질의문〉──────

SELECT SNO, NAME

FROM STUDENT

WHERE AGE〉20;

① $\sigma_{SNO,NAME}(\pi_{AGE>20}(STUDENT))$

② $\pi_{SNO,NAME}(\sigma_{AGE>20}(STUDENT))$

③ $\sigma_{AGE>20}(\pi_{SNO,NAME}(STUDENT))$

④ $\pi_{AGE>20}(\sigma_{SNO,NAME}(STUDENT))$

21 다음 C 프로그램의 실행 결과로 옳은 것은?

```c
#include<stdio.h>
int main()
{
    int i, sum=0;
    for(i=1; i<=10; i+=2) {
        if(i%2 && i%3 ) continue;
        sum += i;
    }
    printf("%d\n", sum);
    return 0;
}
```

① 6

② 12

③ 24

④ 36

22 다음 Java 프로그램의 실행 결과로 옳은 것은?

```java
public class C {
    private int a

    public void set(int a)
    {
        this.a = a
    }
    public void add(int d)
    {
        a+= d
    }
    public void print()
    {
        System.out.println(a);
    }
public static void main(String args[]) {
    C p = new C();
    p.set(20);
    p.add(10);
    p.print();
    }
}
```

① 10   ② 20

③ 30   ④ 40

23 다음에서 설명하는 데이터베이스 스키마는?

> - 데이터베이스를 운영하는 기관에 소속되어 있는 모든 응용시스템 또는 사용자들이 필요로 하는 데이터를 통합하여 정의한 조직 전체 데이터베이스의 논리 구조를 말한다.
> - 개념 스키마와 외부 스키마 사이에는 논리적 데이터 독립성이 있어야 한다.
> - 데이터베이스 내에는 하나의 개념 스키마만 존재한다.
> - 데이터에 대한 접근권한, 제약조건 등에 대한 정의도 포함한다.

① 개념 스키마
② 내부 스키마
③ 외부 스키마
④ 응용 스키마

24 소프트웨어 개발 언어에 대한 설명으로 옳지 않은 것은?

① C#는 마이크로소프트 닷넷 프레임워크를 지원하는 객체지향 언어이다.
② Python은 인터프리터 방식의 객체지향 언어로서 실행시점에 데이터 타입을 결정하는 동적 타이핑 기능을 갖는다.
③ Kotlin은 그래픽 요소를 강화한 게임 개발 전용 언어이다.
④ Java는 컴파일된 프로그램이 JVM상에서 인터프리터 방식으로 실행되는 플랫폼 독립적 프로그래밍 언어이다.

25 파일 디스크립터(File Descriptor)에 대한 설명으로 옳지 않은 것은?

① 파일 디스크립터의 내용에는 파일의 ID 번호, 디스크 내 주소, 파일 크기 등에 대한 정보가 수록된다.
② 파일이 액세스되는 동안 운영체제가 관리 목적으로 알아야 할 정보를 모아 놓은 자료 구조이다.
③ 해당 파일이 개방(Open)되면 FCB(File Control Block)가 메모리에 올라와야 한다.
④ 모든 시스템은 동일한 자료 구조를 갖는다.

제3과목: 정보보호론

QR코드 접속을 통해 풀이시간 측정, 자동 채점
그리고 결과 분석까지!

01 다음 중 위험의 구성요소로 옳지 않은 것은?

① 취약점(Vulnerability)은 자산의 잠재적인 속성으로 위협의 이용 대상이 된다.

② 정보보호대책(Countermeasure)은 인간 상호 작용의 신뢰를 바탕으로 사람들을 속여 정상 보안 절차를 깨트리기 위한 비기술적 침입 수단이다.

③ 위협(Threats)은 자산의 손실을 초래할 수 있는 원하지 않는 사건의 잠재적인 원인이나 행위자로 자산이 가진 취약점을 통해서만 자산에 피해를 줄 수 있다.

④ 자산(Assets)은 조직이 보호해야 할 대상으로 네트워크 및 시스템을 구성하고 있는 모든 요소를 말한다.

02 다음 〈보기〉에서 정보보호 서비스 개념만 고른 것은?

─〈보 기〉─
㉠ 대응성
㉡ 가용성
㉢ 부인방지
㉣ 다형성
㉤ 효율성
㉥ 책임추적성

① ㉠, ㉡, ㉢
② ㉡, ㉢, ㉥
③ ㉢, ㉣, ㉥
④ ㉣, ㉤, ㉥

03 다음의 ㉠과 ㉡에 들어갈 말로 바르게 짝 지어진 것은?

• (㉠): 내부 네트워크와 외부 네트워크 사이에 위치하는 게이트웨이로 내부 네트워크를 겨냥한 공격에 대해 방어하도록 설계되어 있다.

• (㉡): 네트워크 카드를 두 개 이상 갖춘 방화벽으로 내부에서 외부로 나가거나 외부에서 내부로 들어오는 트래픽이 지나가므로 효율적인 트래픽 관리가 가능하다.

① • ㉠: 단일 홈 게이트웨이
　• ㉡: 이중 홈 게이트웨이
② • ㉠: 스크린된 호스트 게이트웨이
　• ㉡: 이중 홈 게이트웨이
③ • ㉠: 이중 홈 게이트웨이
　• ㉡: 단일 홈 게이트웨이
④ • ㉠: 단일 홈 게이트웨이
　• ㉡: 스크린된 서브넷 게이트웨이

04 다음에서 설명하는 것은?

인증 서버를 통해 사용자의 접근을 제안하는 방식으로, 무선 암호 프로토콜에서 공통으로 사용한다.

① WEP(Wired Equivalent Privacy)
② EAP(Extensible Authentication Protocol)
③ MAC(Message Authentication Code)
④ SSID(Service Set IDentifier)

05 다음에서 설명하는 해시 함수의 성질로 옳은 것은?

> x가 주어졌을 때 $H(x')=H(x)$인 $x'=x$가 아닌 것을 찾는 것은 계산적으로 어려워야 한다.

① 강한 충돌 회피성
② 약한 충돌 회피성
③ 일방향성
④ 계산의 용이성

06 다음에서 설명하는 공격 방식은?

> Ping을 이용한 공격으로 ICMP_ECHO_REQUEST를 보내면 서버에서 다시 클라이언트로 ICMP_ECHO_REPLY를 보낸다. 이때 출발지 주소를 속여서 공격하고자 하는 네트워크 브로드캐스팅 주소로 ICMP_ECHO_REQUEST를 전달할 경우 많은 트래픽을 유발시켜 공격하는 기술이다.

① 세션 하이재킹 공격
② 브로드캐스팅 공격
③ Teardrop 공격
④ Smurf 공격

07 받은 메시지를 누가 만들었는지 확인하는 인증을 의미하는 전자서명(Digital Signature)의 특징으로 옳지 않은 것은?

① 서명자 인증
② 변경 가능
③ 부인 불가
④ 재사용 불가

08 다음 중 강제적 접근 통제(MAC)에 대한 설명으로 옳은 것은?

① 주체가 소유권을 가진 객체의 접근 권한을 다른 사용자에게 부여할 수 있으며, 사용자 신원에 따라 객체의 접근을 제한한다.
② 사용자에게 적절한 역할을 할당하고 주체와 객체가 어떻게 상호작용하는지를 중앙 관리자가 관리하며, 주체의 역할이나 임무에 따라 객체의 접근을 제한한다.
③ 어떤 주체가 어떤 객체에 접근하려고 할 때 관리자에 의해 사전에 규정된 규칙과 비교하여 그 규칙을 만족하는 주체에게만 접근 권한을 부여한다.
④ 역할에 할당된 민감도 레벨에 따라 주체가 접근할 수 있는 상위와 하위의 경계를 설정하여 관련된 정보로만 해당 범위 내 임의 객체의 접근을 제한한다.

09 다음 중 크래킹(Cracking)에 대한 설명으로 옳지 않은 것은?

① 하드웨어의 시스템 보호를 위한 복사 방지 기술을 해제할 목적으로 일반 공학 기술을 이용하여 소프트웨어를 수정한다.
② 암호를 영문과 숫자의 조합으로 대입해서 저장된 내용을 알아내는 작업을 패스워드 크래킹이라고 하고, 이에 대한 소프트웨어를 크래킹 소프트웨어라고 한다.
③ 시스템에 저장된 패스워드는 암호화되고, 암호화 알고리즘은 MD5 등의 로직으로 역함수가 없는 수학적 암호화 알고리즘에 적용된다.
④ 사전 공격(Dictionary Attack)은 사용자들의 키가 될 가능성이 있는 단어로 사전 파일을 만들어 놓고 사전 파일 단어를 대입하는 기법이다.

10 다음 중 「개인정보 보호법 시행령」상 개인정보처리자가 안전성 확보 조치를 하여야 하는 사항으로 옳지 않은 것은?

① 개인정보에 대한 보안프로그램의 설치 및 갱신
② 개인정보에 대한 접근 통제 및 접근 권한의 제한 조치
③ 인증 대상 개인정보 처리시스템의 목록
④ 개인정보를 안전하게 저장·전송할 수 있는 암호화 기술의 적용 또는 이에 상응하는 조치

11 다음의 VPN 프로토콜 중 IPSec에서 암호화 기능을 담당하는 프로토콜은?

① AH
② IKE
③ ESP
④ OCSP

12 다음 중 패스워드 공격에 해당하지 않는 것은?

① 무작위 대입 공격(Brute Force Attack)
② 사전 공격(Dictionary Attack)
③ 암호 추측 공격(Password Guessing Attack)
④ 이블 트윈 공격(Evil Twin Attack)

13 다음 중 패킷의 DOS 공격 시 방지 대책으로 옳지 않은 것은?

① UDP/ICMP Flooding: 웹 서버에 위치한 방화벽이나 상단 라우터에서 해당 프로토콜을 모두 차단할 수 있도록 ACL을 설정한다.
② TCP Flooding: 하나의 요청에 대해 Timeout 값을 설정하여 Connection을 강제로 종료시켜서 차단한다.
③ Syn Flooding: 패킷의 헤더를 검사하여 옵션 필드가 없는 비정상 패킷을 차단한다.
④ Get Flooding: 특정 시간 동안 발생하는 요청 수에 대한 임계치를 설정하고, 해당 임계치 이상으로 요청이 발생할 경우 Source IP를 차단한다.

14 CSRF에 대한 설명으로 옳은 것은?

① 악성 스크립트를 웹 페이지의 파라미터 값에 추가하거나, 웹 게시판에 악성 스크립트를 포함시킨 글을 등록하여 이를 사용자의 웹 브라우저 내에서 적절한 검증 없이 실행되도록 한다.
② 사용자가 자신의 의도와는 무관하게 공격자가 의도한 웹사이트 사용 행위(수정, 삭제, 등록 등)를 특정 웹사이트에 요청하게 만드는 공격이다.
③ 데이터베이스를 조작할 수 있는 스크립트를 웹 서버를 통해 데이터베이스로 전송한 후, 데이터베이스의 반응을 이용하여 기밀 정보를 취득하는 공격이다.
④ 인증되지 않은 사용자가 접근할 수 없는 페이지를 접근할 수 있는 URL을 획득하여 인증 없이 접근하는 공격이다.

15 다음 중 가상 사설망(VPN) 프로토콜에 해당하지 않는 것은?

① L2F
② SSH
③ PPTP
④ L2TP

16 다음에서 설명하는 위험분석 접근법은?

> • 자산의 가치분석, 위협분석, 취약성 분석의 각 단계를 수행하여 위험을 분석하는 것을 말한다.
> • 조직의 자산이나 보안 요구 사항을 분석하여 가장 적절한 대책을 수립할 수 있다.
> • 목록 작성에 따른 추가 · 변경 · 삭제 등의 조치를 통해 보안 환경의 상황 대처가 가능하다.

① 베이스 라인 접근법
② 비정형 접근법
③ 상세 위험분석
④ 혼합 접근법

17 다음에서 설명하는 취약점 점검 도구는?

> • UNIX 보안에 관련하여 수많은 프로그램들을 모아놓은 패키지 형태의 프로그램이다.
> • 여러 가지 운영체제에 존재하는 버그(Bug)를 검사해 주는 도구이다.

① COPS
② John the Ripper
③ NESSUS
④ SARA

18 다음에서 설명하는 법은?

> 정보통신망의 이용을 촉진하고 정보통신서비스를 이용하는 자의 개인정보를 보호함과 아울러 정보통신망을 건전하고 안전하게 이용할 수 있는 환경을 조성하여 국민생활의 향상과 공공복리의 증진에 이바지함을 목적으로 한다.

① 「정보통신망 이용촉진 및 정보보호 등에 관한 법률」
② 「정보통신산업 진흥법」
③ 「정보통신기반 보호법」
④ 「통신비밀보호법」

19 쿠키(Cookie)에 대한 설명으로 옳지 않은 것은?

① 웹 서비스의 세션을 유지하는 데 사용될 수 있으며, 쿠키에 저장되는 내용은 웹 사이트별로 다를 수 있다.
② 사용자가 웹 사이트에 접속할 때 사용자 컴퓨터에서 생성되어 사용자의 로그인, 로그아웃, 시스템 재부팅 정보 등을 해당 웹 서버 임시파일로 전송 · 저장한다.
③ 직접 바이러스를 옮기거나 악성코드를 설치할 수 없다.
④ 쿠키 정보를 불법적으로 활용하여 사용자의 세션을 탈취하기 위해 Cross Site Scripting 공격 기법이 사용된다.

20 다음에서 설명하는 사이버 위기 경보의 단계로 옳은 것은?

> • 웜, 바이러스, 해킹 기법 등의 출현에 의한 피해 발생 가능성 증가
> • 해외 사이버공격 피해가 확산되어 국내 유입 우려
> • 국내 · 외 정치 · 군사적 위기상황 조성 등 사이버 안보 위해 가능성 증가

① 관심
② 주의
③ 경계
④ 심각

21 정보보호 관련 법률과 그 소관 행정기관을 바르게 연결한 것은?

① 「전자정부법」 – 과학기술정보통신부
② 「신용정보의 이용 및 보호에 관한 법률」 – 금융위원회
③ 「정보통신망 이용촉진 및 정보보호 등에 관한 법률」 – 행정안전부
④ 「정보통신기반 보호법」 – 개인정보보호위원회

22 다음 ㉠~㉢에 들어갈 말을 바르게 연결한 것은?

- 독립적으로 자기 복제를 실행하여 번식하는 빠른 전파력을 가진 컴퓨터 프로그램 또는 실행 가능한 코드는 (㉠)이다.
- 스마트폰에 악성코드로 연결되는 주소가 포함된 메시지를 전송하여 악성코드를 유도하는 공격을 (㉡) 이라 한다.
- (㉢)은 인터넷 프로토콜 계층에서 동작하며, 모든 트래픽을 암호화하고 인증 기능을 제공한다.

	㉠	㉡	㉢
①	바이러스(Virus)	파밍(Pharming)	SSL
②	파밍(Pharming)	스미싱(Smishing)	SSL
③	웜(Worm)	파밍(Pharming)	IPSec
④	웜(Worm)	스미싱(Smishing)	IPSec

23 다음 중 보안의 취약점을 식별하여 사고를 미연에 방지하기 위한 작업은?

① 안전한 코딩(Secure Coding)
② 위험 관리(Risk Management)
③ 디지털 포렌식(Digital Forensics)
④ 모의 침투(Penetration Test)

24 정보보호 및 개인정보보호 관리체계인증(ISMS-P)에 대한 설명으로 옳지 않은 것은?

① 국내의 기관이나 기업이 정보 및 개인정보를 체계적으로 보호할 수 있도록 통합된 관리체계 인증제도이다.
② 개인정보의 제공뿐만 아니라 파기 시에도 보호조치를 받을 수 있다.
③ 의무대상자 기준에 해당하지 않으나 자발적으로 정보보호 및 개인정보보호 관리체계를 구축·운영하는 기업·기관은 임의 신청자로 분류되며, 자율적으로 신청하여 인증심사를 받을 수 있다.
④ 위험 관리 분야의 인증기준은 보호대책 요구사항 영역에서 규정하고 있다.

25 ISO/IEC 27001의 통제영역에 해당하지 않는 것은?

① 자산 관리
② IT 재해복구
③ 통신 보안
④ 정보보호 조직

군무원 전산직 FINAL 실전 봉투모의고사
제4회 모의고사

전산직

제1과목	국어	제2과목	컴퓨터일반
제3과목	정보보호론	제4과목	

응시번호		성 명	

〈 안 내 사 항 〉

1. 답안지의 모든 기재 및 표기사항은 반드시 『컴퓨터용 흑색사인펜』으로만 작성하여야 합니다.
   (사인펜에 "컴퓨터용"으로 표시되어 있음) (사인펜 본인 지참)
   * 매년 지정된 펜을 사용하지 않아 답안지가 무효처리 되는 상황이 빈발하고 있으므로, 답안지 는 반드시 『컴퓨터용 흑색사인펜』으로만 표기하시기 바랍니다.

2. 답안은 매 문항마다 반드시 하나의 답만 골라 그 숫자에 "●"로 표기해야 하며, 표기한 내용은 수정 테이프를 이용하여 정정할 수 있습니다. 단, 시험시행본부에서 수정테이프를 제공하지 않습니다.
   (표기한 부분을 긁는 경우 오답처리 될 수 있으며, 수정스티커 또는 수정액은 사용 불가)
   * 답안지는 훼손·오염되거나 구겨지지 않도록 주의해야 하며, 특히 답안지 상단의 타이밍마크 (Ⅰ Ⅰ Ⅰ Ⅰ Ⅰ)를 절대로 훼손해서는 안 됩니다.

3. 필기시험 문제 관련 의견제시 기간 : 시험 당일을 포함한 5일간
   * 국방부 군무원채용관리홈페이지(http://recruit.mnd.go.kr) - 시험안내 - 시험묻고답하기

제4회 모의고사

제1과목: 국어

QR코드 접속을 통해 풀이시간 측정, 자동 채점
그리고 결과 분석까지!

01 언어 예절에 가장 알맞게 발화한 것은?

① (아침에 출근해서 직급이 같은 동료에게) 좋은 아침!
② (집에서 손님을 보낼 때 손위 사람에게) 살펴 가십시오.
③ (윗사람의 생일을 축하하며) 건강하십시오.
④ (관공서에서 손님이 들어올 때) 무엇을 도와 드릴까요?

02 주장하는 말이 범하는 논리적 오류 유형이 다른 하나는?

① 식량을 주면, 옷을 달라고 할 것이고, 그 다음 집을 달라고 할 것이고, 결국 평생직장을 보장하라고 할 것이 틀림없어. 식량 배급은 당장 그만두어야 해.
② 네가 술 한 잔을 마시면, 다시 마시게 되고, 결국 알코올 중독자가 될 거야. 애초부터 술 마실 생각은 하지 마라.
③ 아이들에게 부드럽게 말하면, 아이들은 부모를 무서워하지 않게 되고, 그 부모는 아이들을 망치게 될 겁니다. 아이들에게 엄하게 말하는 것을 두려워하지 마세요.
④ 식이요법을 시작하면 영양 부족에 빠지고, 어설픈 식이요법이 알코올 중독에 이르게 한다는 것을 암시해. 식이요법을 시작하지 못 하게 막아야 해.

03 〈자료〉를 바탕으로 〈보기〉의 문장을 작성하였다. 다음 〈보기〉의 문장 중 띄어쓰기가 옳은 것끼리 묶인 것은?

〈자 료〉

한글 맞춤법
[제2항] 문장의 각 단어는 띄어 씀을 원칙으로 한다.
[제41항] 조사는 그 앞말에 붙여 쓴다.
[제42항] 의존 명사는 띄어 쓴다.
[제43항] 단위를 나타내는 명사는 띄어 쓴다.

〈보 기〉

㉠ 당신이 문득 나를 알아볼 때까지.
㉡ 한국인 만큼 부지런한 민족이 있을까?
㉢ 돈을 많이 모아서 멋진 집 한 채를 샀다.
㉣ 무궁화는 자랑스럽고 아름다운 꽃 입니다.

① ㉠, ㉡   ② ㉠, ㉢
③ ㉡, ㉣   ④ ㉢, ㉣

04 다음 중 복수 표준어가 아닌 것은?

① 자장면 – 짜장면
② 나부랭이 – 너부렁이
③ 멀찌가니 – 멀찌감찌
④ 허섭스레기 – 허접쓰레기

05 다음 중 문장의 구조가 다른 것은?

① 농부들은 비가 오기를 고대했다.
② 나는 지금이 중요한 때임을 알고 있다.
③ 형은 대학생이고, 누나는 고등학생이다.
④ 우리 집 앞마당에 드디어 장미꽃이 피었다.

06 다음 중 밑줄 친 단어의 의미 관계가 다른 것은?

① • 눈가에 잔주름이 <u>가다</u>.
   • 밥을 먹으러 식당에 <u>가다</u>.

② • <u>철</u>에 따라 피는 꽃이 다르다.
   • 아이들이 <u>철</u>이 너무 없다.

③ • 벽난로에서 장작이 활활 <u>타고</u> 있었다.
   • 서쪽으로 뻗은 주능선을 <u>타고</u> 산행을 계속했다.

④ • 밥을 식지 않게 아랫목에 <u>묻었다</u>.
   • 손에 기름이 <u>묻었다</u>.

07 다음의 〈사례〉와 〈보기〉의 언어 특성을 잘못 연결한 것은?

─────〈사 례〉─────
(가) '방송(放送)'은 '석방'에서 '보도'로 의미가 변하였다.
(나) '밥'이라는 의미의 말소리 [밥]을 내 마음대로 [법]으로 바꾸면 다른 사람들은 '밥'이라는 의미로 이해할 수 없다.
(다) '종이가 찢어졌어.'라는 말을 배운 아이는 '책이 찢어졌어.'라는 새로운 문장을 만들어 낸다.
(라) '오늘'이라는 의미를 가진 말을 한국어에서는 '오늘[오늘]', 영어에서는 'today(투데이)'라고 한다.

─────〈보 기〉─────
㉠ 자의성   ㉡ 규칙성   ㉢ 창조성   ㉣ 사회성

① (가) – ㉡   ② (나) – ㉣
③ (다) – ㉢   ④ (라) – ㉠

08 다음 중 높임법에 대한 설명으로 옳지 않은 것은?

㉠ 아버지께서 할머니를 모시고 댁에 들어가셨다.
㉡ 어머니께서 아주머니께 이 김치를 드리라고 하셨습니다.
㉢ 주민 여러분께서는 잠시만 제 이야기에 귀를 기울여 주시기 바랍니다.

① ㉠, ㉡, ㉢: 문장의 주체를 높이고 있다.
② ㉠, ㉡: 문장의 객체를 높이고 있다.
③ ㉡, ㉢: 듣는 이를 높이고 있다.
④ ㉠, ㉡: 특수한 어휘를 사용하여 높임을 표현하고 있다.

09 외래어 표기가 옳은 것만을 모두 고른 것은?

㉠ vision: 비전
㉡ cardigan: 카디건
㉢ container: 콘테이너
㉣ yellow: 옐로
㉤ lobster: 롭스터

① ㉠, ㉤
② ㉢, ㉣
③ ㉠, ㉡, ㉣
④ ㉡, ㉢, ㉤

10 다음 중 밑줄 친 고유어의 뜻풀이가 옳지 않은 것은?

① 짜장: 과연 정말로
② 곰살맞다: 몹시 부드럽고 친절하다
③ 가리사니: 사물을 분간하여 판단할 수 있는 실마리
④ 비나리: 갑자기 내리는 비

11 다음 중 〈보기〉의 발음 과정에 적용되는 음운 변동 규칙이 아닌 것은?

───〈보 기〉───
홑이불 → [혼니불]

① 'ㄴ' 첨가
② 두음 법칙
③ 자음 동화
④ 음절의 끝소리 규칙

12 밑줄 친 부분의 함축적 의미로 가장 적절한 것은?

그는 피아노를 향하여 앉아서 머리를 기울였습니다. 몇 번 손으로 키를 두드려 보다가는 다시 머리를 기울이고 생각하고 하였습니다. 그러나 다섯 번 여섯 번을 다시 하여 보았으나 아무 효과도 없었습니다. 피아노에서 울려 나오는 음향은 규칙 없고 되지 않은 한낱 소음에 지나지 못하였습니다. 야성? 힘? 귀기? 그런 것은 없었습니다. 감정의 재뿐이 있었습니다.

"선생님, 잘 안 됩니다."

그는 부끄러운 듯이 연하여 고개를 기울이며 이렇게 말하였습니다.

"두 시간도 못 되어서 벌써 잊어버린담?"

나는 그를 밀어 놓고 내가 대신하여 피아노 앞에 앉아서 아까 베낀 그 음보를 펴 놓았습니다. 그리고 내가 베낀 곳부터 다시 시작하였습니다.

화염! 화염! 빈곤, 주림, 야성적 힘, 기괴한 감금당한 감정! 음보를 보면서 타던 나는 스스로 흥분이 되었습니다.

– 김동인, 「광염 소나타」

① 화려한 기교가 없는 연주
② 악보와 일치하지 않는 연주
③ 도저히 이해할 수 없는 연주
④ 기괴한 감정이 느껴지지 않는 연주

13 다음 글의 주제로 옳은 것은?

야생 동물이 건강에 좋은 먹을거리를 선택한다는 것은 이미 과학적으로 입증되었다. 그 수준도 '동물 따위가 뭘 알겠어.' 하고 치부하기에는 놀라울 정도로 높다. 예를 들면 동물은 기운을 북돋기 위해 흥분제 성분이 들어 있는 과일이나 환각 작용을 일으키는 버섯, 아편 성분이 들어 있는 양귀비 등 향정신성 먹을거리를 즐겨 섭취한다. 개중에는 흥분제에 중독 증상을 보이는 동물도 있다. 더욱 놀랄 만한 사실은 교미 시의 생산 능력을 높이기 위해 자연에 널려 있는 '최음제'를 먹는 경우마저 있다는 사실이다. 사막에 사는 거북은 칼슘을 찾아 사막을 몇십 킬로미터씩 여행한다. 칼슘은 거북의 껍질을 단단하게 만드는 데 필요한 성분이다. 원숭이와 곰 등은 신맛이 나는 기름과 고약한 냄새의 송진을 온몸에 즐겨 바른다. 이러한 냄새들은 벌레에 물리는 것을 막아줄 뿐만 아니라 세균 감염도 예방해 준다. 침팬지는 털이 난 나뭇잎을 독특한 방법으로 뭉쳐서 삼킨다. 잎에 난 털이 식도로 넘어가며 식도 주위의 기생충들을 청소해 준다. 개와 고양이가 가끔 풀을 뜯어먹는 것도 비슷한 이유다. 이 풀들은 기생충과 함께 소화되지 않고 몸 바깥으로 배설된다. 새들은 특정한 향이 나는 허브 잎을 모아 둥지를 둘러싼다. 잎의 향 때문에 진드기와 벼룩이 둥지로 접근하지 못한다. 코끼리는 나트륨 성분을 섭취하기 위해 소금을 먹는다. 만약 소금이 모자라면 새로운 소금 동굴을 찾기 위해 죽음을 무릅쓴 집단 이동도 마다하지 않는다. 붉은원숭이는 주식인 나뭇잎이 함유하는 독성 성분을 없애기 위해 숯을 먹는다. 보통 동물들은 모체로부터 이 같은 식습관을 배운다. 하지만 동물들이 먹을거리의 의학적 효능에 대해 정확하게 알고 있는 것은 아니다. 침팬지와 원숭이가 기생충을 제거하기 위해 먹는 나뭇잎의 종류는 30가지가 넘는다. 만약 침팬지가 나뭇잎을 먹는 이유를 정확하게 알고 있다면 털이 가장 부숭부숭한 나뭇잎을 골라 먹을 것이다.

① 동물은 질병을 치료하는 물을 알고 있다.
② 동물은 어느 자연환경에서나 잘 적응할 수 있다.
③ 동물은 각각 좋아하는 음식이 따로 있다.
④ 동물은 스스로를 자연적으로 치유하는 방법에 대해 선천적으로 알고 있다.

14 다음 〈보기〉를 참고하여 ㉠~㉣에 대해 설명한 내용으로 적절하지 않은 것은?

> 집의 옷밥을 언고 들먹는 져 고공(雇工)아,
> 우리 집 긔별을 아는다 모로는다.
> 비 오는 늘 일 업슬직 숫 꼬면셔 니른리라.
> ㉠ 처음의 한어버이 사룸스리 ᄒᆞ려 홀 직,
> 인심(人心)을 만히 쓰니 사룸이 졀로 모다.
> ㉡ 풀 썻고 터을 닷가 큰 집을 지어 내고,
> 셔리 보십 장기 쇼로 전답(田畓)을 긔경(起耕)ᄒᆞ니,
> ㉢ 오려논 터밧치 여드레 ᄀᆞ리로다.
> 자손(子孫)에 전계(傳繼)ᄒᆞ야 대대(代代)로 나려오니,
> 논밧도 죠커니와 고공도 근검(勤儉)터라.
> 저희마다 여름 지어 가음여리 사던 것슬,
> 요ᄉᆞ이 고공들은 혬이 어이 아조 업서,
> 밥사발 큰나 쟈그나 동옷시 죠코 즈나,
> ㉣ ᄆᆞᄋᆞᆷ을 둣호는 둣 호슈(戶首)을 ᄉᆞ오는 둣,
> 무슴 일 ᄀᆞᆷ드러 흘깃할긋 ᄒᆞᄂᆞᆫ다.
> 너희닉 일 아니고 시졀(時節) 좃ᄎ ᄉᆞ오나와,
> ᄀᆞᆺ득의 닉 셰간이 플러지게 되야ᄂᆞ딕,
> 엇그지 화강도(火强盜)에 가산(家産)이 탕진(蕩盡)ᄒᆞ니,
> 집 ᄒᆞ나 불타 붓고 먹을 껏시 젼혀 업다.
> 크나큰 셰ᄉᆞ(歲事)을 엇지ᄒᆞ여 니로려료.
> 김가(金哥) 이가(李哥) 고공들아 싀 ᄆᆞᄋᆞᆷ 먹어슬라.
>
> – 허전, 「고공가(雇工歌)」

〈보 기〉

이 작품은 조선 왕조의 창업부터 임진왜란 직후의 역사를 농사일이나 집안 살림에 빗대는 방식을 활용하고 있다. 특히 제 역할을 하지 않고 서로 시기하고 반목하는 요즘 고공들의 행태를 질책하고 있다.

① ㉠: 태조 이성계가 조선 왕조를 창업한 사실과 관련지을 수 있다.

② ㉡: 나라의 기초를 닦은 조선 왕조의 모습과 관련지을 수 있다.

③ ㉢: 조선의 땅이 외침으로 인해 피폐해진 현실과 관련지을 수 있다.

④ ㉣: 신하들이 서로 다투고 시기하는 상황과 관련지을 수 있다.

15 다음 중 ㉠~㉣에 대한 설명으로 옳지 않은 것은?

> ㉠ 못난 놈들은 서로 얼굴만 봐도 흥겹다
> 이발소 앞에 서서 참외를 깎고
> 목로에 앉아 막걸리를 들이켜면
> 모두들 한결같이 친구 같은 얼굴들
> ㉡ 호남의 가뭄 얘기 조합 빚 얘기
> 약장수 기타 소리에 발장단을 치다 보면
> 왜 이렇게 자꾸만 서울이 그리워지나
> 어디를 들어가 섰다라도 벌일까
> 주머니를 털어 색싯집에라도 갈까
> ㉢ 학교 마당에들 모여 소주에 오징어를 찢다
> 어느새 긴 여름 해도 저물어
> 고무신 한 켤레 또는 조기 한 마리 들고
> ㉣ 달이 환한 마찻길을 절뚝이는 파장
>
> – 신경림, 「파장」

① ㉠: 농민들이 서로에게 느끼는 유대감을 보여 준다.

② ㉡: 농민들이 겪는 여러 가지 어려움이 나타난다.

③ ㉢: 어려움을 극복한 농민들의 흥겨움이 드러난다.

④ ㉣: 농촌의 힘겨운 현실을 시적으로 형상화하고 있다.

도르래는 둥근 바퀴에 튼튼한 줄을 미끄러지지 않도록 감아 무거운 물체를 들어 올리는 데 사용하는 도구이다. 가장 기본이 되는 도르래는 고정도르래와 움직도르래이다. 그렇다면 두 도르래의 차이는 어떤 것이 있을까?

우선 고정도르래부터 살펴보도록 하자. 고정도르래는 힘의 방향만 바꾸어 주는 도르래로 줄을 감은 바퀴의 중심축이 고정되어 있다. 힘의 이득을 볼 수는 없지만, 힘의 작용 방향을 바꿀 수 있는 장점이 있다. 고정도르래를 사용할 때는 줄의 한쪽에 물체를 걸고 다른 쪽 줄을 잡아 당겨 물체를 원하는 높이까지 움직인다. 이때 물체를 들어 올리는 힘은 줄 하나가 지탱하고 있다. 따라서 직접 들어 올리는 것과 비교해 힘의 이득은 없으며 단지 고정도르래 때문에 줄을 당기는 힘의 방향만 바뀐다. 하지만 물체를 높은 곳으로 직접 들어 올리는 것보다는 줄을 아래로 잡아당김으로써 물체를 올리는 방법이 훨씬 편하다. 또한 물체를 1미터 들어 올리기 위해 잡아당기는 줄의 길이도 1미터면 된다.

한편 움직도르래는 힘의 이득을 보기 위해 사용한다. 움직도르래를 사용할 때는 도르래에 줄을 감고 물체를 들어 올린다. 움직도르래는 도르래 축에 직접 물체를 매달기 때문에 줄을 당기면 물체와 함께 도르래도 움직인다. 이때 물체를 지탱하는 줄은 두 가닥이 된다. 물체의 무게는 각 줄에 분산되어 두 사람이 각각의 줄을 잡고 동시에 들어 올리는 효과가 난다. 따라서 움직도르래 한 개를 사용하면 물체 무게의 2분의 1의 힘으로 물체를 움직일 수 있게 되는 것이다. 하지만 물체를 1미터 들어 올리기 위해 당겨야 하는 줄의 길이는 물체가 올라가는 높이의 두 배인 2미터이다. 왜냐하면 물체가 1미터 올라갈 때 물체를 지탱하는 두 줄도 동시에 1미터씩 움직여야 하는데, 줄을 당기는 쪽으로 줄이 감기게 되기 때문이다. 그래서 움직도르래를 이용하여 물체를 들어 올리면 줄의 길이는 물체가 움직여야 하는 높이의 두 배가 필요하게 된다.

16 다음 중 윗글의 내용과 일치하는 것은?

① 고정도르래는 도르래 축에 물체를 직접 매달아 사용한다.
② 움직도르래와 고정도르래를 함께 사용해야 물체의 무게가 분산된다.
③ 움직도르래로 물체를 들어 올릴 수 있는 높이는 줄의 길이에 영향을 받는다.
④ 고정도르래는 줄을 당기는 힘의 방향과 물체에 작용하는 힘의 방향이 일치한다.

17 다음 중 윗글의 내용 전개 방식으로 가장 적절한 것은?

① 구체적 사례를 통해 개념 이해를 돕고 있다.
② 대상의 차이점을 중심으로 특징을 설명하고 있다.
③ 대상의 인과 관계에 초점을 맞추어 설명하고 있다.
④ 특정 기술이 발달한 과정을 순서대로 제시하고 있다.

18 다음 글을 순서대로 바르게 나열한 것은?

> (가) 제임스 러브록이 말하는 사이보그는 우리가 아는 것과 조금 다르다. 그는 사이보그를 오늘날 로봇과 인공지능(AI) 시스템의 후예로 자급자족하고 자각할 수 있는 존재라고 묘사했다. 이는 뇌를 제외한 팔다리나 장기를 기계로 바꾼 개조 인간을 뜻하는 사이보그보다 AI 로봇의 의미에 가깝다.
>
> (나) 제임스 러브록은 "사이보그를 생물의 또 다른 계(king-dom)라고 생각한다."면서 "그들은 인간이 동물계로서 식물계 위에 선 것처럼 우리 위에 설 것"이라고 말했다. 러브록은 계속해서 자신을 개선할 수 있는 AI 시스템의 발명은 노바세의 결실에 다가가는 중요한 핵심 요소라고 말했다.
>
> (다) 지구를 하나의 작은 생명체로 보는 '가이아 이론'의 창시자인 제임스 러브록은 인간은 인공지능(AI) 로봇에 의해 지구 최상위층 자리를 내줄 수도 있다고 경고하고 나섰다. 제임스 러브록은 가이아 이론을 '노바세(Novacene)'에서 이렇게 밝혔다. 러브록은 "인간의 우위가 급격히 약해지고 있다. 미래에는 인간이 아니라 스스로 설계하고 만드는 존재들이 우위에 설 것"이라면서 "난 그들을 쉽게 사이보그라고 부른다."고 말했다.
>
> (라) 만일 지구가 멸망 위기에 직면하면 사이보그는 대규모 지구공학을 이용해 지구를 인간보다 자신들 환경에 맞게 바꿔놓으려 할 수도 있을 것이라고 그는 설명했다. 그러면 세계는 산소나 물을 필요하지 않는 사이보그에게 맞게 변해 인간의 생존에는 적합하지 않을 수도 있다는 것이다. 하지만 이보다 가능성이 높은 상황은 지능이 매우 높은 사이보그들은 지구에서 지내기 어려운 상황이 되기 전에 지구를 떠나는 길을 선택할 수도 있다.

① (가) – (나) – (다) – (라)
② (나) – (가) – (라) – (다)
③ (다) – (가) – (나) – (라)
④ (라) – (나) – (다) – (가)

19 밑줄 친 한자성어의 쓰임이 적절하지 않은 것은?

① 말이 너무 번드르르해 미덥지 않은 자들은 대부분 口蜜腹劍형의 사람이다.
② 그는 싸움다운 전쟁도 못하고 一敗塗地가 되어 고향으로 달아나고 말았다.
③ 그에게 마땅히 대응했어야 했는데, 그대는 어찌하여 首鼠兩端하다가 시기를 놓쳤소?
④ 요새 신입생들이 선배들에게 예의를 차릴 줄 모르는 걸 보면 참 後生可畏하다는 생각이다.

20 다음 작품에 대한 설명으로 적절하지 않은 것은?

> 기심 매러 갈 적에는 갈뽕을 따 가지고
> 기심 매고 올 적에는 올뽕을 따 가지고
> 삼간방에 누어 놓고 청실홍실 뽑아 내서
> 강릉 가서 날아다가 서울 가서 매어다가
> 하늘에다 베틀 놓고 구름 속에 이매 걸어
> 함경나무 바디집에 오리나무 북게다가
> 짜궁짜궁 짜아 내어 가지잎과 몹거워라
> 배꽃같이 바래워서 참외같이 올 짓고
> 외씨 같은 보선 지어 오빠님께 드리고
> 겹옷 짓고 솜옷 지어 우리 부모 드리겠네
>
> — 작자 미상, 「베틀 노래」

① 노동 현실에 대한 한과 비판이 드러나 있다.
② 대구법과 직유법 등의 표현 기법을 사용하고 있다.
③ 4 · 4조의 운율과 언어유희로 리듬감을 형성하고 있다.
④ 화자의 상상력을 바탕으로 과장되게 표현한 부분이 나타나 있다.

21 다음 중 ㉠~㉣의 지시 대상이 같은 것끼리 묶인 것은?

> 서은: 지난번 샀던 ㉠ 이 과자는 별로 맛이 없어. ㉡ 그 과자는 어때?
>
> 지희: 응. ㉢ 이 과자는 꽤 맛있던데, 서은아 저 과자 먹어봤니?
>
> 서은: 아니, ㉣ 저 과자는 안 먹어봤는데.

① ㉠, ㉢   ② ㉠, ㉣

③ ㉡, ㉢   ④ ㉡, ㉣

[22~23] 다음 글을 읽고 물음에 답하시오.

> 기업은 다른 기업들과의 경쟁에서 이기고, 자신이 설정한 경영 목표를 달성하기 위해서 기업의 사업 내용과 목표시장 범위를 결정하는데, 이를 기업전략이라고 한다. 즉, 기업전략은 다양한 사업의 포트폴리오*를 전사적(全社的) 차원에서 어떻게 구성하고 조정할 것인가를 결정하는, 즉 참여할 사업을 결정하는 것이라고 할 수 있다.
>
> 기업전략의 구체적 예로 기업 다각화 전략을 들 수 있다. 기업 다각화 전략은 한 기업이 복수의 산업 또는 시장에서 복수의 사업을 영위하기 위한 전략으로, 제품 다각화 전략, 지리적 시장 다각화 전략, 제품 시장 다각화 전략으로 크게 구분된다. 이는 다시 제품이나 판매 지역 측면에서 관련된 사업에 종사하는 관련 다각화와 관련이 없는 사업에 종사하는 비관련 다각화로 구분된다. 리처드 러멜트는 미국의 다각화 기업을 구분하며, 관련 사업에서 70% 이상의 매출을 올리는 기업을 관련 다각화 기업, 70% 미만의 매출을 올리는 기업을 비관련 다각화 기업으로 명명했다.
>
> 기업 다각화는 범위의 경제성을 창출함으로써 수익 증대에 기여한다. 범위의 경제성이란 하나의 기업이 동시에 복수의 사업 활동을 하는 것이, 복수의 기업이 단일의 사업 활동을 하는 것보다 총비용이 적고 효율적이라는 이론이다. 범위의 경제성은 한 기업이 여러 제품을 동시에 생산할 때, 투입되는 요소 중 공통적으로 투입되는 생산요소가 존재하기 때문에 투입 요소 비용이 적게

> 발생한다는 사실을 통해 설명된다.
>
> 또한 다각화된 기업은 기업 내부 시장을 활용함으로써 새로운 가치를 창출할 수 있다. 여러 사업부에서 나오는 자금을 통합하여 활용할 수 있는 내부 자본시장을 갖추었을 뿐 아니라 여러 사업부에서 훈련된 인력을 전출하여 활용할 수 있는 내부 노동시장도 갖추었기 때문이다. 새로운 인력을 채용하여 교육시키는 데 많은 시간과 비용이 들어감을 고려하면, 다각화된 기업은 신규 기업에 비해 훨씬 우월한 위치에서 경쟁할 수 있다.
>
> 한편 다각화를 함으로써 기업은 사업 부문들의 경기 순환에서 오는 위험을 줄일 수 있다. 예를 들어 기업의 주력 사업이 반도체, 철강, 조선과 같이 불경기와 호경기가 반복적으로 순환되는 사업 분야일수록, 기업은 (㉠) 분야의 다각화를 함으로써 경기가 불안정할 때에도 자금 순환의 안정성을 비교적 (㉡)할 수 있다.

* 포트폴리오: 다양한 투자 대상에 분산하여 자금을 투입하여 운용하는 일

22 윗글의 문맥을 고려하여, 윗글의 ㉠, ㉡ 부분에 들어갈 단어를 가장 적절하게 추론한 것은?

	㉠	㉡
①	비관련	제거
②	비관련	확보
③	관련	제거
④	관련	확보

23 윗글에 대한 이해로 가장 적절한 것은?

① 다각화된 기업은 여러 사업부에서 나오는 자금을 통합하여 활용할 수 없다.

② 범위의 경제성에 의하면 한 기업이 제품A, 제품B를 모두 생산하는 것은, 서로 다른 두 기업이 각각 제품A, 제품B를 생산하는 것보다 비효율적이다.

③ 리처드 러멜트에 의하면, 관련 사업에서 50%의 매출을 올리는 기업은 관련 다각화 기업이다.

④ 신규 기업은 새로운 인력을 채용하고 교육하는 것에 부담이 있다.

[24~25] 다음 글을 읽고 물음에 답하시오.

> 벤담과 같은 고전적인 공리주의에서는 사람들의 행복은 계측과 합계가 가능하다고 생각하기 때문에, 행복에 공통의 기준이 성립되어 있다고 여긴다. 벤담의 효용이라는 개념은 공통의 통화를 제공하는 것이다.
>
> 이런 생각을 근거로 한 것이 비용편익분석이다. 어떤 정책이나 행동이 얼마만큼의 행복을 가져오고 동시에 얼마만큼의 비용이 드는가를 화폐 가치로 환산해서 그 차액으로 정책이나 행동을 결정하는 것이다.
>
> 비용편익분석의 사례로 체코에서 일어난 필립 모리스 담배 문제를 소개할 수 있다. 담배 때문에 사람이 죽게 되는 경우, 살아 있는 동안 국가의 의료비 부담은 늘어나지만, 흡연자는 빨리 사망하기 때문에 연금, 고령자를 위한 주택 등의 예산이 절약되어 국가 재정에는 오히려 도움이 된다. 국민들이 담배를 피울 때 국가의 비용보다 편익이 크므로 국가는 담배를 금하지 말고 계속 피우게 하는 편이 좋다는 이 결과에 인간의 생명을 경시하는, 비인도적인 발상이라는 비난 여론이 들끓었다. 결국 필립 모리스는 사죄하게 되었다.
>
> 포드사는 소형자동차 핀토의 결함을 수리할 것인가에 대해 판단하기 위해 비용편익분석을 하였다. 차의 결함으로 인한 사고로 죽는 인간의 생명이나 부상자들의 부상을 그들에게 배상해야 할 금액으로 환산해서 이것을 (㉠) 속에 넣고 결함을 개량하는 데 드는 비용이 편익보다 많기 때문에 인명이 희생되더라도 결함을 개량하지 않는 편이 낫다고 결정했다. 그 외에도 환경보호국의 분석에서 고령자의 생명을 화폐로 환산하면서 할인했다는 예, 자동차의 제한용편익분석에서 인명을 화폐로 환산해서 인명을 잃은 비용보다 방지 대책에 드는 비용이 크다는 이유로 행위나 정책이 정당화되었다는 예도 있다.
>
> 결국 비용편익분석과 같은 결과주의의 생각, 즉 인명 희생의 방치나 정당화와 같이 도덕적으로 허용되지 않는 답을 이끌어낸 사례들을 지적하면서 '비용과 편익을 분석하는 주체는 누가 되어야 하는가?'와 같은 문제를 제기할 수 있다.

24 ㉠에 들어갈 내용으로 가장 적절한 것은?

① 수리의 비용
② 수리의 편익
③ 사고의 비용
④ 사고의 편익

25 윗글의 서술 방식으로 가장 적절한 것은?

① 구체적인 사례를 제시하여 논지를 전개하고 있다.
② 비교와 대조를 통해 대상의 특징을 드러내고 있다.
③ 철학적 사상을 근거로 삼아 설득력을 높이고 있다.
④ 문제 상황과 대안을 제시하고 타당성을 검증하고 있다.

QR코드 접속을 통해 풀이시간 측정, 자동 채점
그리고 결과 분석까지!

01 다음 중 캐시 메모리(Cache Memory)의 설명으로 옳은 것은?

① 주로 대용량 기억장치용으로 사용된다.
② 전원이 꺼져도 내용은 그대로 유지된다.
③ 컴퓨터의 주기억장치로 주로 이용된다.
④ CPU와 주기억장치 사이의 속도차이를 해결하기 위한 고속 메모리로 이용된다.

02 결합도(Coupling)는 모듈 간의 상호 의존 정도 또는 모듈 간의 연관 관계를 의미한다. 다음의 결합도를 약한 정도부터 강한 정도의 순으로 바르게 나열한 것은?

> ㉠ 내용 결합도(Content Coupling)
> ㉡ 제어 결합도(Control Coupling)
> ㉢ 자료 결합도(Data Coupling)
> ㉣ 공통 결합도(Common Coupling)

① ㉢ - ㉡ - ㉣ - ㉠
② ㉢ - ㉣ - ㉠ - ㉡
③ ㉣ - ㉡ - ㉢ - ㉠
④ ㉣ - ㉢ - ㉠ - ㉡

03 관계형 데이터베이스 언어인 SQL에 대한 설명으로 옳은 것은?

① UPDATE는 테이블에 저장된 데이터를 변경하는 명령어로 DCL에 해당한다.
② CREATE는 데이터베이스와 테이블을 생성하는 명령어로 DML에 해당한다.
③ SELECT는 데이터베이스에 저장된 데이터를 실제 처리하는 데 사용되는 데이터 조작어에 해당한다.
④ 데이터 조작어(DML)를 이용하여 권한을 부여하거나 취소한다.

04 트랜잭션의 특성과 그에 대한 설명으로 옳지 않은 것은?

① 원자성(Atomicity): 트랜잭션은 완전히 수행되거나 전혀 수행되지 않아야 한다.
② 일관성(Consistency): 트랜잭션을 완전히 실행하면 데이터베이스를 하나의 일관된 상태에서 다른 일관된 상태로 바꿔야 한다.
③ 고립성(Isolation): 하나의 트랜잭션의 실행은 동시에 실행 중인 다른 트랜잭션의 간섭을 받아서는 안 된다.
④ 종속성(Dependency): 완료한 트랜잭션에 의해 데이터베이스에 가해진 변경은 어떠한 고장에도 손실되지 않아야 한다.

05 나머지 셋과 부울 함수의 표현이 다른 것은?

① $F = A + A'B$
② $F = A(A + B) + B$
③ $F = AB' + A$
④ $F = AB + AB' + A'B$

06 다음 〈보기〉에서 자료를 정렬하는 방법 중 교환 방법으로 정렬하는 것을 모두 고른 것은?

─────〈보 기〉─────
㉠ Insertion Sort
㉡ Bubble Sort
㉢ Heap Sort
㉣ Selection Sort

① ㉠, ㉡
② ㉡, ㉢
③ ㉢, ㉣
④ ㉡, ㉣

07 자료 구조에 대한 설명으로 옳지 않은 것은?

① 데크는 삽입과 삭제를 한쪽 끝에서만 수행한다.
② 연결리스트로 구현된 스택은 그 크기가 가변적이다.
③ 배열로 구현된 스택은 구현이 간단하지만 그 크기가 고정적이다.
④ 원형 연결리스트는 한 노드에서 다른 모든 노드로 접근이 가능하다.

08 다음 이진 트리의 노드를 전위 순회(Preorder Traversal)할 경우 다섯 번째에 방문하는 노드는?

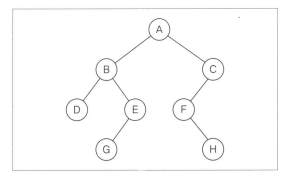

① E
② G
③ C
④ F

09 다음 중 DRAM에 대한 설명으로 옳지 않은 것은?

① 동적램이라 불리며 주기억 장치에 적합하다.
② 주기적인 재충전이 필요하고 집적도가 높다.
③ 가격이 저렴하고 콘덴서에서 사용한다.
④ 구성 회로가 간단하지만 소비 전력이 높다.

10 사진이나 동영상 등의 디지털 콘텐츠에 저작권자나 판매자의 정보를 삽입하여 원본의 출처 정보를 제공하는 기술은?

① 디지털 핑거프린팅
② 디지털 워터마킹
③ 디지털 사이니지
④ 콘텐츠 필터링

11 통신 연결 장치와 그 장치가 동작하는 OSI(Open Systems Interconnection) 계층을 바르게 연결한 것은?

┌───┐
㉠ 네트워크 계층(Network Layer)
㉡ 데이터 링크 계층(Data Link Layer)
㉢ 물리 계층(Physical Layer)
└───┘

	라우터	브리지	리피터
①	㉠	㉡	㉢
②	㉡	㉠	㉢
③	㉡	㉢	㉠
④	㉢	㉡	㉠

12 다음 중 다른 모든 플립플롭의 기능을 대용할 수 있으며, 응용범위가 넓고 집적 회로화되어 가장 널리 사용되는 플립플롭은?

① RS 플립플롭

② JK 플립플롭

③ D 플립플롭

④ T 플립플롭

13 다음 중 소프트웨어 프로젝트 관리에 대한 설명으로 가장 옳지 않은 것은?

① 소프트웨어 라이프 사이클(Life Cycle)의 전 과정에 걸쳐 진행된다.

② 개발 계획의 수립, 분석, 설계, 구현 등의 작업과 생산 제품에 대한 관리를 수행한다.

③ 주어진 목적을 달성하기 위해 해당 기간 내에 프로그램의 계획을 세우고, 최소의 대가로 사용자를 만족시킬 수 있는 시스템을 개발하는 작업 과정이다.

④ 소요 인력은 최소한으로 하되 정책 결정은 신속하게 처리한다.

14 다음 중 자바 프로그래밍 언어에 대한 설명으로 옳은 것은?

① 클래스에서 상속을 금지하는 키워드는 this이다.

② 인터페이스(interface)는 추상 메소드를 포함할 수 없다.

③ 메소드 오버라이딩(overriding)은 상위 클래스에 정의된 메소드와 하위 클래스에서 재정의되는 메소드의 매개변수 개수와 자료형 등이 서로 다른 것을 의미한다.

④ 메소드 오버로딩(overloading)은 한 클래스 내에 동일한 이름의 메소드가 여러 개 있고, 그 메소드들의 매개변수 개수 또는 자료형 등이 서로 다른 것을 의미한다.

15 컴퓨터 시스템에서 교착 상태의 해결 방안에 대한 설명으로 옳지 않은 것은?

① 교착 상태를 유발하는 4개의 조건 중 하나라도 차단하여 교착 상태를 무력화한다.

② 하나의 프로세스만이 한 시점에서 하나의 자원을 사용할 수 있게 한다.

③ 교착 상태가 탐지되면, 교착 상태와 관련된 프로세스와 할당한 자원을 시스템으로부터 제거한다.

④ 교착 상태가 발생할 가능성에 대해 어떤 제약을 가하지 않고 자원 할당 그래프를 모니터링하면서 교착 상태가 발생하는지 체크한다.

16 UNIX에서 커널에 대한 설명으로 틀린 것은?

① UNIX 시스템의 중심부에 해당된다.

② 사용자의 명령을 수행하는 명령어 해석기이다.

③ 프로세스 관리, 기억장치 관리 등을 수행한다.

④ 컴퓨터 부팅 시 주기억장치에 적재되어 상주하면서 실행된다.

17 객체지향 소프트웨어 개발 및 UML Diagram에 대한 설명이다. 다음 ㉠~㉢에 들어갈 용어를 바르게 연결한 것은?

- (㉠)은/는 외부에서 인식할 수 있는 특성이 담긴 소프트웨어의 골격이 되는 기본 구조로, 시스템 전체에 대한 큰 밑그림이다. 소프트웨어 품질 요구 사항은 (㉠)을/를 결정하는 데 주요한 요소로 작용한다.
- (㉡)은/는 두 개 이상의 클래스에서 동일한 메시지에 대해 객체가 다르게 반응하는 것이다.
- (㉢)은/는 객체 간의 메시지 통신을 분석하기 위한 것으로 시스템의 동작을 정형화하고 객체들의 메시지 교환을 시각화한다.

	㉠	㉡	㉢
①	소프트웨어 아키텍처	다형성	시퀀스 모델
②	유스케이스	다형성	시퀀스 모델
③	클래스 다이어그램	캡슐화	상태 모델
④	디자인 패턴	캡슐화	상태 모델

18 COURSE 테이블의 CNO 필드에는 다음과 같은 값들이 입력되어 있다. 〈보기〉의 SQL문에 의해 조회되는 CNO 목록으로 가장 적절한 것은?

K5, KBO, KO, KOREA, K82, OK, SKC

─────〈보 기〉─────
SELECT CNO
FROM COURSE
WHERE CNO LIKE 'K?'

① K5, KBO, KO, KOREA, K82
② K5, KBO, KO, KOREA, K82, OK, SKC
③ K5, KO
④ K5, KO, K82, OK, SKC

19 다음의 ㉠과 ㉡에 들어갈 말을 바르게 연결한 것은?

- (㉠)는 모듈의 구성요소가 하나의 활동으로부터 나온 출력 자료를 그 다음 활동의 입력 자료로 사용하는 것으로 같은 모듈 내에서 응집의 정도를 나타낸다.
- (㉡)는 한 모듈이 다른 모듈의 내부 기능 및 그 내부 자료를 조회하는 경우의 결합도를 의미한다.

	㉠	㉡
①	기능적 응집도	내용 결합도
②	기능적 응집도	자료 결합도
③	순차적 응집도	자료 결합도
④	순차적 응집도	내용 결합도

20 다음 중 화이트박스 테스트(White Box Test)에 대한 설명으로 옳지 않은 것은?

① 프로그램 원시 코드의 논리적인 구조를 검사하도록 테스트 케이스를 설계하는 프로그램이다.
② 프로그램 내부에서 사용되는 변수나 서브루틴 등의 오류를 찾기 위해 프로그램 코드의 내부 구조를 테스트 설계의 기반으로 사용한다.
③ 모듈 안의 작동을 자세히 관찰할 수 있다.
④ 프로그램에서 내부 구조나 알고리즘을 보지 않고 요구 사항 명세서에 기술되어 있는 소프트웨어 기능을 토대로 한다.

21 다음 C 프로그램의 출력 결과로 옳은 것은?

```c
#include <stdio.h>
void funCount();
  int count;
int main(void) {
  int num;
  for(num=0; num<2; num++)
  funCount();
  return 0;
}
void funCount() {
  int num=0;
  printf("num = %d, count = %d\n", ++num, ++count);
}
```

① • num=1, count=2
　• num=1, count=2
② • num=0, count=0
　• num=1, count=1
③ • num=1, count=1
　• num=1, count=2
④ • num=1, count=0
　• num=1, count=1

22 다음 〈보기〉에서 소프트웨어 개발 생명주기 모형 중 프로토타입(Prototype) 모형에 대한 설명으로 옳은 것을 모두 고른 것은?

───〈보 기〉───
㉠ 프로토타입 모형의 마지막 단계는 설계이다.
㉡ 발주자가 목표 시스템의 모습을 미리 볼 수 있다.
㉢ 폭포수 모형보다 발주자의 요구사항을 반영하기가 용이하다.
㉣ 프로토타입별로 구현시스템에 대하여 베타테스트를 실시한다.

① ㉠, ㉡
② ㉠, ㉣
③ ㉡, ㉢
④ ㉢, ㉣

23 다음 Java 프로그램의 출력 결과로 옳은 것은?

```java
public class Foo {
public static void main(String[] args) {
  int i, j, k = 0;
  for (i = 1, j = 1; i < 5; i++) {
   if ((i % 2) == 0)
    continue;
   k += i * j++;
  }
  System.out.println(k);
  }
}
```

① 7
② 9
③ 11
④ 15

24 보이스 코드 정규형(BCNF; Boyce-Codd Normal Form)을 만족하기 위한 조건에 해당하지 않는 것은?

① 기본키가 아닌 모든 속성은 기본키에 이행적 함수 종속성이 없어야 한다.

② 모든 속성 값이 원자 값(Atomic Value)만 갖도록 한다.

③ 다치 종속성과 조인(join) 종속성이 없어야 한다.

④ 기본키가 아닌 모든 속성은 기본키에 완전 함수 종속이 되도록 한다.

25 다음 중 해싱(Hashing)에 대한 설명으로 옳지 않은 것은?

① 충돌 시 오버플로우(Overflow) 해결의 부담이 과중되나, 충돌 해결에 필요한 기억공간이 필요하지는 않다.

② 서로 다른 탐색키가 해시 함수를 통해 동일한 해시 주소로 사상될 수 있다.

③ 검색 속도가 빠르며 삽입, 삭제의 빈도가 높을 때 유리한 방식이다.

④ 충돌(Collision)이 발생하지 않는 해시 함수를 사용한다면 해싱의 탐색 시간 복잡도는 O(1)이다.

제3과목: 정보보호론

QR코드 접속을 통해 풀이시간 측정, 자동 채점
그리고 결과 분석까지!

01 다음에서 설명하는 재해 복구 시스템의 복구 방식은?

복구 사이트 중에서 가장 많이 사용하는 것으로, 구축
및 유지 비용이 저렴하나 보안과 복구가 거의 불가능하
고, 데이터 손실이 발생하며 테스트(검사) 작업이 곤란
하다.

① 핫 사이트(Hot Site)
② 콜드 사이트(Cold Site)
③ 미러 사이트(Mirror Site)
④ 웜 사이트(Warm Site)

02 스택 버퍼 오버플로우 공격 절차를 바르게 나열한
것은?

㉠ 루트 권한으로 실행되는 프로그램상에서 특정 함수
　의 스택 버퍼를 오버플로우시켜서 공격 셸 코드가 저
　장되어 있는 버퍼의 주소로 덮어씌운다.
㉡ 특정 함수의 호출이 완료되면 조작된 반환 주소인 공
　격 셸 코드의 주소가 반환된다.
㉢ 공격 셸 코드가 실행되어 루트 권한을 획득하게 된다.
㉣ 공격 셸 코드를 버퍼에 저장한다.

① ㉣ - ㉡ - ㉠ - ㉢
② ㉣ - ㉠ - ㉡ - ㉢
③ ㉠ - ㉣ - ㉡ - ㉢
④ ㉠ - ㉡ - ㉣ - ㉢

03 다음은 스니퍼 대응책에 대한 설명이다. ㉠과 ㉡에
들어갈 용어를 바르게 연결한 것은?

• (㉠)을/를 네트워크에 존재하지 않는 MAC 주소
　를 위장하여 의심이 가는 호스트에 (㉠)을/를 보
　낸다. 이때 ICMP에서 reach했다는 Echo Reply를 받
　으면 스니핑용 호스트임을 알 수 있다.
• (㉡)을/를 이용한 탐지는 테스트 대상 네트워크로
　Ping Sweep을 보내고, 들어오는 Inverse-DNS
　Lookup을 감시하여 스니퍼를 탐지한다.

	㉠	㉡
①	Decoy	Ping
②	ARP Watch	DNS
③	Ping	Decoy
④	Ping	DNS

04 다음에서 설명하고 있는 보안 전자우편 시스템 프로
토콜은?

• 암호화와 전자서명 기능 추가
• 인증, 무결성, 부인 방지, 기밀성 등의 기능을 지원하
　는 이메일 보안 기술
• RSA 암호 알고리즘 사용

① WEP
② S/MIME
③ PGP
④ TFTP

05 다음 중 생일 역설(Birthday Paradox)에 대한 설명으로 옳지 않은 것은?

① 해시 함수(Hash Function)의 충돌 메시지 쌍을 찾아내는 데 사용된다.

② 특정 장소에 23명 이상이 있으면 그중에서 2명 이상의 사람 생일이 같을 확률은 0.5보다 크다.

③ 블록 암호 알고리즘의 안전성을 분석하는 데에 이용된다.

④ 0부터 N−1까지의 균일 분포를 갖는 수 중에서 임의로 한 개의 수를 선택한다면 (N)1/2번의 시도 후에 동일한 수가 반복해서 선택될 확률은 0.5를 넘는다는 이론과 부합한다.

06 리눅스(Linux) 시스템에서 사용자의 패스워드를 암호화하여 저장하는 파일은?

① /etc/passwd

② /etc/shadow

③ /etc/profile

④ /etc/login.defs

07 「개인정보 보호법」 제3조(개인정보 보호 원칙)에 대한 설명으로 옳지 않은 것은?

① 개인정보를 익명 또는 가명으로 처리하여도 개인정보 수집목적을 달성할 수 있는 경우 익명처리가 가능한 경우에는 익명에 의하여, 익명처리로 목적을 달성할 수 없는 경우에는 가명에 의하여 처리될 수 있도록 하여야 한다.

② 개인정보 처리방침 등 개인정보의 처리에 관한 사항을 비공개로 하여야 하며, 열람청구권 등 정보주체의 권리를 보장하여야 한다.

③ 개인정보의 처리 목적에 필요한 범위에서 개인정보의 정확성, 완전성 및 최신성이 보장되도록 하여야 한다.

④ 개인정보의 처리 목적을 명확하게 하여야 하고 그 목적에 필요한 범위에서 최소한의 개인정보만을 적법하고 정당하게 수집하여야 한다.

08 DNS의 보안 위협과 DNSSEC 대응에 대한 설명으로 옳지 않은 것은?

① Cache Poisoning 공격은 DNS 캐시에 저장된 정보를 오염시켜 공격자가 지정한 주소로 유도한다.

② DNS Spoofing은 서버에서 응답하는 IP 주소를 변조하여 의도하지 않은 주소로 유도한다.

③ DNSSEC는 서버의 응답을 숨기지는 않지만, 서비스 거부 공격을 막는 효과가 있다.

④ DNSSEC는 서버의 응답에 전자서명을 부가함으로써 서버 인증 및 무결성을 제공한다.

09 다음 중 컴퓨터 기반 사회공학적 공격 기법에 해당하지 않는 것은?

① 파밍(Pharming)
② 피싱(Phishing)
③ 스미싱(Smishing)
④ 생일 공격(Birthday Attack)

10 다음에서 설명하는 암호 방식은?

> 공개키 암호 알고리즘으로 RSA 암호에 대한 대안으로 제안된 암호시스템이다. RSA의 단점을 해결하고자 동일한 수준의 보안성을 제공하며 키의 길이가 짧다는 장점이 있다.

① 타원곡선 암호시스템
② 트랩도어 일방향 함수
③ Diffie-Hellman 키 교환 방식
④ ElGamal 암호

11 다음 〈보기〉에서 침입 탐지 시스템(IDS) 중 NIDS에 대한 내용만 고른 것은?

〈보 기〉
㉠ 전체 네트워크에 대한 침입 탐지가 곤란하고 운영체제의 취약점이 HIDS를 손상시킬 수 있음
㉡ 감사와 로깅을 할 때 네트워크 자원이 손실되거나 데이터가 변조되지 않으며 해커의 직접적인 공격에 대하여 방어가 가능하다는 장점이 있다.
㉢ 운영체제에 부가적으로 설치·운용되며, 설정된 사용자 계정에 따라 어떤 사용자가 어떤 접근을 시도하고 어떤 작업을 했는지에 대한 기록을 남기고 추적한다.
㉣ 네트워크에서 하나의 독립된 시스템으로 운영되며 암호화된 내용을 검사할 수 없고, 공격당한 시스템에 대한 결과도 알 수 없다.

① ㉠, ㉡   ② ㉠, ㉢
③ ㉢, ㉣   ④ ㉡, ㉣

12 다음 중 스트림 암호 알고리즘에 대한 설명으로 옳지 않은 것은?

① 일회용 패드(One Time Pad)를 구현할 목적으로 사용된다.
② 평문을 XOR 연산하여 암호화한다.
③ 반복적으로 암호화 과정을 수행할 경우 암호화 강도가 높아진다.
④ 이동통신 같은 무선 통신 환경에서도 구현이 용이하다.

13 국제 공통평가기준(CC; Common Criteria)에 대한 설명으로 옳지 않은 것은?

① 정보보호 측면에서 정보보호 기능이 있는 IT 제품의 안전성을 보증·평가하는 기준이다.
② 국제 공통평가기준은 소개 및 일반모델, 보안기능 요구사항, 보증요구사항 등으로 구성되고, 평가보증등급은 6등급으로 나뉜다.
③ 국가마다 서로 다른 정보보호시스템 평가기준을 연동하고 평가결과를 상호 인증하기 위해 제정된 평가기준이다.
④ 국제 공통평가기준의 보안목표명세서가 특정 TOE(평가 대상물)를 서술하는 반면, 보호 프로파일은 TOE 유형을 서술한다.

14 다음 중 윈도우의 패스워드를 복구하고자 할 때 이용하는 파일은?

① SAM
② SRM
③ Password
④ Kerml

15 다음에서 설명하는 시스템 관련 보안으로 가장 옳은 것은?

> 시스템은 계정과 패스워드 관리, 권한 관리, 접근 제어 등의 다양한 시스템 관련 보안 기능을 충분히 갖추고도 보안적인 문제가 발생할 수 있는데, 이는 컴퓨터의 하드웨어 또는 소프트웨어의 결함이나 운영체제 설계상의 허점으로 인한 것이다. 이러한 시스템 자체의 결함을 체계적으로 관리하는 통합적인 개념이다.

① 로그 관리
② 세션 관리
③ 패치 관리
④ 취약점 관리

16 IPv4 Class 중에서 멀티캐스트 용도로 사용되는 것은?

① B Class
② C Class
③ D Class
④ E Class

17 유닉스 시스템의 로그 분석에 사용되는 파일과 그에 대한 설명이 옳지 않은 것은?

① xferlog: FTP 서버 운영 시 주고받는 모든 파일을 기록
② loginlog: 실패한 로그인 시도에 대한 정보를 기록
③ utmp: 사용자의 로그인, 로그아웃, 시스템 부팅 등의 정보를 보관
④ secure: 텔넷이나 FTP 등 인증과정을 거치는 모든 로그 정보 기록

18 다음 중 DMZ(Demilitarized Zone) 구간에 위치하고 있으면 안 되는 시스템은?

① 웹 서버
② 디비 서버
③ 네임 서버
④ FTP 서버

19 다음의 OSI 7계층과 이에 대응하는 계층에서 동작하는 〈보기〉의 보안 프로토콜을 바르게 연결한 것은?

㉠ 3계층	㉡ 4계층	㉢ 5계층

〈보 기〉

A. FTP	B. ICMP	C. UDT

	㉠	㉡	㉢
①	A	B	C
②	A	C	B
③	B	C	A
④	B	A	C

20 다음 중 WAP(Wireless Application Protocol)에 대한 설명으로 옳지 않은 것은?

① 무선 인터넷에 직접 접속할 수 있는 통신 규약이다.
② 안전성이 보장되거나 보장되지 않는 무선 데이터그램 망에서 동작한다.
③ 전송 속도가 느린 휴대 전화의 단점을 고려하여 게이트웨이 방식을 채용한다.
④ GSM, TDMA, CDMA 등의 서로 다른 망에서 쓸 수 있는 프로토콜을 정의한다.

21 다음 TCP에 대한 설명 중 옳지 않은 것은?

① 포트 번호를 이용하여 서비스들을 구별하여 제공할 수 있다.
② 3-Way Handshaking을 통해 서비스를 연결 설정한다.
③ 비연결 지향 프로토콜이다.
④ SYN Flooding 공격은 TCP 취약점에 대한 공격이다.

22 다음의 ㉠과 ㉡에 들어갈 말을 바르게 연결한 것은?

> • (㉠)은/는 printf 등의 함수에서 문자열 입력 포맷을 잘못된 형태로 입력하는 경우 나타나는 버그이다.
> • (㉡)은/는 특정 프로그램을 이용하여 네트워크상의 데이터를 몰래 캡처하는 행위를 말한다.

	㉠	㉡
①	포맷 스트링	스니핑
②	버퍼 오버플로우	하이재킹
③	스니핑	버퍼 오버플로우
④	스니핑	스푸핑

23 다음에서 설명하는 블루투스 공격 방법은?

> 블루투스의 취약점을 이용하여 장비의 임의 파일에 접근하는 공격 방법이다. 이 공격 방법은 블루투스 장치끼리 인증 없이 정보를 간편하게 교환하기 위해 개발된 OPP(Obex Push Profile) 기능을 사용하여 공격자가 블루투스 장치로부터 주소록 또는 달력 등의 내용을 요청해 이를 열람하거나 취약한 장치의 파일에 접근하여 공격한다.

① 블루스나프(Bluesnarf)
② 블루프린팅(Blueprinting)
③ 블루버그(Bluebug)
④ 블루재킹(Bluejacking)

24 다음 중 「정보통신기반 보호법」상 주요정보통신기반시설에 대한 설명으로 옳지 않은 것은?

① 주요정보통신기반시설 관리기관의 장은 행안부령이 정하는 바에 따라 정기적으로 소관 주요정보통신시설의 취약점을 분석·평가하여야 한다.
② 중앙행정기관의 장은 소관분야의 정보통신기반시설을 필요한 경우 주요정보통신기반시설로 지정할 수 있다.
③ 지방자치단체의 장이 관리·감독하는 기관의 정보통신기반시설은 행정안전부장관이 지방자치단체의 장과 협의하여 주요정보통신기반시설로 지정한다.
④ 과학기술정보통신부장관과 국가정보원장등은 특정한 정보통신기반시설을 주요정보통신기반시설로 지정할 필요가 있다고 판단하면 중앙행정기관의 장에게 해당 정보통신기반시설을 주요정보통신기반시설로 지정하도록 권고할 수 있다.

25 다음 중 정보보호의 주요 목적에 대한 설명으로 옳지 않은 것은?

① 인증성(Authenticity): 정보 교환에 의해 확실하게 실체의 식별을 하거나 임의의 정보에 접근할 수 있는 객체의 자격이나 내용을 검증하는 데 사용한다.
② 신뢰성(Reliablility): 고객의 신뢰가 상실되지 않도록 의도된 행위에 따른 결과의 일관성을 보장한다.
③ 책임 추적성(Accountability): 시스템은 개체의 활동 상황을 기록하였다가, 추후에 포렌식 분석 등을 활용해 추적하여 침해를 찾아내고 정보 전송 등과 관련한 분쟁을 해결할 수 있어야 한다.
④ 가용성(Availability): 행위나 이벤트의 발생을 증명하여 나중에 행위나 이벤트를 부인할 수 없도록 한다.

군무원 전산직 FINAL 실전 봉투모의고사
제5회 모의고사

전산직

제1과목	국어	제2과목	컴퓨터일반
제3과목	정보보호론	제4과목	

응시번호		성 명	

〈 안내 사항 〉

제5회 모의고사

제1과목: 국어

QR코드 접속을 통해 풀이시간 측정, 자동 채점
그리고 결과 분석까지!

01 다음 〈보기〉의 예에 해당하지 않는 것은?

〈보 기〉

　'노인, 여자'의 경우에서처럼, 첫머리에서 'ㄹ, ㄴ' 음이 제약되어 '로인'이 '노인'으로, '녀자'가 '여자' 등으로 나타나는 것을 두음 법칙이라고 한다.

① 노기(怒氣)
② 논리(論理)
③ 이토(泥土)
④ 약도(略圖)

02 밑줄 친 관형절의 성격이 다른 것은?

① 우리는 급히 학교로 돌아오라는 연락을 받았다.
② 충무공이 만든 거북선은 세계 최초의 철갑선이었다.
③ 우리는 사람이 살지 않는 그 섬에서 하룻밤을 지냈다.
④ 수양버들이 서 있는 돌각담에 올라가 아득히 먼 수평선을 바라본다.

03 다음은 훈민정음의 제자 방법에 대한 설명이다. 이에 대한 예로 옳지 않은 것은?

　훈민정음의 글자를 만드는 방법은 상형을 기본으로 하였다. 초성 글자의 경우 발음기관을 상형의 대상으로 삼아 ㄱ, ㄴ, ㅁ, ㅅ, ㅇ 기본 다섯 글자를 만들고 다른 글자들 중 일부는 '여(厲: 소리의 세기)'를 음성자질(音聲資質)로 삼아 기본 글자에 획을 더하여 만들었는데 이를 가획자라 한다.

① 아음 ㄱ에 획을 더해 가획자 ㅋ을 만들었다.
② 설음 ㄴ에 획을 더해 가획자 ㄷ을 만들었다.
③ 치음 ㅅ에 획을 더해 가획자 ㅈ을 만들었다.
④ 후음 ㅇ에 획을 더해 가획자 ㆁ(옛이응)을 만들었다.

04 다음 중 밑줄 친 단어를 고친 결과가 가장 적절하지 않은 것은?

① 금년에도 S전자는 최근 전 세계 휴대전화 부분(部分) 시장 점유율 1위를 차지한 것으로 조사되었다. → 부문(部門)
② 그는 국왕이 명실상부하게 정치를 주도하는 체계(體系)를 구축하고자 노력하였다. → 체제(體制)
③ 진정한 공동체를 향한 새롭고 진지한 모색(摸索)을 바로 지금부터 시작해야 합니다. → 탐색(探索)
④ 환경 오염은 당면한 현실 문제라고 그가 지적한 것에 대해서는 나 역시 동감(同感)이 갔다. → 공감(共感)

05 다음에 제시된 단어의 의미에 맞게 쓴 문장으로 적절하지 않은 것은?

단어	의미	문장
풀다	모르거나 복잡한 문제 따위를 알아내거나 해결하다.	㉠
	어려운 것을 알기 쉽게 바꾸다.	㉡
	긴장된 분위기나 표정 따위를 부드럽게 하다.	㉢
	금지되거나 제한된 것을 할 수 있도록 터놓다.	㉣

① ㉠: 나는 형이 낸 수수께끼를 풀다가 결국 포기하고 말았다.

② ㉡: 선생님은 난해한 말을 알아들을 수 있게 풀어 설명하셨다.

③ ㉢: 막내도 잘못을 뉘우치니, 아버지도 그만 얼굴을 푸세요.

④ ㉣: 경찰을 풀어서 행방불명자를 백방으로 찾으려 하였다.

06 다음 ㉠, ㉡에 들어갈 말이 바르게 연결된 것은?

A: 가(㉠) 오(㉠) 마음대로 해라.
B: 지난겨울은 몹시 춥(㉡).

	㉠	㉡
①	−든지	−드라
②	−던지	−더라
③	−든지	−더라
④	−던지	−드라

07 다음 중 언어 예절과 어법에 가장 알맞게 발화한 것은?

① (남편의 형에게) 큰아빠, 전화 받으세요.

② 이어서 회장님의 인사 말씀이 계시겠습니다.

③ (직원이 고객에게) 주문하신 상품은 현재 품절이십니다.

④ (관공서에서 손님이 들어올 때) 어서 오십시오. 무엇을 도와 드릴까요?

08 다음 중 ㉠~㉣의 현대어 풀이가 옳지 않은 것은?

> 이 몸 삼기실 제 님을 조차 삼기시니, ㉠ 훈싱 緣연分분이며 하늘 모를 일이런가. ㉡ 나 후나 졈어 잇고 님 후나 날 괴시니, 이 무음 이 스랑 견졸 디 노여 업다. 平평生싱애 願원후요디 훈디 녜쟈 후얏더니, 늙거야 므스 일로 외오 두고 글이는고. 엇그제 님을 뫼셔 廣광寒한殿뎐의 올낫더니, 그 더디 엇디후야 下하界계예 느려오니, ㉢ 올 적의 비슨 머리 얼킈연 디 三삼年년이라. 臙연脂지粉분 잇니마는 눌 위후야 고이 홀고. 무음의 미친 실음 疊텁疊텁이 싸혀 이셔, ㉣ 짓느니 한숨이오 디느니 눈물이라. 人인生싱은 有유限한훈디 시름도 그지업다. 無무心심훈 歲세月월은 믈 흐르듯 후는고야. 炎염凉냥이 째를 아라 가는 듯 고텨 오니, 듯거니 보거니 늣길 일도 하도 할샤.
>
> – 정철, 「사미인곡」

① ㉠: 한평생 인연임을 하늘이 모를 일이던가?

② ㉡: 나는 젊어 있고 임은 너무 괴로워하시니

③ ㉢: 떠나올 적에 빗은 머리가 헝클어진 지 삼 년이구나.

④ ㉣: 짓는 것은 한숨이고, 떨어지는 것은 눈물이구나.

09 다음 글의 상황에 어울리는 한자성어로 적절한 것은?

우리나라 축구 대표팀은 2023 카타르 월드컵에서 놀라운 성과를 거두었다. 월드컵 개최지의 무더운 날씨와 엎친 데 덮친 격으로 개막을 앞두고 주장인 손흥민 선수의 부상으로 16강 진출 가능성이 희박했지만, 우리 대표팀은 더 강도 높은 훈련을 이어가며 경기력 향상에 매진하였고, 조별 경기에서도 최선을 다하는 경기 모습을 보여 주면서 16강 진출이라는 좋은 성적으로 국민들의 찬사와 응원을 받았다.

① 走馬加鞭
② 走馬看山
③ 切齒腐心
④ 見蚊拔劍

10 ㉠~㉣의 고쳐 쓰기로 적절하지 않은 것은?

파놉티콘(panopticon)은 원형 평면의 중심에 감시탑을 설치해 놓고, 주변으로 빙 둘러서 죄수들의 방이 배치된 감시 시스템이다. 감시탑의 내부는 어둡게 되어 있는 반면 죄수들의 방은 밝아 교도관은 죄수를 볼 수 있지만, 죄수는 교도관을 바라볼 수 없다. 죄수가 잘못했을 때 교도관은 잘 보이는 곳에서 처벌을 가한다. 그렇게 수차례의 처벌이 있게 되면 죄수들은 실제로 교도관이 자리에 ㉠ <u>있을</u> 때조차도 언제 처벌을 받을지 모르는 공포감에 의해서 스스로를 감시하게 된다. 이렇게 권력자에 의한 정보 독점 아래 ㉡ <u>다수</u>가 통제된다는 점에서 파놉티콘의 디자인은 과거 사회 구조와 본질적으로 같았다.

현대사회는 다수가 소수의 권력자를 동시에 감시할 수 있는 시놉티콘(synopticon)의 시대가 되었다. 시놉티콘에 가장 크게 기여한 것은 인터넷의 ㉢ <u>동시성</u>이다. 권력자에 대한 비판을 신변 노출 없이 자유롭게 표현할 수 있게 되었기 때문이다. 정보화 시대가 오면서 언론과 통신이 발달했고, ㉣ <u>특정인</u>이 정보를 수용하고 생산하게 되었다. 그로 인해 사회에서 일어나는 일에 대한 비판적 인식 교류와 부정적 현실 고발 등 네티즌의 활동으로 권력자들을 감시하는 전환이 일어났다.

① ㉠을 '없을'로 고친다.
② ㉡을 '소수'로 고친다.
③ ㉢을 '익명성'으로 고친다.
④ ㉣을 '누구나가'로 고친다.

[11~12] 다음 글을 읽고 물음에 답하시오.

언젠가는 하도 갑갑해서 자를 가지고 덤벼들어서 그 키를 한번 재 볼까 했다마는, 우리는 장인님이 내외를 해야 한다고 해서 마주 서 이야기도 한 마디 하는 법 없다. 움물길에서 어쩌다 마주칠 적이면 겨우 눈어림으로 재 보고 하는 것인데, 그럴 적마다 나는 저만침 가서

"제—미, 키두!"

하고 논둑에다 침을 퉤 뱉는다. 아무리 잘 봐야 내 겨드랑(다른 사람보다 좀 크긴 하지만) 밑에서 넘을락 말락 밤낮 요 모양이다. 개, 돼지는 푹푹 크는데 왜 이리도 사람은 안 크는지, 한동안 머리가 아프도록 궁리도 해 보았다. 아하, 물동이를 자꾸 이니까 뼉다귀가 움츠라드나 부다, 하고 내가 넌즛넌즈시 그 물을 대신 길어도 주었다. 뿐만 아니라 나무를 하러 가면 소낭당에 돌을 올려놓고

"점순이의 키 좀 크게 해 줍소사. 그러면 담엔 떡 갖다 놓고 고사 드립죠니까."

하고 치성도 한두 번 드린 것이 아니다. 어떻게 돼먹은 긴지 이래도 막무가내니……

그래 내 어쩌께 싸운 것이 결코 장인님이 밉다든가 해서가 아니다.

모를 붓다가 가만히 생각을 해 보니까 또 승겁다. 이 벼가 자라서 점순이가 먹고 좀 큰다면 모르지만, 그렇지도 못한 걸 내 심어서 뭘 하는 거냐. 해마다 앞으로 축 불거지는 장인님의 아랫배(가 너머 먹은 걸 모르고 내병이라나, 그 배)를 불리기 위하야 심으곤 조곰도 싶지 않다.

"아이구, 배야!"

난 몰 붓다 말고 배를 씨다듬으면서 그대루 논둑으로 기어올랐다. 그리고 겨드랑에 꼈든 벼 담긴 키를 그냥 땅바닥에 털썩 떨어치며 나도 털썩 주저앉았다. 일이 암만 바빠도 나 배 아프면 고만이니까. 아픈 사람이 누가 일을 하느냐. 파릇파릇 돋아 오른 풀 한 숲을 뜯어 들고 다리의 거머리를 쓱쓱 문태며 장인님의 얼굴을 쳐다보았다.

– 김유정, 「봄봄」

11 윗글의 사건 구성 방식에 대한 설명으로 적절한 것은?

① 중심 소재를 통해 사건에 대해 암시하고 있다.
② 사건들이 밀접한 관련성 없이 각각 독립적으로 연결되어 있다.
③ 바깥 이야기 속에 또 다른 이야기가 들어가 있다.
④ 현재의 사건을 진행하면서 과거의 사건을 끌어들이고 있다.

12 다음 중 [A]의 방법으로 윗글을 감상한 것은?

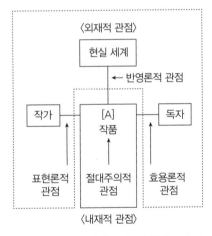

① 배경이 되는 1930년대의 농촌 현실의 모습이 어떠했는가를 반영한다.
② 순박한 인물이 겪는 일련의 사건을 주로 대화와 행동을 통해 전달한다.
③ 독자들은 이 작품을 통해 바른 삶의 자세에 대해 생각해 볼 수 있다.
④ 해학적이고 토속적인 작품을 주로 쓴 작가 김유정의 경향을 잘 드러낸다.

13 다음 작품에서 화자의 처지나 심정을 나타낸 말로 가장 적절한 것은?

어이 못 오던다 므스 일로 못 오던다
너 오는 길 우희 무쇠로 성(城)을 ᄡᅡ고 성(城) 안혜 담 ᄡᅡ고 담 안혜란 집을 짓고 집 안혜란 두지 노코 두지 안혜 궤(櫃)를 노코 궤(櫃) 안혜 너를 결박(結縛)ᄒᆞ여 노코 쌍(雙)비목 외걸새에 용(龍)거북 ᄌᆞ믈쇠로 수기수기 ᄌᆞᆷ 갓더냐 네 어이 그리 아니 오던다
ᄒᆞᆫ 달이 셜흔 날이여니 날 보라 올 ᄒᆞᆯ리 업스랴

① 눈이 가다
② 눈이 맞다
③ 눈이 뒤집히다
④ 눈이 빠지다

14 다음 대화에서 '민재'의 의사소통 방식으로 가장 적절한 것은?

윤수: 요즘 짝꿍이랑 사이가 별로야.
민재: 왜? 무슨 일이 있었어?
윤수: 그 애가 내 일에 자꾸 끼어들어. 사물함 정리부터 내 걸음걸이까지 하나하나 지적하잖아.
민재: 그런 일이 있었구나. 짝꿍한테 그런 말을 해 보지 그랬어.
윤수: 해 봤지. 하지만 그때뿐이야. 아마 나를 자기 동생처럼 여기나 봐.
민재: 나도 그런 적이 있어. 작년의 내 짝꿍도 나한테 무척이나 심했거든. 자꾸 끼어들어서 너무 힘들었어. 네 얘기를 들으니 그때가 다시 생각난다. 그런데 생각을 바꿔 보니 그게 관심이다 싶더라고. 그랬더니 마음이 좀 편해졌어. 그리고 짝꿍과 솔직하게 얘기를 해 봤더니, 그 애도 자신의 잘못된 점을 고치더라고.
윤수: 너도 그랬구나. 나도 생각을 바꾸려고 노력해 보고, 짝꿍하고 진솔한 대화를 나눠 봐야겠어.

① 상대방의 입장을 고려해 용서함으로써 갈등을 해결하고 있다.
② 자신의 경험을 들어 상대방이 해결점을 찾을 수 있도록 돕고 있다.
③ 상대방의 약점을 비판하면서 자신의 장점을 최대한 부각하고 있다.
④ 상대방이 말하는 내용을 경청하면서 그 타당성을 평가하고 있다.

[15~16] 다음 글을 읽고 물음에 답하시오.

(가) '테라포밍'은 지구가 아닌 다른 외계의 천체 환경을 인간이 살 수 있도록 변화시키는 것을 말하는데 현재까지 최적의 후보로 꼽히는 행성은 바로 화성이다. 화성은 육안으로도 붉은 빛이 선명하기에 '火(불 화)' 자를 써서 화성(火星)이라고 부르며, 서양에서는 정열적인 전쟁의 신이기도 한 '마르스'와 함께 '레드 플래닛', 즉 '붉은 행성'으로도 일컬어진다. 화성이 이처럼 붉은 이유는 표면의 토양에 철과 산소의 화합물인 산화철이 많이 포함돼 있기 때문인데, 녹슨 쇠가 붉그스름해지는 것과 같은 원리로 보면 된다. 그렇다면 이런 녹슨 행성인 화성을 왜 '테라포밍' 1순위로 선정했을까? 또한 어떤 과정을 통해서 이 화성을 인간이 살 수 있는 푸른 별로 바꿀 수 있을까?

(나) 영화 「레드 플래닛」을 보면 이런 '테라포밍'의 계획이 잘 나타나 있다. 21세기 초, 자원 고갈과 생태계 오염 등으로 지구의 환경이 점점 악화되자, 화성을 새로운 인류의 터전으로 바꾸기 위해서 이끼 종자를 가득 담은 무인 로켓이 화성으로 발사된다. 이끼가 번식해 화성 표면을 덮으면 그들이 배출하는 산소가 모여 궁극적으로는 인간이 호흡할 수 있는 대기층이 형성되기 때문이다. 그로부터 50여 년 후, 마침내 화성에 도착한 선발대는 희박하기는 하지만 화성의 공기가 사람이 숨 쉴 수 있을 정도로 바뀌었음을 알게 된다.

(다) 그렇다면 영화가 아닌 현실에서 화성을 변화시키는 일은 가능할까? 시간이 걸리고 힘든 일이지만 가능성은 있다. 화성의 극지방에는 '극관'이라고 부르는 드라이 아이스로 추정되는 하얀 막 같은 것이 존재하는데, 이것을 녹여 화성에 공기를 공급한다는 것이다. 극관에 검은 물질을 덮어 햇빛을 잘 흡수하게 만든 후 온도가 상승하면 극관이 자연스럽게 녹을 수 있도록 하는 방법인 것이다. 이 검은 물질을 자기 복제가 가능한 것으로 만들면 소량을 뿌려도 시간이 지나면서 극관 전체를 덮게 될 것이다.

(라) 자기 복제가 가능한 검은 물질이 바로 「레드 플래닛」에 나오는 이끼이다. 유전 공학에 의해 화성처럼 혹독한 환경에서도 성공적으로 번식할 수 있는, 지의류 같은 이끼의 변종을 만들어 내어 화성의 극관 지역에 투하한다. 그들이 뿌리를 내리고 성공적으로 번식할 경우 서서히 태양광선 흡수량이 많아지고 극관은 점점 녹게 될 것이다. 그러나 이런 방법을 택하더라도 인간이 직접 호흡하며 돌아다니게 될 때까지는 최소 몇백 년의 시간이 걸릴 것이다. 지금은 거의 불가능하다고 여겨지는 일들이지만 인류는 언제나 불가능한 일들을 불굴의 의지로 해결해 왔다. 화성 탐사선이 발사되고 반세기가 안 된 오늘날 인류는 화성을 지구 환경으로 만들 꿈을 꾸고 있다. 최소 몇 백 년이 걸릴 수도 있는 이 '테라포밍'도 언젠가는 인류의 도전 앞에 무릎을 꿇게 될 것이 분명하다. 그래서 아주 먼 훗날 우리의 후손들은 화성을 볼 때, 붉게 빛나는 별이 아니라 지구와 같은 초록색으로 반짝이는 화성을 볼 수 있게 될지도 모른다. 그렇다면 그때에는 화성을 '녹성(綠星)' 또는 '초록별'이라 이름을 바꿔 부르게 되지 않을까?

15 (가)~(라)에 대한 설명으로 적절하지 않은 것은?

① (가): 대상의 특성을 설명하고 화제를 제시하고 있다.
② (나): 예를 통해 화제에 대한 이해를 돕고 있다.
③ (다): 화제를 현실화할 수 있는 방법을 제시하고 있다.
④ (라): 귀납을 통해 화제의 실현 가능성을 증명하고 있다.

16 '테라포밍' 계획의 핵심이 되는 최종적인 작업은?

① 화성의 극관을 녹이는 일
② 화성에 대기층을 만드는 일
③ 화성의 온도를 상승시키는 일
④ 극관을 검은 물질로 덮는 일

17 다음 글의 내용과 가장 거리가 먼 것은?

글의 기본 단위가 문장이라면 구어를 통한 의사소통의 기본 단위는 발화이다. 담화에서 화자는 발화를 통해 '명령', '요청', '질문', '제안', '약속', '경고', '축하', '위로', '협박', '칭찬', '비난' 등의 의도를 전달한다. 이때 화자의 의도가 직접적으로 표현된 발화를 직접 발화, 암시적으로 혹은 간접적으로 표현된 발화를 간접 발화라고 한다.

일상 대화에서도 간접 발화는 많이 사용되는데, 그 의미는 맥락에 의존하여 파악된다. '아, 덥다.'라는 발화가 '창문을 열어라.'라는 의미로 파악되는 것이 대표적인 예이다. 방 안이 시원하지 않다는 상황을 고려하여 청자는 창문을 열게 되는 것이다. 이처럼 화자는 상대방이 충분히 그 의미를 파악할 수 있다고 판단될 때 간접 발화를 전략적으로 사용함으로써 의사소통을 원활하게 하기도 한다. 공손하게 표현하고자 할 때도 간접 발화는 유용하다. 남에게 무언가를 요구하려는 경우 직접 발화보다 청유 형식이나 의문 형식의 간접 발화를 사용하면 공손함이 잘 드러나기도 한다.

① 화자는 발화를 통해 다양한 의도를 전달한다.
② 직접 발화는 화자의 의도가 직접적으로 표현된다.
③ 간접 발화의 의미는 언어 사용 맥락에 기대어 파악된다.
④ 간접 발화가 직접 발화보다 화자의 의도를 더 잘 전달한다.

18 〈보기〉를 통해서 알 수 있는 내용으로 가장 적절하지 않은 것은?

─〈보 기〉─

나는 서울에서 고등학교를 다니는 학생이다. 며칠 전 제사가 있어서 대구에 있는 할아버지 댁에 갔다. 제사를 준비하면서 할아버지께서 나에게 심부름을 시키셨는데 사투리가 섞여 있어서 잘 알아들을 수가 없었다. 집으로 돌아올 때 할아버지께서 용돈을 듬뿍 주셔서 기분이 좋았다. 그런데 오늘 어머니께서 할아버지가 주신 용돈 중 일부를 달라고 하셨다. 나는 어머니께 그 용돈으로 '문상'을 다 샀기 때문에 남은 돈이 없다고 말씀드렸다. 어머니께서는 '문상'이 무엇이냐고 물으셨고 나는 '문화상품권'을 줄여서 사용하는 말이라고 말씀드렸다. 학교에서 친구들과 이야기할 때 흔히 사용하는 '컴싸'나 '훈남', '생파' 같은 단어들을 부모님과 대화할 때는 설명을 해드려야 해서 불편할 때가 많다.

① 어휘는 세대에 따라서 달라지기도 한다.
② 어휘는 지역에 따라서 달라지기도 한다.
③ 성별에 따라 사용하는 어휘가 달라지기도 한다.
④ 은어나 유행어는 청소년층이 쓰는 경우가 많다.

19 다음 중 밑줄 친 ㉠을 가장 자연스럽게 고친 것은?

나는 김 군을 만나면 글 이야기도 하고 잡담도 하며 시간을 보내는 때가 많았다. 어느 날 김 군과 저녁을 같이하면서 반찬으로 올라온 깍두기를 화제로 이야기를 나누었다.

깍두기는 조선 정종 때 홍현주(洪顯周)의 부인이 창안해 낸 음식이라고 한다. 궁중의 잔치 때에 각 신하들의 집에서 솜씨를 다투어 일품요리(一品料理)를 한 그릇씩 만들어 올리기로 하였다. 이때 홍현주의 부인이 만들어 올린 것이 그 누구도 처음 구경하는, 바로 이 소박한 음식이었다. 먹어 보니 얼근하고 싱싱하여 맛이 매우 뛰어났다. 그래서 임금이 "그 음식의 이름이 무엇이냐?" 하고 묻자 "이름이 없습니다. 평소에 우연히 무를 깍둑깍둑 썰어서 버무려 봤더니 맛이 그럴듯하기에 이번에 정성껏 만들어 맛보시도록 올리는 것입니다."라고 하였다. "그러면 깍두기라 부르면 되겠구나." 그 후 깍두기가 우리 음식의 한 자리를 차지하여 상에 자주 오르내리게 된 것이 그 유래라고 한다. 그 부인이야말로 참으로 우리 음식을 만들 줄 아는 솜씨 있는 부인이었다고 생각한다.

아마 다른 부인들은 산해진미, 희한하고 값진 재료를 구하기에 애쓰고 주방 주위에서 흔히 볼 수 있는 무·파·마늘은 거들떠보지도 아니했을 것이다. 갖은 양념, 갖은 고명을 쓰기에 애쓰고 소금·고춧가루는 무시했을지도 모른다. 그러나 재료는 가까운 데 있고 허름한 데 있었다. ㉠ 중국 음식의 모방이나 정통 궁중 음식을 본뜨거나 하여 음식을 만들기에 애썼으나 하나도 새로운 것은 없었을 것이다. 더욱이 궁중에 올릴 음식으로 그렇게 막되게 썬, 규범에 없는 음식을 만들려 들지는 아니했을 것이다. 썩둑썩둑 무를 썰면 곱게 채를 치거나 나박김치처럼 납작납작 예쁘게 썰거나 장아찌처럼 갈찍갈찍 썰지, 그렇게 꺽둑꺽둑 막 썰 수는 없다. 고춧가루도 적당히 치는 것이지, 그렇게 시뻘겋게 막 버무리는 것을 보면 질색을 했을 것이다. 그 점에 있어서 깍두기는 무법이요, 창의적인 대담한 파격이다.

① 중국 음식을 모방하고 정통 궁중 음식을 본뜨거나 하여
② 중국 음식을 모방하거나 정통 궁중 음식을 본뜨거나 하여
③ 중국 음식의 모방과 정통 궁중 음식을 본뜨거나 하여
④ 중국 음식의 모방이나 정통 궁중 음식을 본떠

20 다음 중 ㉠의 발상 및 표현과 가장 거리가 먼 것은?

나는 이제 너에게도 슬픔을 주겠다
㉠ 사랑보다 소중한 슬픔을 주겠다
겨울밤 거리에서 귤 몇 개 놓고
살아온 추위와 떨고 있는 할머니에게
귤값을 깎으면서 기뻐하던 너를 위하여
나는 슬픔의 평등한 얼굴을 보여 주겠다
내가 어둠 속에서 너를 부를 때
단 한 번도 평등하게 웃어 주질 않은
가마니에 덮인 동사자(凍死者)가 다시 얼어 죽을 때
가마니 한 장조차 덮어 주지 않은
무관심한 너의 사랑을 위해
흘릴 줄 모르는 너의 눈물을 위해
나는 이제 너에게도 기다림을 주겠다
이 세상에 내리던 함박눈을 멈추겠다
보리밭에 내리던 봄눈들을 데리고
추워 떠는 사람들의 슬픔에게 다녀와서
눈 그친 눈길을 너와 함께 걷겠다
슬픔의 힘에 대한 이야길 하며
기다림의 슬픔까지 걸어가겠다

– 정호승, 「슬픔이 기쁨에게」

① 내 마음은 호수요.
 그대 노저어 오오.

– 김동명, 「내 마음은」

② 죽음은 이렇듯 미움보다도, 사랑보다도
 더 너그러운 것이다.

– 구상, 「초토의 시」

③ 님이여, 당신은 의(義)가 무거웁고 황금(黃金)이 가벼운 것을 잘 아십니다.

– 한용운, 「찬송」

④ 향기로운 주검의 내도 풍기리
 살아서 섧던 주검 죽었으매 이내 안 서럽고

– 박두진, 「묘지송」

21 다음 글의 설명 방식에 대한 설명으로 옳은 것은?

> 멕시코의 환경 운동가로 유명한 가브리엘 과드리는 1960년대 이후 중앙아메리카 숲의 25% 이상이 목초지 조성을 위해 벌채되었으며 1970년대 말에는 중앙아메리카 전체 농토의 2/3가 축산 단지로 점유되었다고 주장했다. 실제로 1987년 이후로도 멕시코에만 1,497만 3,900ha의 열대 우림이 파괴되었는데, 이렇게 중앙아메리카의 열대림을 희생하면서까지 생산된 소고기는 주로 유럽과 미국으로 수출되었다. 그렇지만 이 소고기들은 지방분이 적고 미국인의 입맛에 그다지 맞지 않아 대부분 햄버거의 재료로 사용되었다.

① 통계 수치를 활용하여 논거의 타당성을 높이고 있다.
② 예상되는 반론을 제기한 후 논거를 제시하고 있다.
③ 서로 상반된 주장에 대해 구체적인 근거를 제시하고 있다.
④ 전문 용어의 뜻을 쉽게 풀이하여 독자의 이해를 돕고 있다.

22 〈보기〉는 국어 단모음 체계의 변화를 보여 주고 있다. 〈보기〉에 대한 설명으로 적절하지 않은 것은?

① 모음들이 연쇄적으로 조음 위치의 변화를 겪는 현상이 발견된다.
② 단모음의 개수는 점차 늘어난 것으로 보인다.
③ 모음 중에서 음소 자체가 소멸된 것이 있다.
④ 일부 이중모음의 단모음화가 발견된다.

23 〈보기〉의 ㉠~㉣에 대한 다음 설명 중 가장 적절하지 않은 것은?

〈보 기〉
㉠ 부엌+일 → [부엉닐]
㉡ 콧+날 → [콘날]
㉢ 앉+고 → [안꼬]
㉣ 훑+는 → [훌른]

① ㉠, ㉡: '맞+불 → [맏뿔]'에서처럼 음절 끝에 올 수 있는 자음이 제한되어 있기 때문에 일어난 음운 변동이 있다.
② ㉠, ㉡, ㉣: '있+니 → [인니]'에서처럼 인접하는 자음과 조음 방법이 같아진 음운 변동이 있다.
③ ㉢: '앓+고 → [알코]'에서처럼 자음이 축약된 음운변동이 있다.
④ ㉢, ㉣: '몫+도 → [목또]'에서처럼 음절 끝에 둘 이상의 자음이 오지 못하기 때문에 일어난 음운 변동이 있다.

24 다음 중 단어의 의미 관계가 '넉넉하다 : 푼푼하다'와 같은 것은?

① 출발 : 도착
② 늙다 : 젊다
③ 괭이잠 : 노루잠
④ 느슨하다 : 팽팽하다

25 다음 글에 대한 이해로 적절하지 않은 것은?

"워싱턴 : 1=링컨 : x (단, x는 1, 5, 16, 20 가운데 하나)"라는 유추 문제를 가정해 보자. 심리학자 스턴버그는 유추 문제의 해결 과정을 다음과 같이 제시하였다. 첫 번째, '부호화'는 유추 문제의 각 항들이 어떠한 의미인지 파악하는 과정이다. '워싱턴', '1', '링컨' 등의 단어가 무슨 뜻인지 이해하는 것이 부호화이다. 두 번째, '추리'는 앞의 두 항이 어떠한 연관성을 갖는지 규칙을 찾는 과정이다. 조지 워싱턴이 미국의 초대 대통령이라는 지식을 갖고 있는 사람이라면, '워싱턴'과 숫자 '1'로부터 연관성을 찾아낼 수 있을 것이다. 세 번째, '대응'은 유추의 근거 영역의 요소들과 대상 영역의 요소들을 연결하는 단계이다. '워싱턴'과 '링컨'을 연결하고, 숫자 '1'과 미지항 x를 연결하는 과정이 이에 해당한다. 네 번째, '적용'은 자신이 찾아낸 규칙을 대상 영역에 적용하는 과정이다. 조지 워싱턴이 미국의 초대 대통령이며 아브라함 링컨이 미국의 열여섯 번째 대통령임을 안다면, 적용의 단계에서 미지항 x의 답이 '16'이라고 생각할 것이다. 다섯 번째, '비교'는 자신이 찾아낸 미지항 x의 값과 다른 선택지들을 비교하는 과정이다. 만약 '16'을 답으로 찾은 사람에게 조지 워싱턴이 1달러 지폐의 인물이고 아브라함 링컨이 5달러 지폐의 인물이라는 정보가 있다면, 정답의 가능성이 있는 두 개의 선택지 사이에서 비교를 진행하게 될 것이다. 여섯 번째, '정당화'는 비교의 결과 더 적합하다고 생각되는 답을 선택하는 과정이며, 마지막으로 '반응'은 자신이 찾아낸 최종적인 결론을 말하거나 기록하는 과정이다.

① '워싱턴'이 미국의 도시 이름이라는 정보만 갖고 있는 사람이라면, '추리'의 단계에서 실패할 것이다.
② '링컨'이 몇 번째 대통령인지에 대한 정보와 미국의 화폐에 대한 정보가 없는 사람이라면, '대응'의 단계에서 실패할 것이다.
③ 미국의 화폐에 대한 정보는 갖고 있지만 미국 역대 대통령의 순서에 대한 정보가 없는 사람이라면, '적용'의 단계에서 '5'를 선택할 것이다.
④ 'x'에 들어갈 수 있는 답으로 '5'와 '16'을 찾아낸 사람이라면, 'x는 순서를 나타낸다'라는 새로운 기준을 제시했을 때 '정당화'의 단계에서 '16'을 선택할 것이다.

01 운영체제의 발달 과정 순서를 나열한 것으로 가장 옳은 것은?

① 시분할 시스템 → 일괄처리 시스템 → 분산처리 시스템 → 다중모드 시스템

② 시분할 시스템 → 분산처리 시스템 → 일괄처리 시스템→ 다중모드 시스템

③ 일괄처리 시스템 → 다중모드 시스템→ 시분할 시스템 → 분산처리 시스템

④ 일괄처리 시스템 → 시분할 시스템 → 다중모드 시스템 → 분산처리 시스템

02 응용 계층과 관련한 프로토콜로 ㉠과 ㉡에 들어갈 용어를 바르게 연결한 것은?

- (㉠)는 인터넷 메일 서버에서 인터넷 메일을 주고 받기 위해 사용하는 프로토콜이다.
- (㉡)는 도메인 네임을 IP 주소로 변환해 주는 프로토콜이다.

	㉠	㉡
①	IMAP	SNMP
②	DNS	FTP
③	MIME	DNS
④	SMTP	DHCP

03 CPU 내의 레지스터에 대한 설명을 바르게 연결한 것은?

㉠ 주기억장치에서 인출한 명령어를 저장하는 레지스터
㉡ 연산 과정의 데이터를 일시적으로 저장하는 레지스터
㉢ 다음에 인출될 명령어의 주소를 보관하는 레지스터
㉣ 메모리에 CPU가 데이터를 저장하거나 읽을 때 필요한 메모리 주소를 저장하는 레지스터
㉤ 기억장치에 저장될 데이터 혹은 기억장치로부터 읽힌 데이터가 일시적으로 저장되는 버퍼 레지스터

	PC	AC	MBR	IR
①	㉠	㉡	㉤	㉣
②	㉡	㉠	㉢	㉤
③	㉢	㉡	㉤	㉠
④	㉢	㉠	㉣	㉡

04 다음 중 RAID에 대한 설명으로 옳지 않은 것은?

① RAID-3은 데이터를 비트(Bit) 단위로 여러 디스크에 분할하여 저장하며, 별도의 패리티 디스크를 사용한다.

② 여러 하드디스크를 모아 하나의 논리 디스크로 만들 수 있다.

③ RAID-5는 패리티 블록들을 여러 디스크에 분산 저장하는 방식이며, 단일 오류 검출 및 교정이 가능하다.

④ RAID는 물리적인 하나의 디스크를 용량에 따라 여러 개의 논리적 하드디스크 드라이브로 분할하는 것을 의미한다.

05 다음 중 큐(Queue) 자료 구조에 대한 설명으로 옳지 않은 것은?

① 먼저 들어온 자료를 먼저 처리하는 데에 적합한 구조이다.

② 데이터를 넣는 위치는 앞(Front)이고, 데이터를 꺼내는 위치는 뒤(Rear)인 선형 리스트이다.

③ 컴퓨터 시스템에서 다중 프로그래밍의 운영체제가 대기하고 있는 프로그램들에게 처리기를 할당할 때 적용된다.

④ 배열(Array)이나 연결 리스트(Linked List)를 이용해서 큐를 구현할 수 있다.

06 다음 〈보기〉에서 설명하는 시스템으로 옳은 것은?

─────〈보 기〉─────

• 관계형 데이터베이스의 한계를 벗어나, Web 2.0의 비정형 초고용량 데이터 처리를 다수 서버들의 데이터 복제 및 분산 저장이 가능한 데이터베이스 관리 시스템이다.
• 데이터의 읽기보다 쓰기에 중점을 둔, 수평적 확장이 가능한 데이터베이스 관리 시스템이다.
• Google, Yahoo, Twitter, Facebook 등 대형 인터넷 포털 업체들이 주로 채택하고 있다.

① NoSQL
② RDBMS
③ SQL
④ MSSQL

07 다음 중 무선 LAN 기술에 대한 설명으로 옳지 않은 것은?

① 블루투스(Bluetooth)는 서로 다른 기능을 가진 다양한 기기 간에 무선으로 데이터 통신을 할 수 있도록 만든 기술이다.

② NFC는 약 10cm 정도의 가까운 거리에서 장치 간에 양방향 무선 통신을 가능하게 해주는 기술이다.

③ RFID는 무선 주파수를 이용하여 접촉하지 않아도 인식이 가능한 기술이다.

④ 지그비(Zigbee)는 저전력, 저비용, 저속도와 2.4GHz를 기반으로 하는 홈 자동화 및 데이터 전송을 위한 무선 네트워크 규격으로, 반경 1km 내에서 데이터 전송이 가능하다.

08 다음의 반복 제어문의 결과로 Sum 변수에 저장되는 값은?

```
Counter = 0
Sum = 0
Do while Counter <= 3
Counter = Counter + 1
Sum = Sum + Counter
Loop
```

① 3
② 6
③ 9
④ 10

09 300개의 노드로 이진 트리를 생성하고자 할 때, 생성 가능한 이진 트리의 최대 높이와 최소 높이를 바르게 구한 것은? (단, 1개의 노드로 생성된 이진 트리의 높이는 1이다.)

	최대 높이	최소 높이
①	299	8
②	299	9
③	300	8
④	300	9

10 다음에서 전위표기(Prefix) 방식의 수식을 후위표기(Postfix) 방식으로 나타낸 것은? (단, B↑C는 B의 C제곱을 말한다.)

+*/A↑BCDE

① ABC↑/D*E+
② AB↑C/D*E+
③ A↑BC/D*↑E+
④ ABCD↑/*E+

11 LOC 기법에 의해 예측된 총 라인 수가 50,000라인일 경우 개발에 투입될 프로그래머의 수가 20명이라고 하자. 프로그래머들의 평균 생산성이 월당 500라인일 때 개발에 소요되는 시간은?

① 8개월
② 6개월
③ 5개월
④ 4개월

12 다음은 폭포수 모델에서 제시하는 소프트웨어 개발 단계 중 일부에 대한 설명이다. 제시된 소프트웨어 개발 단계의 순서로 옳은 것은?

> ㉠ 시스템 구조, 프로그램, 인터페이스를 설계한다.
> ㉡ 소프트웨어를 이용하면서 문제점을 수정하거나 새로운 기능을 추가한다.
> ㉢ 요구한 대로 소프트웨어가 적합하게 작동하는지 확인한다.
> ㉣ 사용자의 요구사항을 파악한다.

① ㉠ → ㉡ → ㉢ → ㉣
② ㉠ → ㉣ → ㉡ → ㉢
③ ㉣ → ㉠ → ㉢ → ㉡
④ ㉣ → ㉢ → ㉡ → ㉠

13 다음 인터넷 응용서비스 중 가상 터미널(Virtual Terminal) 기능을 갖는 것은?

① FTP
② Telnet
③ Gopher
④ Archie

14 다음 설명에 해당하는 언어는?

- 요구 분석, 시스템 설계 및 구현 등의 시스템 개발 과정에서 개발자 간 의사소통을 원활하게 하기 위하여 표준화한 통합 모델링 언어이다.
- 시스템 개발자가 구축하고자 하는 소프트웨어를 코딩하기에 앞서 표준화되고, 이해하기 쉬운 방법으로 소프트웨어를 설계한다.
- 가시화 언어로 개념 모델 작성 시 오류가 적고, 의사소통을 쉽게 하는 그래픽 언어이다.
- 문서화 언어로 시스템에 대한 평가, 통제, 의사소통의 문서화(요구사항, 아키텍처 설계, 소스코드, 프로젝트 계획, Test 등)가 가능하다.

① HTML
② XML
③ JSP
④ UML

15 다음 중 전송 오류 검출 방식이 아닌 것은?

① CRC 방식
② CSMA/CD 방식
③ 패리티 검사 방식
④ 정마크 부호 방식

16 HTML 문서의 기본 구조에 대한 설명으로 옳지 않은 것은?

```
〈HTML〉
  〈head〉
  〈/head〉
  〈body〉
  〈/body〉
〈/HTML〉
```

① 〈HTML〉은 HTML 문서의 시작을 알린다.
② html은 반드시 대소문자를 구별한다.
③ 〈body〉에는 본문이 들어가고 각종 태그를 포함할 수 있다.
④ 〈head〉〈/head〉 안에 〈TITLE〉은 문서 제목이 들어갈 수 있다.

17 입 · 출력 제어 방식 중 DMA(Direct Memory Access) 방식에 대한 설명으로 옳은 것은?

① 입출력장치와 기억장치 간에 직접 데이터를 주고받는다.
② 중앙처리장치의 많은 간섭을 받는다.
③ 입출력을 제어하는 방식 중 가장 원시적인 방법이다.
④ 프로그램에 의한 방법과 인터럽트에 의한 방법을 갖고 있다.

18 자료의 수가 2,048개인 경우 2진 검색을 하였을 때 최대 비교횟수는?

① 10회
② 11회
③ 12회
④ 13회

19 다음 중 호스트나 라우터의 오류 상태를 통지하거나 예상치 못한 상황에 대한 정보를 제공할 수 있게 하는 인터넷 프로토콜로 옳은 것은?

① ICMP   ② ARP

③ RARP   ④ IP

20 최대 힙 트리(Heap Tree)로 옳은 것은?

①

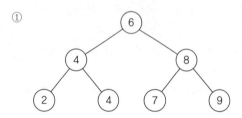

②

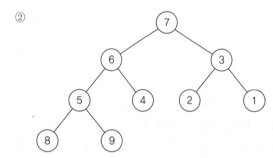

③

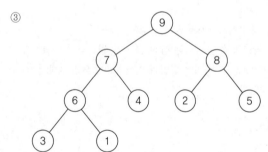

④

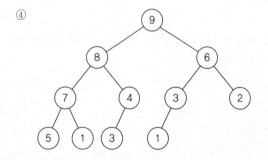

21 통신 프로토콜에 대한 설명으로 옳은 것은?

① MIME(Multipurpose Internet Mail Extensions)는 인터넷상에서 디지털 오디오 및 비디오 신호를 실시간으로 전달하기 위한 전송 계층 프로토콜이다.

② TFTP(Trivial File Transfer Protocol)는 안전한 파일 전송을 위하여 인증과 TCP를 필수 구성 요소로 한다.

③ TELNET은 가상 터미널 연결을 위한 응용 계층 프로토콜로 텍스트 기반 양방향 통신 기능을 제공한다.

④ DHCP(Dynamic Host Configuration Protocol)는 호스트의 인터넷 도메인명을 IP 주소로 변환시켜 준다.

22 유닉스 파일 시스템에 대한 설명으로 가장 옳지 않은 것은?

① 데이터 블록은 디렉토리별 디렉토리 엔트리와 실제 파일에 대한 데이터가 저장된 블록이다.

② 슈퍼 블록은 전체 블록의 수, 블록의 크기, 사용 중인 블록의 수 등 파일 시스템의 정보를 가지고 있다.

③ 아이노드는 파일의 이름, 크기, 소유자, 접근 권한 등 각종 속성 정보를 가지고 있다.

④ 부트 블록은 유닉스 커널을 적재시키기 위한 프로그램을 저장한다.

23 전화번호의 마지막 네 자리를 3으로 나눈 나머지를 해싱(Hashing)하여 데이터베이스에 저장하고자 한다. 나머지 셋과 다른 저장 장소에 저장되는 것은?

① 010-6842-8259
② 010-3691-4276
③ 010-4507-3345
④ 010-7180-6822

24 다음 자바 프로그램 실행 시 출력되는 문자가 아닌 것은?

```
class ExceptionTest
{
  ExceptionTest() {
    try {
      method();
      System.out.println(" A ");
  }catch(Exception e ) {
    System.out.println(" B ");
  }finally {
    System.out.println(" C ");
  }
  System.out.println(" D ");
}
void method() { }
    public static void main(String[] args) {
    ExceptionTest t = new ExceptionTest();
  }
}
```

① A
② B
③ C
④ D

25 빅데이터에 대한 설명으로 옳지 않은 것은?

① 빅데이터의 특성을 나타내는 3V는 규모(Volume), 속도(Velocity), 가상화(Virtualization)를 의미한다.
② 빅데이터는 그림, 영상 등의 비정형 데이터를 포함한다.
③ 자연어 처리는 빅데이터의 분석 기술 중 하나이다.
④ 시각화(visualization)는 데이터 분석 결과를 쉽게 이해할 수 있도록 표현하는 기술이다.

제3과목: 정보보호론

QR코드 접속을 통해 풀이시간 측정, 자동 채점 그리고 결과 분석까지!

01 QR 코드에 대한 설명으로 옳지 않은 것은?

① 사진 및 동영상 등의 정보를 담을 수 있다.
② 오류 정정(Error Correction) 기능을 갖고 있다.
③ 보통 디지털 카메라나 전용 스캐너로 읽어 활용한다.
④ 단방향의 구조로 숫자나 문자를 저장한다.

02 다음 중에서 메시지 인증 코드(MAC; Message Authentication Code)를 이용한 메시지 인증 방법에 대한 설명으로 옳지 않은 것은?

① 메시지와 비밀키를 입력받아 메시지 인증 코드를 생성한다.
② 메시지의 출처를 확신할 수 있다.
③ 메시지의 무결성을 증명할 수 없다.
④ 메시지의 복제 여부를 판별할 수 없다.

03 다음에서 설명하는 공격으로 옳은 것은?

- 이 공격은 게시판의 글에 원본과 함께 악성코드를 삽입하여 공격하고, 클라이언트 정보를 유출한다. 또한, 입력받은 데이터를 필터링하지 않는다.
- 검증되지 않는 외부 입력값에 의해 웹 브라우저에서 악의적인 코드가 실행된다.

① 게시판 업로드 공격
② XSS(Cross Site Scripting) 공격
③ SQL 인젝션 공격
④ 쿠키/세션 위조 공격

04 다음 중 정보 은닉 기술에 대한 설명으로 옳지 않은 것은?

① 스테가노그래피(Steganography): 비밀 데이터를 기존의 이미지 파일이나 음악 파일, 동영상 파일 등의 일부에 잘 보이지 않게 숨겨서 전달하는 기술로, 암호화보다 공간 효율성이 낮다.
② 워터마킹(Watermarking): 원본의 내용을 왜곡하지 않는 범위 내에서 사용자가 인식하지 못하도록 저작권 정보를 디지털 콘텐츠에 삽입하는 기술이다.
③ 핑거프린팅(Fingerprinting): 디지털 콘텐츠를 구매할 때 구매자의 정보를 삽입하여 불법 배포 발견 시 최초의 배포자를 추적할 수 있게 하는 기술이다.
④ DRM(Digital Rights Management): 디지털 콘텐츠의 저작권을 보호하기 위한 기술로, DVD와 다운로드된 음원, 유료 소프트웨어 등에 적용되어 콘텐츠의 불법적인 복제나 허가받지 않은 기기에서의 콘텐츠 사용을 방지한다.

05 다음 중 블록 암호 알고리즘의 운영 모드로 옳지 않은 것은?

① ECB(Electronic Code Book)
② CBC(Cipher Block Chaining)
③ CFB(Cipher Feedback)
④ ECC(Error Correction Code)

06 다음의 설명에 해당하는 접근 통제 모델을 바르게 짝 지은 것은?

> ㉠ 권한을 직접 사용자에게 부여하는 대신 역할에 권한을 부여하고, 사용자들에게 적절한 역할을 할당하는 접근 통제 모델
> ㉡ 비군사조직에 있어서 무결성을 더 중요시하였으며 No Read Down과 No Write Up의 통제 정책을 갖는 접근 통제 모델
> ㉢ 군대의 보안 등급처럼 그 정보의 기밀성에 따라 상하 관계가 구분된 정보를 보호하기 위한 접근 통제 모델

① • ㉠: 역할 기반 접근 통제 모델
　• ㉡: 비바 모델
　• ㉢: 벨-라파듈라 모델
② • ㉠: 임의적 접근 통제 모델
　• ㉡: 클락-윌슨 모델
　• ㉢: 비바 모델
③ • ㉠: 역할 기반 접근 통제 모델
　• ㉡: 만리장성 모델
　• ㉢: 비바 모델
④ • ㉠: 임의적 접근 통제 모델
　• ㉡: 비바 모델
　• ㉢: 벨-라파듈라 모델

07 다음 중 SPN 구조와 Feistel 구조에 대한 설명으로 옳지 않은 것은?

① Feistel 구조는 평문 두 개의 블록으로 나누어 배타적 논리합과 라운드를 가진다.
② Feistel 구조는 전형적인 라운드 함수로 16라운드를 거친다.
③ SPN 구조는 역변환 함수에 제약이 없다.
④ SPN 구조는 S-BOX와 P-BOX를 사용한다.

08 다음의 보안 공격 중 적극적 보안 공격의 종류가 아닌 것은?

① 신분 위장(Masquerade): 하나의 실체가 다른 실체로 행세를 한다.
② 재전송(Replay): 데이터를 획득하여 비인가된 효과를 얻기 위하여 재전송한다.
③ 메시지 내용 공개(Release of Message Contents): 전화 통화, 전자 우편 메시지, 전송 파일 등에 기밀 정보가 포함되어 있으므로 공격자가 전송 내용을 탐지하지 못하도록 예방해야 한다.
④ 서비스 거부(Denial of Service): 통신 설비가 정상적으로 사용 및 관리되지 못하게 방해한다.

09 다음 중 DRDoS(Distributed Reflection DoS) 공격에 대한 설명으로 옳지 않은 것은?

① BGP의 취약성, TCP 3 Way Handshake의 취약점을 이용한 공격 기법이다.
② 네트워크 서비스를 비롯하여 로컬 호스트에서 지원하는 모든 서비스까지 비정상적으로 동작한다.
③ 공격자의 IP를 스푸핑(Spoofing)하여 전송하므로 대규모 네트워크가 필요하지 않다.
④ 일반 DDoS 공격에 비해 적은 PC로 공격 트래픽 양을 증가시킬 수 있다.

10 다음 중 「전자서명법」상 용어의 설명으로 옳지 않은 것은?

① "전자서명"이란 서명자의 신원과 서명자가 해당 전자문서에 서명하였다는 사실을 나타내는 데 이용하기 위하여 전자문서에 첨부되거나 논리적으로 결합된 전자적 형태의 정보를 말한다.

② "전자문서"란 전자서명생성정보가 가입자에게 유일하게 속한다는 사실 등을 확인하고 이를 증명하는 전자적 정보를 말한다.

③ "가입자"란 전자서명생성정보에 대하여 전자서명인증사업자로부터 전자서명인증을 받은 자를 말한다.

④ "이용자"란 전자서명인증사업자가 제공하는 전자서명인증서비스를 이용하는 자를 말한다.

11 블록 암호의 운영모드 중 암호 블록 연쇄 모드(CBC)에 대한 설명으로 옳지 않은 것은?

① 초기벡터가 필요하며, 암호화에서는 병렬처리를 할 수 없다.

② 평문 블록의 오류가 다른 평문 블록의 암호 결과에 영향을 미치는 오류 전이가 발생한다.

③ 암호화와 마찬가지로 복호화에서는 병렬화가 불가능하다.

④ 내부적으로 1씩 증가하는 카운터(Counter)가 필요하다.

12 〈보기 1〉의 암호 공격 방식과 〈보기 2〉의 설명의 연결이 옳지 않은 것은?

┌─────────〈보기 1〉─────────┐
㉠ 암호문 단독 공격(COA)
㉡ 기지 평문 공격(KPA)
㉢ 선택 평문 공격(CPA)
㉣ 선택 암호문 공격(CCA)
└─────────────────────────┘

┌─────────〈보기 2〉─────────┐
ⓐ 암호문만을 가지고 평문이나 키를 찾아내는 방법으로 평문의 특성 등을 추정하여 해독하는 방법

ⓑ 약간의 평문에 대응하는 암호문을 알고 있는 상태에서 암호문과 평문의 관계로부터 키나 평문을 추정하여 암호를 해독하는 방법

ⓒ 공격자가 암호기에 접근할 수 있어 평문을 선택하여 그 평문에 해당하는 암호문을 얻어 키나 평문을 추정하여 암호를 해독하는 방법

ⓓ 공격자가 평문과 대응하는 암호문을 알고, 이에 대응하는 평문을 추론하는 방법
└─────────────────────────┘

① ㉠ - ⓐ

② ㉡ - ⓑ

③ ㉢ - ⓒ

④ ㉣ - ⓓ

13 다음 〈보기〉에서 설명하는 보안 솔루션은?

〈보 기〉
- 보안 관리를 전사적인 차원에서 일관된 정책을 가지고 통합적으로 관제 및 운영·관리함으로써, 보안관리 업무의 효율화와 보안성 향상을 극대화시킬 목적으로 사용되는 '통합보안관리' 체계이다.
- 보안사고를 원인으로 하는 정보시스템의 침해사고 예방 및 신속한 식별과 조치가 가능하다.
- 최소화된 보안관리 인력으로 체계적인 유지 및 관리를 추구한다.
- 보안 관리를 위하여 투입되는 인력, 비용, 시간이 절감된다.

① IDS(Intrusion Detection System)
② NAC(Network Access Control)
③ UTM(Unified Threat Management)
④ ESM(Enterprise Security Management)

14 비즈니스 연속성 계획(BCP)에 대한 설명으로 옳지 않은 것은?

① 비즈니스의 연속성을 유지하기 위한 일련의 계획과 절차이다.
② 재난복구서비스인 웜 사이트(Warm Site)는 콜드 사이트(Cold Site)에 비해 구축 및 유지비용이 높다.
③ BIA는 조직의 필요성에 의거하여 시스템의 중요성을 식별한다.
④ DRP는 최대허용중단시간(Maximum Tolerable Downtime)을 산정한다.

15 다음 중에서 외부에서 서버 계정에 접근할 때 한 번만 사용할 수 있는 패스워드는?

① HMAC
② OTP
③ 솔트(Salt)
④ 스트레칭(Streching)

16 다음 중 침입 방지 시스템(IPS)에 대한 설명으로 옳지 않은 것은?

① 공격에 대한 탐지만을 하는 침입 탐지 시스템의 한계성을 극복한 보안 시스템이다.
② 네트워크에서 탐지하지 못하는 알려지지 않은 공격까지도 방어할 수 있는 실시간 침입 방지 시스템으로, 운영체제 레벨에서 실시간 탐지와 방어 기능을 제공한다.
③ 분산 서비스 거부(DDoS) 공격 등의 비정상적인 이상 신호를 발견하면 즉시 인공지능적으로 적절한 조치를 취한다.
④ 기존의 방화벽이 탐지할 수 없는 모든 종류의 악의적인 네트워크 패킷 및 공격 시스템을 탐지한다.

17 디지털 포렌식 수행 절차를 바르게 나열한 것은?

- ㉠ 보고서 작성
- ㉡ 사전 준비
- ㉢ 포장 및 이송
- ㉣ 증거 수집
- ㉤ 조사 분석
- ㉥ 정밀 검토

① ㉠ - ㉣ - ㉢ - ㉤ - ㉥ - ㉡
② ㉡ - ㉣ - ㉤ - ㉢ - ㉥ - ㉠
③ ㉡ - ㉠ - ㉣ - ㉢ - ㉤ - ㉥
④ ㉡ - ㉣ - ㉢ - ㉤ - ㉥ - ㉠

18 다음 중 버퍼 오버플로우의 대응책으로 옳지 않은 것은?

① 버퍼 오버플로우의 취약점이 생기지 않도록 보안 패치를 항상 최신으로 유지한다.

② 문자 길이를 검사하지 않는 함수를 사용하지 않고, 안전한 프로그래밍을 한다.

③ 함수로부터 복귀할 때 스택의 무결성(Intergrity)을 검사한다.

④ 사용자의 스택 또는 힙 영역의 쓰기 및 실행 권한을 준다.

19 트로이 목마의 기능 중 CDC의 해킹 그룹에서 만든 해킹 도구로 서버 프로그램의 접속 패스워드를 설정할 수 있는 것은?

① NetBus

② Back Orifice

③ School Bus

④ Ackcmd

20 다음에서 설명하는 검사 방법은?

- 임의로 발생시킨 데이터를 프로그램의 입력으로 사용하여 소프트웨어의 안전성 및 취약성 등을 검사하는 방법이다.
- 소프트웨어를 테스트하는 방법 중 하나로, 난수를 발생시켜서 대상 시스템에 대한 결함이 발생하는 입력을 주입한다.

① 퍼징(Fuzzing)

② 정규화(Canonicalization)

③ 리버스 엔지니어링(Reverse Engineering)

④ 소프트웨어 프로토타이핑(Software Prototyping)

21 CSRF(Cross Site Request Forgery)에 대한 설명으로 옳지 않은 것은?

① 취약한 웹 사이트에 로그인한 사용자가 자신의 의지와는 무관하게 공격자가 의도한 등록, 수정, 삭제 등의 행위를 하게 된다.

② 사용자의 웹 브라우저가 웹 응용 프로그램에 공격자의 위조된 HTTP 요청을 강제 전송하여 공격한다.

③ 서버와 클라이언트에 각각 잘못된 시퀀스 넘버를 사용하여 연결된 세션에 혼란을 줌으로써 공격자가 서버와의 연결을 획득한다.

④ 특정 웹 사이트가 사용자의 웹 브라우저를 신용하는 상태를 악용하는 방법으로, 동기화된 토큰 패턴을 통해 방어할 수 있다.

22 NAT(Network Address Translation)에 대한 설명으로 옳지 않은 것은?

① 사용자에게 투명성을 제공함으로써 처리 속도가 빠르다.

② 외부 컴퓨터에서 사설 IP를 사용하는 호스트에 대한 접근이 어려워 내부 네트워크를 보호할 수 있는 장점이 있다.

③ 사설 IP 주소를 공인 IP 주소로 바꿔주는 데 사용하는 통신망의 주소 변환 기술이다.

④ 한정된 공인 IP 주소 부족 문제의 해결이 가능하다.

23 다음 중 정보통신망의 안전성 확보 및 이용자의 정보보호, 정보통신망연결기기 등 관련 침해사고의 대응에 대한 설명으로 옳지 않은 것은?

① 정보통신서비스 제공자에 해당하는 자는 정보통신서비스의 제공에 사용되는 정보통신망의 안정성 및 정보의 신뢰성을 확보하기 위한 보호조치를 하여야 한다.

② 정보보호지침에는 정보통신망연결기기 등의 정보보호를 위한 기술적 보호조치 등의 사항이 포함되어야 한다.

③ 정부는 이용자의 정보보호에 따른 조치에 관한 업무를 과학기술정보통신부장관 또는 대통령령으로 정하는 전문기관에 위탁할 수 있다.

④ 과학기술정보통신부장관은 정보통신망연결기기 등과 관련된 침해사고가 발생하여 국민의 생명·신체 또는 재산에 위험을 초래할 가능성이 있는 경우 관계 중앙행정기관의 장에게 침해사고의 원인 분석에 따른 취약점 점검, 기술 지원 등의 조치를 하도록 요청할 수 있다.

24 다음 중 위험 분석 방법론과 그에 대한 설명으로 연결이 옳지 않은 것은?

① 수학공식 접근법 – 위험 발생 빈도를 계산하는 식을 이용하여 계량화하는 방법

② 델파이법 – 전문가 집단을 이용한 설문 조사를 통해 조사하는 방법

③ 시나리오법 – 특정 시나리오를 통해 발생 가능한 위협의 결과를 우선순위로 도출해 내는 방법

④ 순위 결정법 – 확률적 편차를 이용하여 사건을 예측하는 방법으로, 정확성이 낮다.

25 다음 중 안드로이드 보안 체계에 대한 설명으로 옳지 않은 것은?

① 설치되는 응용 프로그램은 구글의 인증 기관에 의해 서명·배포된다.

② 기본적으로 일반 계정으로 동작하는 안드로이드가 루팅하면 일반 계정의 제한을 벗어나 기기에 대한 완전한 통제권을 가질 수 있다.

③ 응용 프로그램은 샌드박스 프로세스 내부에서 실행되며, 기본적으로 시스템과 다른 응용 프로그램으로의 접근이 통제된다.

④ 프로그램의 실행 권한은 일반 사용자에게 있다.

www.sdedu.co.kr

군무원 전산직
FINAL 실전 봉투모의고사

정답 및 해설

제1회 모의고사 정답 및 해설

제1과목: 국어

01	02	03	04	05	06	07	08	09	10
①	③	④	④	③	①	②	④	①	③
11	12	13	14	15	16	17	18	19	20
③	①	②	④	③	②	①	④	③	②
21	22	23	24	25					
④	④	①	②	②					

01
정답 ①

정답해설

①의 제시된 문장은 '영하는 부산에 산다.'라는 문장과 '민주는 대전에 산다.'라는 문장을 대등적 연결 어미 '-고'를 사용하여 연결한 것으로, 대등적으로 이어진 문장이다.

오답해설

② '형이 취직하기'는 명사절로 안긴문장으로, 제시된 문장에서 목적어의 역할을 한다.

③ '예쁜'이 뒤에 오는 체언 '지혜'를 수식하고 있으므로, 관형절로 안긴문장이다. 제시된 문장은 '지혜는 예쁘다.'라는 문장과 '지혜는 자주 거울을 본다.'라는 문장으로 구분할 수 있다.

④ '다음 주에 가족 여행을 가자.'라는 문장을 인용 조사 '고'를 활용해 연결한 것으로, 인용절로 안긴문장이다.

> **The 알아보기 문장의 종류**
>
> • 홑문장
> – 주어와 서술어가 하나씩 있어서 둘 사이의 관계가 한 번만 이루어지는 문장이다.
> – 간결하고 명쾌하게 의미를 전달할 수 있다.
> – 본용언과 보조 용언이 결합하여 서술어로 쓰인 문장은 홑문장이다.
> – 대칭 서술어(마주치다, 다르다, 같다, 비슷하다, 악수하다)가 사용된 문장은 홑문장이다.
> • 겹문장
> – 주어와 서술어의 관계가 두 번 이상 이루어지는 문장이다.

> – 복잡한 내용을 전달할 수 있지만, 너무 복잡해지면 오히려 의미 전달이 어려워질 수 있다.
> – 종류
>
> | 이어진 문장 | 개념 | 둘 이상의 절이 연결 어미에 의하여 결합된 문장 |
> |---|---|---|
> | | 종류 | • 대등하게 이어진 문장
• 종속적으로 이어진 문장 |

02
정답 ③

정답해설

③은 문장의 목적어나 부사어가 지시하는 대상을 높이는 객체 높임법이 특수 어휘 '드리다'로 실현되었다.

오답해설

① · ② · ④ 서술어의 주체를 높이는 주체 높임법이 높임의 선어말 어미 '-시-'로 실현된 문장이다.

03
정답 ④

정답해설

문학 작품을 표현 방식에 따라 구분하면 크게 서정, 서사, 극, 교술 문학으로 나뉜다.

④ 교술 양식: 필자의 경험에서 우러나온 깨달음을 서술하는 문학 장르이며 교술 민요, 경기체가, 악장, 가사, 패관 문학, 가전체, 몽유록, 수필, 서간, 일기, 기행, 비평 등이 해당된다.

오답해설

① 서정 양식: 개인의 감정이나 정서를 노래하는 주관적인 문학 장르로, 고대 가요, 향가, 고려 속요, 시조, 현대시 등이 해당된다.

② 서사 양식: 인물들이 벌인 어떠한 사건에 대해 서술자가 서술하는 것으로, 설화(신화, 전설, 민담), 판소리, 고전 소설, 현대 소설, 신소설 등이 해당된다.

③ 극 양식: 서사 갈래와 동일하게 어떠한 사건을 다루지만 무대 위에 인물들이 직접 등장하여 대사와 행동으로 보여주는 문학 장르이다. 가면극(탈춤), 인형극, 무극, 그림자극, 희곡 등이 해당된다.

The 알아보기 문학의 갈래

갈래	특징	예
서정 (노래 하기)	• 운율이 있는 언어를 통해 내용이 전개되며 전개 방식이 매우 감각적임 • 작품 외적 세계(작가)의 개입이 없는 세계(객관적 세계)의 자아화(주관화)	고대 가요, 향가, 고려 속요, 시조, 한시, 민요, 근대시, 현대시 등
서사 (이야기 하기)	• 다른 장르에 비해 객관적이고 분석적임 • 작품 외적 자아(서술자)의 개입이 있는 자아(인물)와 세계(현실)의 대결	설화, 서사 무가, 판소리, 고전 소설, 신소설, 현대 소설 등
극 (보여 주기)	• 연극적인 형식을 갖추고 있으며 서정 갈래의 주관성과 서사 갈래의 객관성을 공유 • 작품 외적 자아(서술자)의 개입이 없는 자아(인물)와 세계(현실)의 대결	탈춤, 인형극, 창극, 근대극, 현대극 등
교술 (알려 주기)	• 다른 장르에 비해 교훈성과 설득성이 매우 강함 • 작품 외적 세계(작가)의 개입이 있는 자아(주관)의 세계화(객관화)	경기체가, 악장, 가사, 국문 수필, 기행문, 비평문 등

04

정답 ④

정답해설

실질 형태소는 명사, 대명사, 수사, 관형사, 부사, 감탄사, 용언의 어간으로, 제시된 문장에서 실질 형태소는 '눈, 녹−, 남−, 발, 자국, 자리, 꽃, 피−'이므로 총 8개이다.

오답해설

① 제시된 문장의 형태소는 '눈(명사)/이(조사)/녹−(어간)/−으면(어미)/남−(어간)/−은(어미)/발(명사)/자국(명사)/자리(명사)/마다(조사)/꽃(명사)/이(조사)/피−(어간)/−리−(선어말 어미)/−니(어말 어미)'로 나눌 수 있다. 의존 형태소는 어간, 어미, 조사, 접사로, 제시된 문장에서 의존형태소는 '이, 녹−, −으면, 남−, −은, 마다, 이, 피−, −리−, −니'이므로 총 10개이다.

② 자립 형태소는 명사, 대명사, 수사, 관형사, 부사, 감탄사로, 제시된 문장에서 자립 형태소는 '눈, 발, 자국, 자리, 꽃'이므로 총 5개이다.

③ 어절은 띄어쓰기의 단위로, 제시된 문장은 '눈이/녹으면/남은/발자국/자리마다/꽃이/피리니'와 같이 총 7개의 어절로 이루어져 있다. 음절은 말소리의 단위로, 제시된 문장은 총 19개의 음절로 이루어져 있다.

05

정답 ③

정답해설

제시문에서 경전을 인용하여 주장을 강조하는 부분은 찾아볼 수 없다.

오답해설

① 물결치고 바람 부는 물 위에서 배를 띄워 놓고 사는 '주옹'의 삶에 대해 '손'은 매우 위험하게 생각하며 상식과 통념에 입각하여 사물을 바라보는 관점을 취하고 있다. 이와 달리 '주옹'은 늘 위태로운 지경에 처하게 되면 조심하고 경계하게 되므로 오히려 더욱 안전하다고 주장하고 있다. 따라서 이러한 '주옹'의 관점은 상식과 통념을 뒤집는 역설적 발상의 결과라고 할 수 있다.

② '손'과의 대화 과정에서 '주옹'은 여러 가지 질문을 던지고 이에 대한 자신의 주장을 펴고 있다.

④ 끝부분에서 '주옹'은 시를 이용하여 '어떻게 살아야 하는가'에 대한 자신의 주장을 암시적으로 보여 주고 있다.

> **The 알아보기** 권근, 「주옹설(舟翁說)」
> • 갈래: 한문 수필, 설(說)
> • 성격: 비유적, 교훈적, 계몽적, 역설적
> • 표현: 여러 가지 질문을 던지고 이에 대한 자신의 주장을 폄
> • 제재: 뱃사람의 삶
> • 특징
>   − 편안함에 젖어 위험을 깨닫지 못하는 삶을 경계
>   − 역설적 발상을 통해 일반적인 삶의 태도를 비판
>   − 허구적인 대리인(주옹)을 설정하여 글쓴이의 생각을 전달
> • 주제
>   − 세상살이의 어려움과 삶의 태도
>   − 항상 경계하며 사는 삶의 태도의 필요성

06
정답 ①

정답해설

제시문의 [A]는 자연 속에서 근심 없이 유유자적하는 삶의 태도를 보여 주고 있다.

① 월산대군의 강호한정가로 세속에 관심 없이 자연의 아름다움을 즐기며 안분지족하는 삶의 태도를 보여 주고 있다.

오답해설

② 황진이의 시조로 임을 떠나보내고 후회하는 여인의 심리를 표현한 연정가이다.

③ 원천석의 시조로 대나무를 의인화하여 고려 왕조에 대한 변함없는 충절을 표현한 절의가이다.

④ 이황의 시조 「도산십이곡」으로 변함없는 자연과 인간의 유한성을 대비하여 영원한 학문과 덕행에의 정진을 다짐하고 있다.

07
정답 ②

정답해설

'서로 짠 일도 아닌데 ~ 네 집이 돌아가며 길어 먹었지요.'와 '집안에 일이 있으면 그 순번이 자연스럽게 양보되기도 했었구요.'를 통해 이웃 간의 배려에 대한 표현을 찾아볼 수는 있다. 그러나 '미나리가 푸르고(시각적 이미지)', '잘도 썩어 구린내 혹 풍겼지요(후각적 이미지).'에서 감각적 이미지가 사용된 것은 확인할 수 있으나, 하나의 감각에서 다른 감각으로 전이되는 공감각적 이미지는 찾을 수 없다.

오답해설

① '네 집이 돌아가며 길어 먹었지요.'와 '집안에 일이 있으면 그 순번이 자연스럽게 양보되기도 했었구요.'를 통해 '샘'은 이웃 간의 정과 배려를 느끼게 하는 소재임을 알 수 있다. 따라서 '샘'을 매개로 공동체의 삶을 표현하였다는 설명은 적절하다.

③ '-었지요', '-었구요' 등은 구어체 표현으로서 이웃 간의 정감 어린 분위기를 표현하기 위해 사용되었다.

④ '길이었습니다', '있었지요', '먹었지요', '했었구요', '풍겼지요' 등의 과거 시제를 사용하고 있으며 이를 통해 과거를 회상하는 분위기를 표현하였다.

08
정답 ④

정답해설

국밥: 예사소리(ㄱ, ㅂ), 파열음(ㄱ, ㅂ), 연구개음(ㄱ)

오답해설

① 해장
- 예사소리(ㅈ), 'ㅎ'은 어디에도 포함되지 않는다.
- 파찰음(ㅈ), 마찰음(ㅎ)
- 경구개음(ㅈ), 목청소리(ㅎ)

② 사탕
- 예사소리(ㅅ), 거센소리(ㅌ), 울림소리(ㅇ)
- 마찰음(ㅅ), 혀끝소리(ㅅ)

③ 낭만
- 울림소리(ㄴ, ㅁ, ㅇ)
- 비음(ㄴ, ㅁ, ㅇ)
- 연구개음(ㅇ), 혀끝소리(ㄴ), 입술소리(ㅁ)

09
정답 ①

정답해설

주어진 문장의 쓰다는 '어떤 일을 하는 데에 재료나 도구, 수단을 이용하다.'의 의미이다.

① '쓰다'는 '합당치 못한 일을 강하게 요구하다.'라는 의미로, 주어진 문장의 '쓰다'와 다의 관계이다.

오답해설

② '시체를 묻고 무덤을 만들다.'의 의미이다.

③ '얼굴에 어떤 물건을 걸거나 덮어쓰다.'의 의미이다.

④ '머릿속의 생각을 종이 혹은 이와 유사한 대상 따위에 글로 나타내다.'의 의미이다.

10
정답 ③

정답해설

ⓒ 송별연은 '별'의 종성인 'ㄹ'이 연음되어 [송벼련]으로 발음된다.

② 야금야금은 두 가지 발음 [야금냐금/야그먀금]이 모두 표준 발음으로 인정된다.

오답해설

㉠ 동원령[동원녕]

ⓒ 삯일[상닐]

11

정답해설

제시된 글에서는 '화랑도(花郎道: 꽃 화, 사나이 랑, 길 도)'와 '화랑도(花郎徒: 꽃 화, 사나이 랑, 무리 도)'를 정의함으로써 독자의 이해를 돕고 있으므로 ③은 적절한 설명이다.

오답해설

① 화랑도라는 용어를 바탕으로 의견을 제시하고 있을 뿐, 이에 대한 반론이나 반론을 위한 전제를 제시하지 않았으므로 이는 적절하지 않은 설명이다.

② 과거 신라 시대의 화랑도를 설명하고 있을 뿐, 글쓴이의 체험담이 제시되지 않았으므로 이는 적절하지 않은 설명이다.

④ 역사적 개념과 사실을 전달하고 있을 뿐, 통계적 사실이나 사례를 제시하지 않았으므로 이는 적절하지 않은 설명이다.

12

정답 ①

정답해설

① ㉠ '꿈'은 헤어진 임과 다시 만날 것을 간절히 염원하는 그리움의 표상이다.

오답해설

② 초장의 '이화우'와 중장의 '추풍낙엽'에서 계절의 대립적 변화는 나타나 있지만 ㉠은 작가의 소망을 나타낸 것일 뿐 대립적인 상황을 해소하는 계기가 되지는 않는다.

③ 인물의 과거 행적과 ㉠은 아무 관련이 없다.

④ '천 리에 외로운 꿈'은 둘 사이에 놓여 있는 공간적 거리감과 함께 잊을 수 없는 임에 대한 그리움의 표상이지 긴박한 분위기의 이완과는 관련이 없다.

> **The 알아보기** 계량, 「이화우(梨花雨) 흩날릴 제」
> • 갈래: 평시조, 연정가(戀情歌), 이별가
> • 성격: 감상적, 애상적, 우수적
> • 표현: 은유법
> • 제재: 이별과 그리움
> • 주제: 임을 그리는 마음

13

정답 ②

정답해설

제시문은 '학교폭력 가해사실에 대한 학교생활기록부 기록 방침'에 대해 찬성하는 입장을 취하고 있다. 이와 반대로 ②는 학교폭력의 가해자가 받을 수 있는 지나친 불이익을 이유로 들어 '학교폭력 가해사실에 대한 학교생활기록부 기록 방침'에 대해 반대하는 입장을 취하고 있다.

오답해설

① · ③ · ④ '학교폭력 가해사실에 대한 학교생활기록부 기록 방침'이 갖는 긍정적인 측면을 기술하고 있다.

14

정답 ④

정답해설

제시문은 세잔, 고흐, 고갱 각자의 인상주의에 대한 비판점과 해결 방법에 대해 서술하고 있다.

오답해설

① 세잔은 인상주의가 균형과 질서의 감각을 잃었다고 생각했다.

② 고흐는 인상주의가 빛과 색의 광학적 성질만을 탐구하여서, 미술의 강렬한 정열을 상실하게 될 위험에 처했다고 느꼈다.

③ 고갱은 그가 본 인생과 예술 전부에 대해 철저하게 불만을 느꼈고, 더 단순하고 더 솔직한 것을 열망했다.

15

정답 ③

정답해설

4구체, 8구체, 10구체로 분류되는 것은 '시조'가 아니라 '향가'이다.

오답해설

① · ② · ④ 시조 갈래에 대해 잘 설명하고 있다.

> **The 알아보기** 송순, 「십 년(十年)을 경영하여」
> • 갈래: 평시조, 정형시
> • 주제: 자연에 대한 사랑과 안빈낙도
> • 특징
> – 의인법과 비유법을 통해 물아일체의 모습을 나타냄
> – 근경과 원경이 조화를 이루고 있음

16 정답 ②

정답해설

핫옷: 안에 솜을 두어 만든 옷

오답해설

① 감실감실: 사람이나 물체, 빛 따위가 먼 곳에서 자꾸 아렴풋이 움직이는 모양

③ 닁큼닁큼: 머뭇거리지 않고 잇따라 빨리

④ 다붓하다: 조용하고 호젓하다

17 정답 ①

정답해설

오매불망(寤寐不忘): 자나 깨나 잊지 못함

오답해설

② 청출어람(靑出於藍): 쪽에서 뽑아낸 푸른 물감이 쪽보다 더 푸르다는 뜻으로, 제자나 후배가 스승이나 선배보다 나음을 비유적으로 이르는 말

③ 각골난망(刻骨難忘): 남에게 입은 은혜가 뼈에 새길 만큼 커서 잊히지 아니함

④ 불문곡직(不問曲直): 옳고 그름을 따지지 아니함

18 정답 ④

정답해설

ⓔ의 '금간 창 틈'은 넉넉하지 않은 가정 상황을 나타내며, '빗소리'는 화자의 외로움을 고조시키고 있다.

The 알아보기   기형도, 「엄마 걱정」

• 갈래: 자유시, 서정시

• 주제: 장에 간 엄마를 걱정하고 기다리던 어린 시절의 외로움

• 특징

　－ 어른이 된 화자가 과거를 회상함

　－ 외로웠던 어린 시절을 감각적 심상으로 묘사

---

19 정답 ③

정답해설

국어의 표기법은 한 음절의 종성을 다음 자의 초성으로 내려서 쓰는 '이어적기(연철)', 여러 형태소가 연결될 때에 형태소의 모음 사이에서 나는 자음을 각각 앞 음절의 종성으로 적고 뒤 음절의 초성으로 적는 '거듭적기(혼철)', 여러 형태소가 연결될 때 그 각각을 음절이나 성분 단위로 밝혀 적는 '끊어적기(분철)'가 있다.

③ '쟝긔판'은 '쟝긔판+울'을 거듭적기로 쓴 표기이고, '밍글어늘'은 '밍글-+-어늘'을 끊어적기로 쓴 표기이다. 따라서 이어적기가 쓰이지 않았다.

오답해설

① '기픈'은 '깊-+-은'을 이어적기로 쓴 표기이므로 이는 적절하다.

② 'ᄇᄅ매'는 'ᄇᄅᆷ+애'를 이어적기로 쓴 표기이므로 이는 적절하다.

④ '바ᄅ래'는 '바ᄅᆯ+애'를 이어적기로 쓴 표기이므로 이는 적절하다.

20 정답 ②

정답해설

ⓛ의 앞에서는 황사의 이점에 대해서 언급했지만 ⓛ의 뒤에서는 황사가 해를 끼친다는 내용이 나오므로 ⓛ에는 역접의 접속어가 들어가야 한다. 따라서 '그러나' 또는 '하지만' 등의 접속어를 쓰는 것이 적절하다.

오답해설

① 제시된 글의 중심 내용은 황사가 본래 이점도 있었지만 인간이 환경을 파괴시키면서 심각하게 해를 끼치는 존재가 되었다는 것이다. '황사의 이동 경로의 다양성'은 글 전체의 흐름을 방해하므로 삭제하는 것이 적절하다.

③ '덕분이다'는 어떤 상황에 긍정적인 영향을 준 경우 사용되는 서술어이다. 환경 파괴로 인해 황사가 재앙의 주범이 되는 부정적인 결과가 발생했으므로 '때문이다'를 사용하는 것이 적절하다.

④ '독성 물질'은 서술어 '포함하고 있는'의 주체가 아니므로 '독성 물질을'로 고쳐 쓰는 것이 적절하다.

21 정답 ④

정답해설

일제 강점기의 암울한 현실 상황 속에서 박목월이 의지할 수 있는 것은 오직 자연뿐이었다. 그곳은 단순히 자연으로의 귀의라는 동양적 자연관으로서의 자연이라기보다는 인간다운 삶을 빼앗긴 그에게 '새로운 고향'의 의미를 갖는 자연이다. 그러므로 박목월에 의해 형상화된 자연의 모습은 인간과 자연의 대상들이 아무런 대립이나 갈등 없이 조화를 이루는 자연이다.

④ 감정의 절제는 맞는 지적이나 화자는 '산(=자연)'과 일정한 거리를 유지하려 하는 것이 아니라 조화를 이루는 삶을 동경하고 있다.

오답해설

① 화자는 순수하고도 탈속적인 세계인 '산(=자연)'을 지향하며, 자연 속에 안겨 평범하면서도 풍요로운 삶, 즉 인간다운 삶을 살고 싶은 순수한 모습이 나타나고 있다.

② '산이 날 에워싸고(A)', '살아라 한다(B)'의 통사 구조의 반복을 통해 자연 친화를 통한 초월적 삶이라는 주제를 강조하고 있다.

③ '살아라 한다'의 명령 화법으로 되어 있지만 이는 '산(=자연)'이 화자에게 권유하는 것이며 또한 시적 화자의 소망이다.

> **The 알아보기** 박목월, 「산이 날 에워싸고」
> • 갈래: 자유시, 서정시
> • 성격: 초월적, 자연 친화적, 관조적
> • 제재: 산에 에워싸인 배경
> • 구성: 점층적('생계 → 생활감 → 정신의 달관'으로 점차 고양되어가는 단계)
>   – 제1연: 자연 속의 삶 – '씨나 뿌리고', '밭이나 갈며' 사는 최소한의 생계 수단
>   – 제2연: 자연 속의 야성적인 삶 – '들찔레처럼', '쑥대밭처럼' 사는 생활상
>   – 제3연: 자연 속의 생명 – '그믐달처럼' 사는 달관의 경지
> • 특징
>   – '산'을 의인화하여 화자에게 말을 하는 것처럼 표현함
>   – '산이 날 에워싸고 ~ 살아라 한다'를 반복하여 리듬감을 형성하고 주제를 강조함
>   – 자연과의 동화가 점층적으로 진행됨
> • 주제
>   – 평화롭고 순수한 자연에 대한 동경
>   – 자연 친화를 통한 초월적 삶

22 정답 ④

오답해설

① 온가지(×) → 온갖(○)
② 머루치(×) → 멸치(○)
③ 천정(×) → 천장(○)

23 정답 ①

정답해설

「만분가」는 조위가 조선 연산군 4년(1498)에 전남 순천으로 유배 가서 지은 우리나라 최초의 유배 가사이다.

오답해설

② · ③ · ④ 신재효의 판소리 6마당: 「춘향가」, 「심청가」, 「수궁가」, 「흥부가」, 「적벽가」, 「변강쇠 타령」

24 정답 ②

정답해설

㉠ 나무가 분명히 굽어보이지만 실제로 굽지 않았다고 하였으므로 ㉠에 들어갈 한자어는 '어떤 사실의 앞뒤, 또는 두 사실이 이치상 어긋나서 서로 맞지 않음을 이르는 말'인 '矛盾(창 모, 방패 순)'이 적절하다.

㉡ 사물이나 사태의 보임새를 의미하는 한자어가 들어가야 하므로 '인간이 지각할 수 있는, 사물의 모양과 상태'를 뜻하는 말인 '現象(나타날 현, 코끼리 상)'이 적절하다.

㉢ 사물이나 사태의 참모습을 의미하는 한자어가 들어가야 하므로 '본디부터 가지고 있는 사물 자체의 성질이나 모습'을 뜻하는 '本質(근본 본, 바탕 질)'이 적절하다.

따라서 ㉠~㉢에 들어갈 낱말은 ② 矛盾 – 現象 – 本質이다.

오답해설

㉠ 葛藤(칡 갈, 등나무 등): 칡과 등나무가 서로 얽히는 것과 같이, 개인이나 집단 사이에 목표나 이해관계가 달라 서로 적대시하거나 충돌함 또는 그런 상태

㉡ 假象(거짓 가, 코끼리 상): 주관적으로는 실제 있는 것처럼 보이나 객관적으로는 존재하지 않는 거짓 현상

㉢ 根本(뿌리 근, 근본 본): 사물의 본질이나 본바탕

25

정답해설

조국이 위기에 처했을 때, 시인이 민족의 예언가가 되거나 민족혼을 불러일으키는 선구자적 위치에 놓일 수 있다는 것을 설명한 글이다. 따라서 글의 제목으로 가장 적절한 것은 '맡겨진 임무'를 뜻하는 '사명'이 포함된 ② '시인의 사명'이다.

01	02	03	04	05	06	07	08	09	10
④	④	④	②	③	②	③	②	④	②
11	12	13	14	15	16	17	18	19	20
②	③	④	①	③	④	②	①	③	④
21	22	23	24	25					
②	①	④	②	④					

01

정답 ④

정답해설

프로세스의 영역 중 스택(Stack) 영역은 지역 변수 할당에 활용되며, 동적 메모리 할당에 활용되는 것은 힙(Heap) 영역이다.

02

정답 ④

정답해설

- 랜섬웨어: 사용자의 데이터를 암호화하여, 익명성을 보장하는 가상화폐와 같은 금전적 대가를 요구하는 악성 프로그램
- 스미싱: SMS와 피싱의 합성어로, 문자 메시지를 통한 미끼로 악성코드에 접근하게 한 후 사용자의 정보를 탈취하거나 소액결제를 진행하는 악성 프로그램

오답해설

- 트로이 목마: 시스템 내부에 설치하여 시스템 외부의 해커에게 정보를 유출하는 악성코드
- 피싱: 개인정보를 불법으로 획득하려는 사람이 금융기관을 사칭하여, 신용카드나 은행계좌 정보에 문제가 발생해 수정이 필요하다는 등 다수의 거짓 이메일을 사용자에게 발송, 금융기관의 카드정보나 계좌정보 등을 빼내어 불법적으로 이용하는 범죄행위
- 파밍: 합법적으로 소유하고 있는 도메인을 탈취하거나 DNS 정보를 변조하여 사용자들이 진짜 사이트로 오인하도록 유도해 개인정보를 훔치는 기법

8 군무원 FINAL 실전 봉투모의고사

- 스니핑(Sniffing): 네트워크 주변의 모든 패킷을 엿보면서 계정(Account)과 암호(Password)를 알아내는 행위이다.
- 스푸핑(Spoofing): 악의적인 목적으로 임의로 웹 사이트를 구축해 일반 사용자의 방문을 유도한 후 시스템 권한을 획득하여 정보를 빼가거나 암호와 기타 정보를 입력하도록 속이는 해킹 수법이다.
- 트랩도어(Trap Door): 응용 프로그램이나 운영체제 개발 시 프로그램 오류를 쉽게 발견하기 위해 코드 중간에 중단 부분을 만들어 놓는 행위이다. 최종 단계에서 삭제할 트랩도어를 남겨두고, 해당 경로를 통해 악의적인 목적을 달성한다.
- 백도어(Back Door): 시스템에 무단으로 접근하기 위해 사용되는 일종의 비상구로, 컴퓨터의 보안 예방책에 침입하는 행위이다.
- 서비스 거부 공격(DoS): 네트워크나 호스트에 많은 양의 트래픽을 증가시켜 통신을 방해하는 공격 방식으로, 시스템이 다운되거나 시스템 자원을 사용할 수 없게 한다.
- 분산 서비스 거부 공격(DDoS): 많은 호스트에 패킷을 범람시킬 수 있는 공격용 프로그램을 분산 설치하여 표적 시스템의 성능을 저하시키거나 마비시키는 공격 방법이다.

03

정답 ④

정답해설

스레싱(Thrashing)

페이지 부재 빈도가 높아 CPU처리 빈도보다 페이지 교체 시간이 더 많이 사용되는 현상을 말한다. 각 프로세스에 설정된 작업 집합 크기와 페이지 프레임 수가 매우 큰 경우 다중 프로그래밍 정도(Degree of Multiprogramming)를 감소시킨다.

- Denning이 제안한 프로그램의 움직임에 관한 모델로, 프로세스를 효과적으로 실행하기 위하여 워킹 셋이 주기억장치에 적재되어야 한다.
- 스레싱(Thrashing) 현상을 최소화하기 위한 이론으로, 워킹 셋이 주기억장치에 적재되지 않으면 스레싱이 발생할 수 있다.
- 실행 중인 프로세스가 CPU에 의해 일정 시간 동안 자주 참조되는 페이지(Page)들의 집합이다.

04

정답 ②

정답해설

CISC 구조는 명령어의 개수가 많고 주소 지정 방식이 다양·복잡하며, 명령어 형식(길이)이 가변적이다. RISC 구조가 CISC 구조에 비해 명령어의 개수가 적고 주소 지정 방식이 단순 및 제한적이며, 명령어 형식(길이)이 고정적이다.

CISC(Complex Instruction Set Computer)

- 연산에 처리되는 복잡한 명령어들을 수백 개 이상 탑재하고 있는 프로세서이다.
- 마이크로프로그래밍을 통해 사용자가 작성하는 고급언어에 각각 기계어를 대응시킨 회로로 구성된 중앙처리장치이다.
- 데이터 경로, 마이크로프로그램 제어장치, 캐시, 메모리로 구성된 프로세서이다.
- 자주 사용하지 않는 명령어의 모든 셋을 갖춘 프로세서로 모든 요구 능력을 제공한다.
- 명령어 집합이 커서 많은 명령어를 프로그래머에게 제공하므로 프로그래머의 작업은 쉽다.
- 마이크로 코드 설계가 매우 어렵다.

구분	폰 노이만 아키텍처	하버드 아키텍처
목적	CPU는 한 번에 단일 명령어 실행 가능	병렬처리를 위해 메모리 분리
메모리	하나의 메모리 공유	명령어, 데이터 메모리 분리
프로세스	• 메모리 → 명령어 인출 → 메모리 → 명령어 해석 → 메모리 → 명령어 실행 → 메모리 저장 • 순차적으로 수행됨	• 명령어 메모리 → 명령어 인출 • 메모리 → 데이터 메모리 • 명령어와 데이터 동시에 처리
장점	공용 메모리 사용으로 상대적 구현 비용 저렴	파이프라이닝 기술 사용을 위한 환경 제공
단점	파이프라이닝 기술 사용 시 메모리 공유문제 발생(제어 헤저드 발생)	• 별도 메모리 사용으로 비용 증가 • 회로 구조가 복잡
적용 사례	일반적인 범용 CPU	• Microchip Technology의 PIC • Atmel AVR • 현재 범용 CPU(Intel 펜티엄 이후)

05

정답 ③

정답해설

스캔(SCAN) 스케줄링

헤드가 마지막 트랙에 도착할 때까지 한쪽 방향으로만 움직이면서 서비스하며, 트랙의 끝에 도달하면 다시 방향을 바꿔 반대 방향으로 이동하면서 가까운 요청을 모두 처리한다. 이와 같은 특징 때문에 엘리베이터 기법이라고도 한다. SSTF 스케줄링의 공정성 위배 문제를 완화하기 위해 만들어졌는데, SSTF 디스크 스케줄링보다는 성능이 조금 떨어지지만 FCFS 디스크 스케줄링보다는 성능이 좋다.

오답해설

① 선입 선처리(FCFS; First Come First Service) 스케줄링: 가장 간단한 디스크 스케줄링으로, 요청이 들어온 트랙 번호 순서대로 스케줄링한다(먼저 도착한 프로세스를 먼저 서비스[실행]하는 방법).

② 최소 탐색 시간 우선(SSTF; Shortest Seek Time First) 스케줄링: 현재 헤드가 있는 위치에서 탐색 거리가 가장 가까운 트랙의 요청을 먼저 처리하는 기법이다. 만약 트랙의 거리가 같을 경우에는 먼저 요청받은 트랙을 먼저 처리한다.

④ 룩(LOOK) 스케줄링: SCAN 스케줄링에서 불필요한 요소를 제거하여 효율을 높인 것이다. SCAN 스케줄링과는 달리, 이동 도중 더 이상 서비스할 트랙이 없으면 트랙의 끝까지 이동하지 않고 마지막으로 요청된 트랙에서 방향을 바꾼다.

The 알아보기   주요 디스크 스케줄링 기법

• SCAN
  - 현재 진행 중인 방향으로 가장 짧은 탐색 거리에 있는 요청을 먼저 처리하는 기법이다.
  - SSTF의 문제점인 응답 시간의 편차를 극복하기 위해 개발되었다.
  - 헤드는 이동하는 방향의 앞쪽에 I/O 요청이 없을 경우에만 후퇴(역방향)가 가능하다.

• C-SCAN
  - 항상 바깥쪽에서 안쪽으로 움직이면서 가장 짧은 탐색 거리를 갖도록 처리하는 기법이다.
  - 헤드는 트랙의 바깥쪽에서 안쪽으로 한 방향으로만 움직이며, 안쪽보다 기회가 적은 바깥쪽의 시간 편차를 줄인다.
  - 헤드의 바깥쪽이 가운데보다 서비스 기회가 적은 점을 보완하며, 한쪽 요구를 모두 수용한 후 헤드를 가장 바깥쪽으로 이동시켜 안쪽으로 수행한다(단방향).

• N-Step(단계) SCAN 기법
  - 진행 도중 도착한 요청을 모아서 다음 방향으로 진행할 때 최적의 서비스를 처리하는 기법이다.
  - SCAN의 무한 대기 발생 가능성을 제거한 것으로 SCAN보다 응답 시간의 편차가 적다.
  - SCAN과 같이 진행 방향상의 요청을 서비스하지만, 진행 중에 새로 추가된 요청은 서비스하지 않고 다음 진행 시에 서비스한다.

• 에센바흐(Eschenbach) 기법
  - 부하가 매우 큰 항공 예약 시스템을 위해 개발되었으며, 탐색 시간(Seek Time)뿐만 아니라 회전 지연 시간(Rotational Delay Time)의 최적화를 위해 개발된 기법이다.
  - 헤드는 C-SCAN처럼 움직이며, 예외적으로 모든 실린더는 그 실린더에 요청이 있는 없든 간에 전체 트랙이 한 바퀴 회전할 동안의 서비스를 받는다.
  - 디스크 드라이브의 물리적인 성질 때문에 응답 시간이 늘어나는 단점으로 거의 사용되지는 않는다.

06

정답 ②

정답해설

페이지 크기가 작을수록 페이지 사상 테이블 공간이 많이 필요하지만 내부 단편화는 감소하고 특정한 참조 지역성만 포함하기 때문에 기억 장치의 효율은 유리하다.

오답해설

① 페이지 크기가 작을수록 페이지의 개수는 많아진다. 따라서 페이지 사상표에 기억할 페이지의 정보의 개수가 많아지므로 페이지 사상표의 요구 공간은 커진다.

③ 페이지 크기가 커지면 페이지의 개수는 적어진다. 따라서 페이지의 사상표에 기억할 페이지의 정보의 개수가 적어지므로 페이지 사상표의 요구 공간은 줄어든다.

④ 페이지 크기가 클수록 페이지 테이블의 크기는 작아지며, 디스크 접근 시간의 부담이 감소되어 페이지 이동 효율이 좋아진다.

07

정답 ③

정답해설

DBMS(DataBase Management System)

• 기존 파일시스템이 갖는 데이터 종속성과 데이터 중복성 문제점 해결

- 수많은 자료들을 사용자의 요구에 따라 쉽고 빠르게 추가 · 수정 · 삭제할 수 있도록 해주는 소프트웨어
- 응용 프로그램과 데이터의 중재자로서 모든 응용 프로그램들이 데이터베이스를 공유할 수 있도록 관리하는 소프트웨어
- 데이터베이스를 생성 · 관리하며, 데이터로부터 사용자의 물음에 대한 대답을 추출하는 프로그램(DDL, DML, DCL)

The 알아보기 데이터베이스 관리 시스템(DataBase Management System)의 장단점

- 장점
  - 데이터 중복을 최소화할 수 있다.
  - 데이터 독립성이 확보된다.
  - 데이터를 동시에 공유할 수 있다.
  - 사용자의 데이터 요구에 실시간으로 응답할 수 있다.
  - 데이터 보안이 향상된다.
  - 데이터 무결성을 유지할 수 있다.
  - 표준화할 수 있다.
  - 장애 발생 시 회복이 가능하다.
  - 응용 프로그램 개발 비용이 줄어든다.
- 단점
  - 설치와 컴퓨터 자원 비용이 많이 든다.
  - 백업과 회복 방법이 복잡하다.
  - 중앙 집중 관리로 인한 취약점이 존재한다.

08
정답 ②

정답해설

저급 언어에는 기계어, 어셈블리어(Assembly Language)가 있다.

오답해설

① · ③ · ④는 고급 언어에 속한다.

The 알아보기 프로그래밍 언어의 구분

종류	프로그래밍 언어	프로그래밍 구분
저급 언어	기계어(Machine Language), 어셈블리어(Assembly Language)	–
고급 언어	포트란(FORTRAN), LISP, 파스칼(PASCAL), 코볼(COBOL), C	절차지향
	BASIC, C++, C#, 자바(JAVA), Python, Kotlin	객체지향

09
정답 ④

정답해설

출력 값이 1인 값들을 곱의 합으로 표현한다.

$A'B'C' + A'BC + AB'C + ABC'$

$= A'B'C' + ABC' + A'BC + AB'C$ (교환법칙)

$= (A'B' + AB)C' + (A'B + AB')C$

$= (A \oplus B)'C' + (A \oplus B)C$

$= (A \oplus B) \odot C = A \oplus B \odot C$

$A'B' + AB = A \odot B = (A \oplus B)'$,
$(A'B + AB') = (A \oplus B)$

10
정답 ②

정답해설

- 최초 적합일 경우 12KB는 20KB 영역에 적재되고, 30KB는 35KB에 적재되나 20KB는 적재될 영역이 없다.
- 최악 적합일 경우 12KB는 35KB 영역에 적재되나, 30KB는 적재될 영역이 없다.

The 알아보기 배치 전략(Placement Strategy)

- 최초 적합(First-Fit)
  - 주기억장치 내에서 작업을 수용할 수 있으면서 처음 만나는 공간에 배치하되 프로그램보다 가용 공간이 적은 곳은 배제한다.
  - 내부 단편화가 많이 발생하며, 배치 결정이 가장 빠르다.
- 최적 적합(Best-Fit)
  - 입력된 작업은 주기억장치 내의 공백 중 가장 알맞은 작업의 공백으로 사용되지 않는 공간을 가장 적게 남기는 공백에 배치한다.
  - 내부 단편화가 가장 적게 발생한다.
- 최악 적합(Worst-Fit)
  - 데이터를 입력한 후 주기억장치 내의 공백이 너무 많이 남은 경우에 배치한다.
  - 내부 단편화가 가장 많이 발생한다.

11

정답 ②

정답해설

②는 비동기식 전송에 대한 설명이다.

> **The 알아보기** 동기식 전송과 비동기식 전송
>
> • 동기식 전송(Synchronous Transmission)
>   – 전송 문자를 여러 블록으로 나누어 각 블록 단위로 전송하는(버퍼가 필요) 방식으로, 시작과 끝 부분에 플래그 신호를 삽입하거나 제어가 가능한 특정 문자를 삽입하여 문자열을 동기화한다.
>   – 2,400bps 이상의 고속 전송과 원거리 전송에 이용되며, 위상 편이 변조(PSK) 방식을 사용한다.
>   – 문자 또는 비트들의 데이터 블록을 송수신하며, 정해진 숫자만큼의 문자열을 묶어 일시에 전송한다.
>   – 블록과 블록 사이에 유휴시간(Idle Time)이 없어 전송 효율과 전송 속도가 높다.
>   – 제어 신호 비트에 의한 방식으로, 비트별로 동기화하며 HDLC, SDLC 등의 프로토콜에 이용된다.
> • 비동기식 전송(Asynchronous Transmission)
>   – 작은 비트 블록의 앞뒤에 스타트 비트(Start Bit)와 스톱 비트(Stop Bit)를 삽입하여 비트 블록의 동기화를 한다.
>   – 각 문자당 2~3비트의 오버헤드를 요구하면 전송 효율이 떨어지므로 1,200BPS 이하의 저속 통신 시스템에 이용된다.
>   – 비트 열이 전송되지 않을 때는 각 문자 사이에 유휴시간(Idle Time)이 있으며, 주파수 편이 변조(FSK) 방식을 사용한다.

12

정답 ③

정답해설

SSD에서는 특정 위치의 데이터를 읽는 데 소요되는 시간이 같은 위치의 데이터를 쓰는 데 소요되는 시간보다 더 적게 걸린다.

13

정답 ④

정답해설

NUR 기법은 두 개의 하드웨어 비트를 사용하여 교체될 페이지를 결정하는 방법으로, 페이지가 사용될 때마다 그 페이지의 정보를 1과 0으로 변경 갱신하면서 페이지를 결정하게 된다. 1은 최근에, 0은 오래 전에 사용한 페이지가 된다.

④ 호출 비트: 1, 변형 비트: 1 → 호출된 지가 최근이고, 변형한 지가 최근이다. → 가장 나중에 교체된다.

오답해설

① 호출 비트: 0, 변형 비트: 0 → 호출된 지가 오래되었고, 변형한 지가 오래되었다. → 가장 처음에 교체된다.

② 호출 비트: 0, 변형 비트: 1 → 호출된 지가 오래되었고, 변형한 지가 최근이다.

③ 호출 비트: 1, 변형 비트: 0 → 호출된 지가 최근이고, 변형한 지가 오래되었다.

14

정답 ①

정답해설

$$(우선순위) = \frac{(대기\ 시간) + (서비스\ 시간)}{(서비스\ 시간)}$$

$A = \dfrac{8+2}{2} = 5$, $B = \dfrac{10+6}{6} = 2.666$, $C = \dfrac{15+7}{7} = 3.142$,

$D = \dfrac{20+8}{8} = 3.5$

따라서 값이 가장 큰 A가 우선순위가 가장 높다.

15

정답 ③

정답해설

캡슐화는 객체 사이의 인터페이스를 단순화시킬 수 있으나 결합도는 낮아지고 응집도는 높아진다.

> **The 알아보기** 캡슐화(Encapsulation)
>
> • 객체를 이용하여 서로 관련 있는 데이터와 연산(함수)을 하나의 단위로 묶는 기법으로 프로그램의 컴포넌트를 재사용할 수 있다.
> • 객체 지향 개념에서 연관 데이터와 함수를 묶어 외부와의 경계를 만들고, 필요한 인터페이스만을 밖으로 드러내는 과정이다(유지 보수 용이).
> • 서로 다른 객체로부터 자신의 자료를 숨기고, 연산만을 통하여 접근을 허용한다.
> • 객체 지향의 기본 원리인 정보 은폐(Information Hiding)와 가장 밀접한 관계가 있다.
> • 다른 클래스에서 캡슐화된 기능을 사용하며, 결합도는 낮아지고 응집도는 높아진다.
> • 캡슐화된 객체 사이의 인터페이스를 단순화시킬 수 있으며, 소프트웨어 변경 시 파급 효과를 최소화한다.

16

정답해설

스택에서는 데이터의 삽입과 삭제가 포인터에 의해 정해진 위치에서 이루어지며, 원소의 삽입과 삭제가 일어나는 곳을 top이라고 한다. 데이터를 삽입할 때는 푸시(push) 연산에 의해, 데이터를 삭제할 때는 팝(pop) 연산에 의해 이루어진다. 임의의 위치에서 데이터의 삽입과 삭제를 효율적으로 수행하는 것은 연결 리스트이다.

오답해설

① 스택은 한 방향으로 데이터를 삽입, 삭제하는 구조를 가진다. 데이터의 삽입과 삭제는 top(가장 위쪽)을 통해 이루어지고, 데이터가 삽입되면 bottom(가장 아래쪽)부터 차곡차곡 쌓이게 된다. 가장 나중에 쌓인 데이터가 top을 통해서 먼저 삭제되므로, 스택은 가장 나중에 삽입된 데이터가 가장 먼저 삭제되어 후입선출(LIFO; Last-In First-Out)이라고 한다.

② 데이터를 삽입할 때 순차적으로 리스트를 생성하고, 삭제할 때 순차적으로 리스트를 삭제할 수 있다.

The 알아보기 **스택(Stack)**

- 나중에 들어온 데이터를 가장 먼저 꺼낼 수 있도록 만든 데이터 기억장치이다.
- 하나의 포인터로 운용하며, 처음 입력시킨 자료는 가장 마지막에 출력되고, 가장 마지막에 입력시킨 자료가 먼저 출력되는 LIFO(Last In First Out) 구조이다.
- 한쪽 방향에서만 입출력되는 구조이다.

17

정답해설

㉠ PaaS(Platform as a Service, 서비스로서의 플랫폼): 응용 소프트웨어 개발에 필요한 개발 요소들과 실행 환경을 제공하는 서비스 모델로, 소프트웨어 서비스를 개발할 때 필요한 플랫폼을 제공하는 서비스이다. 사용자는 원하는 응용 소프트웨어를 개발할 수 있으나 운영체제나 하드웨어에 대한 제어는 서비스 제공자에 의해 제한된다. 클라우드 제공자는 일반적으로 운영체제, 프로그래밍 언어 실행 환경, 데이터베이스, 웹 서버를 포함한 컴퓨팅 플랫폼, 즉 개발자가 개발을 하는 데 필요한 도구와 환경을 제공한다. 응용 프로그램 개발자는 하드웨어 및 소프트웨어 계층을 구매하고 관리하는 비용이나 복잡성 없이도 소프트웨어 솔루션(애플리케이션)을 클라우드 플랫폼에서 개발할 수 있다. 그러나 애플리케이션 개발이 플랫폼을 기반으로 이루어지기 때문에 특정 플랫폼에 종속될 수 있다는 단점이 있다. 대표적으로 구글 앱 엔진 등이 있다.

㉡ SaaS(Software as a Service, 서비스로서의 소프트웨어): 클라우드 환경에서 운영되는 애플리케이션 서비스를 말한다. 소프트웨어를 구입해서 PC에 설치하지 않아도 웹에서 소프트웨어를 빌려 쓸 수 있다. 응용 소프트웨어 및 관련 데이터는 클라우드에 호스팅되고 사용자는 웹 브라우저 등의 클라이언트를 통해 접속하여 응용 소프트웨어를 사용할 수 있다. 모든 서비스가 클라우드에서 이루어지며, 이메일, ERP, CRM 등 다양한 응용 프로그램을 제공한다. 대표적으로 구글 앱스, MS 오피스 365, 드롭박스, 넷피스, 폴라리스 오피스 등이 있다.

오답해설

IaaS(Infrastructure as a Service, 서비스로서의 인프라스트럭처)

가장 기본적인 클라우드 서비스 모델로, 인터넷을 통해 서버와 스토리지 등 데이터센터 자원을 빌려 쓸 수 있는 서비스이다. 가상 머신과 기타 자원들을 사용자에 대한 서비스로 제공하며, 사용자 필요에 따라 가상화된 서버, 스토리지, 네트워크 등의 인프라 자원을 제공한다. 사용자는 빌려온 인프라(컴퓨팅 자원)에 운영체제, 애플리케이션 등을 설치하고 원하는 서비스를 운영할 수 있다. 대표적으로 아마존 웹서비스(AWS)를 이용하는 넷플릭스가 있다.

18

정답해설

링커(Linker): 목적코드를 실행 가능한 로드 모듈로 생성하는 프로그램

오답해설

② 어셈블러(Assembler): 어셈블리어로 작성된 원시 프로그램을 기계어로 번역

③ 컴파일러(Compiler): C, COBOL, FORTRAN, PASCAL 등의 고급 언어로 작성된 원시 프로그램을 기계어로 번역하며 한꺼번에 번역하므로 번역속도는 느리지만 실행속도가 빠름

④ 프리프로세서(Preprocessor): 고급 언어로 작성된 프로그램을 그에 대응하는 다른 고급 언어로 번역하며 매크로 확장, 기호 변환 등의 작업을 수행

어셈블러 (Assembler)	어셈블리어로 작성된 프로 그램을 기계어로 번역	• GNU Assembler • Microsoft Macro Assembler
컴파일러 (Compiler)	• 고급 언어로 작성된 프 로그램을 한꺼번에 번역 하여 목적 프로그램을 생성 • 실행 시에는 목적 프로 그램이 메모리에 로딩되 므로 속도가 빠름	• FORTRAN • COBOL • C, C++, PASCAL
인터프리터 (Interpeter)	• 고급 언어로 작성된 프 로그램을 한 줄씩 번역 하면서 실행하는 프로그 램으로 목적 프로그램을 생성하지 않음 • 실행할 때마다 번역해야 하므로 속도가 느림	• BASIC, LISP • PYTHON

The 알아보기 여러 가지 번역기

19

정답 ③

오답해설

① 버스(Bus)형에 대한 설명이다.
② 링(Ring)형에 대한 설명이다.
④ 망(Mesh)형에 대한 설명이다.

> **The 알아보기** 네트워크 통신망의 구성 형태
> • 계층(Tree)형: 중앙 컴퓨터와 일정 지역의 단말 장치까지는 하나의 통신 회선으로 연결시키고, 이웃하는 단말 장치는 일정 지역 내에 설치된 단말 장치로부터 다시 연결시키는 형태의 통신망이다.
> • 성(Star)형: 중앙 컴퓨터가 있고, 이를 중심으로 모든 단말 장치들이 연결되는 중앙 집중식 네트워크 구성 형태의 통신망이다. 고장 발견이 쉽고 유지보수가 용이하다.
> • 버스(Bus)형: 한 개의 통신 회선에 여러 대의 단말 장치가 연결되어 있는 형태의 통신망으로, 설치가 용이하고 통신망의 가용성이 높다.
> • 링(Ring)형: 근거리 통신망에 주로 사용되는 형태로, 인접한 컴퓨터와 단말기를 서로 연결하여 양방향으로 데이터 전송이 가능한 형태의 통신망이다. 네트워크의 구성변경 및 기밀 보호가 어렵다.

> • 망(Mesh)형: 모든 지점의 컴퓨터와 단말 장치를 서로 연결한 형태의 통신망으로, 응답 시간이 빠르고 노드의 연결성이 높다.

20

정답 ④

정답해설

HTTP: 인터넷상에서 웹 서버와 웹 브라우저 간의 하이퍼텍스트 문서를 전송하기 위해 사용되는 프로토콜이다.

오답해설

① SMTP: 인터넷상에서 전자 우편을 전송(송신)할 때 사용하는 프로토콜이다.
② IMAP: 인터넷 메일 서버에서 메일을 관리하고 읽어올 때 (수신) 사용되는 프로토콜이다.
③ POP3: 전자 우편을 받을 때만 사용되고, 사용자가 자신의 PC에 메일을 다운로드 받아서 보여주는 것(수신)을 정의한 프로토콜이다.
※ MIME: 전자 메일에서 사용되는 텍스트, 이미지, 오디오, 비디오 등의 데이터를 표현하기 위한 형식의 표준 프로토콜이다.

21

정답 ②

정답해설

• $11110100_{(2)}$은 $00001011_{(2)}$의 1의 보수이므로, −11의 1의 보수 표현이다.
• $11011111_{(2)}$은 $00100000_{(2)}$의 1의 보수이므로, −32의 1의 보수 표현이다.
• −11과 더하여 −32를 만드는 값은 −21이다.
• 21은 $00010101_{(2)}$이며, 1의 보수로 표현하면 −21은 $11101010_{(2)}$이다.

22

정답 ①

정답해설

ARP는 데이터 링크 계층의 프로토콜로, IP 주소에 대해 해당 MAC 주소를 반환해 준다. IP 호스트가 자신의 물리 네트워크 주소(MAC)는 알지만 IP 주소를 모르는 경우, RARP를 사용하여 서버로부터 IP 주소를 요청한다.

23 정답 ④

정답해설

1부터 100까지의 값은 변수 x에 저장한다. 1, 2, 3…에서 초기값은 1, 최종값은 100이고, 증분값을 1씩 증가시키면 된다. 즉, 1부터 100까지 더하면

$(1+100)+(2+99)+(3+98)+\cdots+(50+51)=101\times50$

이므로 결과는 5050이 된다.

24 정답 ②

정답해설

SJF는 비선점 방식으로 작업이 끝나기까지의 실행 시간 추정치가 가장 작은 작업을 먼저 실행시키는 방식이다. 즉, 작업을 시작하면 다른 작업에게 권리를 빼앗기지 않으므로 대기 리스트는 P1(4), P3(4), P4(7), P2(8) 순이다.

P1	P3	P4	P2

0   4   9   16   24

- P1의 대기시간은 0
- P3의 대기시간은 4에 들어와서 4에 바로 시작했으므로 0
- P4의 대기시간은 6에 들어와서 9에 시작했으므로 3
- P2의 대기시간은 3에 들어와서 16에 시작했으므로 13

따라서 평균 대기시간은 $\dfrac{0+0+3+13}{4}=4$[ms]이다.

25 정답 ④

오답해설

ⓒ 시분할 시스템은 CPU가 선점 스케줄링 방식으로 여러 개의 작업을 교대로 수행한다.

01	02	03	04	05	06	07	08	09	10
①	①	④	④	③	④	②	①	④	②

11	12	13	14	15	16	17	18	19	20
①	④	③	③	②	④	①	①	②	③

21	22	23	24	25
②	③	③	②	③

01

정답 ①

정답해설

APT 공격은 다양한 보안 위협을 만들어 정부 기관, 산업 시설, 기업, 금융 기관 등의 컴퓨터를 지속적으로 공격하는 것으로, 통신망을 이용해 내부 시스템으로 침투한 뒤 한동안 이를 숨겨놓았다가 시간이 지나면 한꺼번에 동작시켜 주요 정보를 유출하거나 시스템을 무력화한다. 불특정 다수보다는 특정 기업이나 조직을 대상으로 하며, 지속성과 은밀함을 특징으로 한다.

오답해설

② 드라이브 바이 다운로드(Drive-by-downloads)는 사용자의 인식 없이 다운로드가 되어 실행되는 악성 프로그램이다.

③ 워터링 홀(Watering Hole)은 공격 대상이 방문할 가능성이 있는 합법적 웹사이트를 미리 감염시킨 뒤 잠복하면서 피해자의 컴퓨터에 악성코드를 추가로 설치하는 방법이다.

④ 랜섬웨어는 몸값(Ransom)과 소프트웨어(Software)의 합성어이며, 시스템에 침투하여 데이터를 암호화하는 악성 프로그램이다.

02

정답 ①

정답해설

①은 트랩도어(Trapdoor)에 대한 설명이다. 레이스 컨디션 공격은 두 프로세스 간 자원 사용에 대한 경쟁을 이용하여 시스템 관리자의 권한을 획득하고, 파일에 대한 접근을 가능하게 하는 공격 기법이다.

03

정답 ④

오답해설

① 애드웨어: 특정 소프트웨어를 실행할 때 설치 후 자동적으로 광고가 표시되는 프로그램이다.

② 트로이 목마: 정상적인 프로그램으로 위장하고 있다가 프로그램이 실행되면 시스템에 손상을 주는 악의적인 루틴이다.

③ 백도어: 컴퓨터 시스템의 보안 예방책에 침입하여 시스템에 무단 접근하기 위해 사용되는 일종의 비상구이다.

04

정답 ④

정답해설

비교적 오랜 기간 동안 개인키와 공개키의 사용이 가능한 것은 공개키 암호 알고리즘이다.

The 알아보기 대칭키와 공개키

구분	대칭키	공개키
용도	데이터 암호화	전자 서명, 키 교환
표준	DES, 3DES, AES	RSA, DSA, Diffie-Hellman
암호화/복호화	빠름	느림
공격	있음	있음
부인 방지	불가능	가능
기밀성, 무결성, 인증	가능	가능
암호키/복호키	키가 동일	키가 다름
키 교환	어려움	개인키는 비밀, 공개키는 전달 용이
키 길이	56비트, 128비트(권장)	172비트(ECC), 1,024비트(RSA)

05

정답해설

연계 보관성의 원칙은 수집, 이동, 보관, 분석, 제출의 단계에서 증거를 명확하게 관리해야 한다는 원칙이다.

> **The 알아보기 정보보호의 디지털 포렌식(Digital Forensics)**
> • 개념
>   – 디지털 기록 매체의 전자 정보 중에서 디지털 증거를 수집 및 분석하여 범죄 근거를 찾는 기법이다.
>   – 정보 통신 기술(ICT)의 발달로 기업의 데이터베이스와 네트워크, 스마트폰, 이동식 저장 매체, 디지털 카메라, 클라우드 서비스, CCTV 등의 다양한 디지털 정보를 다룬다.
> • 기본 원칙
>   – 정당성의 원칙: 모든 증거는 적법한 절차를 거쳐서 획득해야 한다.
>   – 무결성의 원칙: 획득된 정보는 위·변조되지 않았음을 입증할 수 있어야 한다.
>   – 연결(연계) 보관성의 원칙: 수집, 이동, 보관, 분석, 제출의 단계에서 증거를 명확하게 관리해야 한다.
>   – 신속성의 원칙: 컴퓨터 내부의 정보 획득은 신속하게 이루어져야 한다.
>   – 재현의 원칙: 동일한 조건과 상황에서도 항상 같은 결과를 도출해야 한다.

06

정답해설

㉠·㉡·㉢·㉣ 모두 정보주체에게 알려야 하는 항목에 해당한다.

> **The 알아보기 개인정보 보호법 제15조(개인정보의 수집·이용)**
> ② 개인정보처리자는 제1항 제1호에 따른 동의를 받을 때에는 다음 각 호의 사항을 정보주체에게 알려야 한다. 다음 각 호의 어느 하나의 사항을 변경하는 경우에도 이를 알리고 동의를 받아야 한다.
>   1. 개인정보의 수집·이용 목적
>   2. 수집하려는 개인정보의 항목
>   3. 개인정보의 보유 및 이용 기간
>   4. 동의를 거부할 권리가 있다는 사실 및 동의 거부에 따른 불이익이 있는 경우에는 그 불이익의 내용

07

정답해설

무결성(Integrity)은 내부에 있는 정보의 저장 및 전달 시 비인가된 사용자의 악의적 또는 비악의적 접근으로부터 정보와 소프트웨어가 변경되지 않도록 정확성과 안정성을 보호하는 것으로, 위조와 변조 공격에서 저장된 정보가 변경되지 않도록 물리적 통제와 해시 함수를 사용하여 보호한다.

오답해설

① 기밀성(Confidentiality)은 인가된 사용자만이 데이터에 접근할 수 있도록 제한하는 것으로, 가로채기 공격에서 송·수신되는 데이터를 보호하거나 비인가된 개인, 단체, 프로세스(Process) 등으로부터 중요한 정보를 보호한다.

③ 가용성(Availability)은 인가된 사용자가 정보나 서비스를 요구할 때 언제든지 사용 가능하도록 하는 것으로, 차단 공격에서 정보의 흐름이 방해받지 않도록 하고 데이터를 백업하고 중복성을 유지하는 등의 방법으로 보호한다.

④ 인증(Authentication)은 정당한 사용자임을 확인하는 것으로, 잘못된 인증을 하게 되면 주체 또는 객체에 피해를 끼칠 수 있다.

> **The 알아보기 위협의 종류**
> • 가로채기(Interception)
>   – 비인가된 사용자·공격자가 전송 중인 정보를 열람하거나 도청하는 행위
>   – 정보의 기밀성 보장 위협
> • 위조(Fabrication)
>   – 마치 다른 송신자로부터 정보가 수신된 것처럼 속이는 것, 즉 시스템에 불법 접근 후 저장 정보를 변경하여 정보를 속이는 행위
>   – 정보의 무결성 보장 위협
> • 변조(Modification)
>   – 시스템에 불법적으로 접근하여 데이터를 다른 내용으로 바꾸는 행위
>   – 정보의 무결성 보장 위협
> • 차단(Interruption)
>   – 정보의 송수신을 원활하게 하지 못하도록 방해하는 행위
>   – 정보의 흐름을 차단하고, 정보의 가용성 보장 위협
> ※ 보안의 3요소: 기밀성(Confidentiality), 무결성(Integrity), 가용성(Availability)

08

정답 ①

정답해설

①은 스니핑(Sniffing)에 대한 설명이다. 스니핑은 네트워크상에서 자신이 아닌 다른 상대의 패킷을 엿듣는 해킹기법으로, 스니핑하는 도구를 스니퍼라고 한다. 네트워크 트래픽을 도청하는 과정이 이에 해당한다.

- 스푸핑(Spoofing): 공격자가 목적으로 하는 의도적인 행위를 위해 승인받은 사용자인 것처럼 시스템에 접근하거나 네트워크상에서 허가된 주소로 위장하여 패킷을 전송함으로써 접근 제어를 우회하도록 하는 공격으로, IP 주소, MAC 주소, 포트(port), 전자 우편(이메일) 주소 등 네트워크 통신과 관련된 것을 이용한다. 임의의 웹 사이트로 사용자의 방문을 유도하고, 사용자의 시스템 권한을 획득하거나 중간에서 패킷을 가로채는 등 허가받은 IP를 도용하여 정보를 빼 가거나, 이메일을 통해 가짜 웹 사이트로 접속을 유도하여 사용자가 암호와 기타 정보를 입력하도록 하는 등 속임을 이용한 공격을 총칭한다.

오답해설

② 세션 하이재킹(Session Hijacking): 현재 연결 중인 세션을 가로채는 공격으로, 공격자가 서버와 그 서버에 접속한 클라이언트(공격 대상) 간의 통신에서 지속적으로 유지되고 있는 세션을 훔치거나 도용하여 정상적으로 세션이 형성된 클라이언트인 것처럼 위장함으로써 액세스하는 기법이다. 이를 통하면 ID와 패스워드를 몰라도 인증을 건너뛰어 시스템에 접근할 수 있으며, 서버와 공격대상이 주고받은 데이터를 도청하거나 사용할 수 있다.

  ※ 세션(Session): 클라이언트가 웹 서버에 요청하여 접속할 때 서버가 클라이언트에게 부여한 유일한 ID를 말한다. 네트워크 연결이 지속적으로 유지되고 있는 상태로, 이 ID를 임시 저장하여 페이지 이동 시 이용하며, 재접속 시 클라이언트를 구분할 수 있는 유일한 수단이 된다.

③ 티어드롭(Teardrop): 네트워크 프로토콜 스택의 취약점을 이용한 공격 방법이다. 시스템에서 패킷을 재조립할 때 IP 패킷 조각(Fragment)을 정상 크기보다 아주 작게 분할하거나 겹치게 하여 전송함으로써, 비정상 패킷이 정상 패킷의 재조립하는 데 과부하를 일으키고 네트워크를 마비시키는 공격이다. 공격을 받게 되면 네트워크의 연결이 끊기거나 블루 스크린의 오류화면을 출력하고 시스템이 정지된다.

④ 스머프(Smurf): 공격 대상인 컴퓨터나 네트워크를 마비시킬 목적으로 컴퓨터의 출발지 IP 주소를 위조한 ICMP Echo(출발지 IP 주소를 공격 대상의 IP 주소로 변조)를 네트워크의 라우터로 하여금 서브넷 내의 모든 호스트에 전송하고(브로드캐스트 IP 주소로 전송), 수신한 컴퓨터들이 조작된 공격 대상의 IP 주소로 다량의 ICMP Echo Request를 보내게 되어(응답 폭주), 해당 컴퓨터나 네트워크를 마비시켜(과부하 발생) 서비스 거부(DoS) 상태로 만드는 공격이다.

09

정답 ④

정답해설

Diffie-Hellman은 기밀성과 인증성을 제공하며, 효율적인 키 교환에 사용된다.

> **The 알아보기** Diffie-Hellman 알고리즘
> - 타인에게 알려져도 상관없는 정보를 두 사람이 교환하여 공통의 비밀값을 만들고 이를 대칭 암호키로 사용한다.
> - 비대칭키 알고리즘에서 사용하는 키 교환 방식이다(다양한 키 분배 방식의 기본).
> - 상대방의 공개키와 나의 개인키를 이용하여 비밀키를 생성한다(최초의 비밀키 교환 프로토콜).
> - 송신자와 수신자는 비밀키를 사용하여 데이터를 암호화한 후 전달한다.

10

정답 ②

정답해설

일반적인 정보검색 엔진에서는 검색되지 않지만 접속을 위해서는 특정 프로그램을 사용해야 하는 웹으로 주로 사이버 범죄가 이루어지는 공간은 ② '다크 웹(Dark Web)'이다.

오답해설

① 딥 웹(Deep Web): 검색 엔진이 찾지 못하는 모든 웹 페이지로, 사용자 데이터베이스, 개인 이메일 정보, 등록이 필요한 웹 양식, 유료 결제가 필요한 페이지도 포함한다.

③ 스턱스넷(Stuxnet): 발전소 · 공항 · 철도 등 기간시설을 파괴할 목적으로 제작된 컴퓨터 바이러스로, 스스로 비밀 서버에 접속해 업데이트를 하는 방식으로 정교하게 제작되었다.

④ 웹 셸(Web Shell): 공격자가 공격 대상 서버에 임의의 명령을 실행할 수 있도록 악의적으로 제작한 스크립트 파일을 업로드하여 관리자 권한을 획득하는 방식의 공격 방법이다.

11
정답 ①

정답해설

IPSec 프로토콜에서 AH는 시스템 접근 제어, 데이터의 발신처 인증, 비연결형 무결성, 재전송 공격 방지의 보안 기능이 있으나, 기밀성에 대한 것은 제공하지 않는다. 기밀성(암호화)은 ESP를 통해 제공하는 보안 서비스이다.

오답해설

② IPSec는 TCP/IP 프로토콜과 애플리케이션이 사용할 수 있도록 IP 계층에서 보안 서비스를 제공한다.

③ ESP는 AH와 같이 시스템 접근 제어, 데이터의 발신처 인증, 비연결형 무결성, 재전송 공격 방지의 보안 기능 외에 기밀성(암호화, 프라이버시), 제한된 트래픽 흐름의 기밀성(터널 모드) 서비스를 제공한다.

④ IPSec는 모든 트래픽을 암호화하고 인증 기능을 제공하는데, AH와 ESP는 특정한 암호화 방법을 지정하지 않으므로 필요에 따라 다양한 암호 알고리즘을 사용할 수 있는 유연성이 있다.

The 알아보기 IPSec 프로토콜(IP Security protocol)

• 네트워크 계층에서 패킷에 대한 보안을 제공하기 위한 프로토콜로, 전송 모드와 터널 모드를 지원한다.

• 인터넷을 통해 지점들을 안전하게 연결하는 데 이용된다.

• IP 계층에서 패킷 보안을 제공하는 것으로, 특정 암호화나 인증 방법의 사용을 규정하지 않는다.

• 가상 사설망의 보안 서비스에 적절하며, 두 호스트 간에 논리적 연결을 필요로 한다.

• 응용 프로그램의 설정은 하지 않으며 접근 제어, 데이터 인증, 무결성, 암호화/프라이버시, 재전송 공격 방지(응답 보호) 및 키 관리 기능을 포함한 보안 서비스를 제공한다.

• IPv4와 IPv6을 지원한다.

• 전송 모드는 단지 호스트와 호스트 간의 메시지 무결성을 제공하고, 터널 모드는 호스트와 호스트, 호스트와 보안 게이트웨이, 보안 게이트웨이와 보안 게이트웨이 간의 전송 경로를 보호한다.

• 전송 모드에서는 IPSec 헤더가 IP와 TCP 헤더 사이에 위치하여 IP 헤더를 제외한 IP 패킷 페이로드만을 보호하고, 터널 모드에서는 새로운 IPSec 헤더가 IP 패킷 전체(IP 헤더 +IP 페이로드) 앞에 추가되어서 모든 Original IP 패킷 전체가 암호화되어 IP 패킷 전체(IP 헤더+IP 페이로드)를 보호한다.

12
정답 ④

정답해설

임의 길이의 입력 값에서 동일한 해시 알고리즘을 거쳐 고정된 길이의 해시 출력 값이 생성되기 때문에, 해시 함수에서의 충돌은 오히려 출력 공간이 입력 공간보다 작기 때문에 발생한다고 볼 수 있다.

오답해설

① 서로 다른 두 개의 입력 값에 대해서 해시 함수가 동일하면 고정된 길이의 동일한 해시 결과 값을 출력하는데, 이와 같이 두 개의 다른 메시지가 같은 해시 값을 갖는 것을 충돌이라 한다. 해시 함수는 무결성 검증에 사용하기 때문에 이러한 충돌이 발견되면 안 되는 충돌 내성을 가져야 하며, 이로 인해 해시 값이 같으면서 입력 값이 서로 다른 충돌 쌍을 찾는 것은 계산상 불가능해야 한다. 또한, 주어진 임의의 해시 출력 값 y에 대하여 $y=h(x)$를 만족하는 입력 값 x를 찾는 것은 계산적으로 불가능하다.

② 입력 메시지가 다르면 도출되는 해시 값도 다르다. 해시 함수가 무결성을 유지하기 위해서 입력되는 메시지가 1비트라도 변화하면 해시 결과 값은 완전히 다르게 나타난다(무결성 검증에 사용).

③ 일방향 해시 함수는 일방향성을 가지며, 이로 인해 해시 결과 값으로부터 입력 메시지를 역산할 수 없다는 성질이 있다. 또한, 해시 값을 고속으로 계산할 수 있다.

※ 해시 함수는 일방향성과 충돌 회피성으로 인해 무결성을 제공하는 메시지 인증 코드(MAC) 및 전자서명(내부 부정 방지)에 사용된다.

13
정답 ③

오답해설

ⓔ 접근제어(Access Control) 원칙에 통신규약은 해당되지 않는다.

14
정답 ③

정답해설

③은 Handshake 프로토콜에 대한 설명이다. Handshake 프로토콜은 서버와 클라이언트 간의 상호 인증을 수행하고, 교환 방식 및 암호 방식, 압축 방식 등을 협상한다.

15
정답 ②

정답해설

시나리오법은 정성적 분석 방법이다. 정량적 분석 방법에는 과거자료 분석법, 수학공식 접근법, 확률 분포법 등이 있다.

> **The 알아보기 위험 분석의 방법**
>
> · 정량적(Quantitative) 방법
> - 손실 및 위험의 크기를 금액으로 표현하며 계산이 복잡함
> - 위험을 손실액과 같은 숫자 값으로 나타내므로 비용과 가치 분석이 수행됨
> - 객관적인 평가 기준으로 위험 관리에 대한 성능 평가가 용이함
> - 시간과 노력에 대한 비용이 커서 정확한 자산 가치 확인이 어려움
> - 종류로는 과거자료 분석법, 수학공식 접근법, 확률 분석법 등이 있음
>
> · 정성적(Qualitative) 방법
> - 손실 및 위험을 개략적인 크기로 표현하며 측정 결과를 화폐로 표현하기 힘듦
> - 주관적인 평가 기준으로 위험 관리의 성능을 추적하기 어려움
> - 계산에 대한 노력이 적고, 비용에 따른 이익을 평가할 필요가 없음
> - 종류로는 델파이법, 시나리오법, 순위 결정법 등이 있음

16
정답 ④

정답해설

④는 오용 탐지(Misuse Detection) 기법에 대한 설명이다. 이것은 기존 공격의 패턴을 이용하여 공격을 감지하기 위하여 시그니처(Signature)를 기반으로 동작한다. 따라서 새로운 공격 유형이 발견될 때마다 지속적으로 해당 시그니처를 갱신해 주어야 한다.

· 이상 탐지(Anomaly Detection, 비정상 행위 탐지) 기법: 알려지지 않았지만 비정상적인 공격 행위를 감지하여 경고하기 위하여 비정상 행위(Anomaly) 기반 감지 방식을 사용한다. 일정 기간 동안 사용자, 그룹, 프로토콜, 시스템 등을 관찰하여 생성한 프로파일이나 통계적 임계치를 이용하여 침입 여부를 판단한다.

오답해설

① 이상 탐지 기법을 이용하면 알려지지 않은 공격을 탐지하는 것은 가능하나, 공격을 막을 수 있는 대응책을 제시하지는 못한다. 공격 시도를 사전에 예방하고 차단(방어) 가능한 것은 침입 방지 시스템(IPS)에 대한 설명이다.

② 오용 탐지(Misuse Detection) 기법은 기존의 침입 방법과 시스템 로그, 네트워크 입력 정보 등을 저장해 두었다가 사용자의 행동 패턴이 기존과 일치하거나 유사한 경우 침입으로 판단하는 것이다.

③ 호스트 기반 IDS는 설치되어 있는 호스트 내의 운영체제 모니터링(시스템 호출, 애플리케이션 로그, 파일 시스템의 수정사항, 호스트의 동작과 상태 등)을 통해 침입 유형을 탐지한다. 네트워크 기반 IDS가 탐지하지 못하는 침입의 탐지가 가능하며, 시스템 이벤트 감시를 통해 보다 정확하게 침입을 탐지할 수 있다.

> **The 알아보기 침입 탐지 시스템(IDS; Intrusion Detection System)**
>
> · 개념: 인가된 사용자 혹은 외부 침입자에 대해 컴퓨터 시스템의 허가되지 않은 사용이나 오용(악용)과 같은 침입을 알아내거나 탐지 대상 시스템이나 네트워크를 감시하여 공격 패턴이 들어올 경우 이를 탐지하는 시스템이다.
>
> · 분류
> - 네트워크(Network) IDS: 네트워크 모니터링을 하는 형태로, 암호화 세션에 대한 탐지가 어렵다.
> - 호스트(Host) IDS: 호스트의 감사 기록이나 들어오는 패킷 등을 검사하는 형태로, 공격자의 프로세스를 강제로 종료할 수 있다.
>
> · 분석 기법
> - 오용 탐지(Misuse Detection) 기법: 기존에 알려진 취약성에 대한 공격 패턴 정보를 미리 입력해 두었다가 이에 해당하는 패턴을 탐지한다.
> - 이상(비정상적 행위) 탐지(Anomaly Detection) 기법: 통계적 기반 등 정상에서 벗어나는 행위나 이전에 알려지지 않은 공격에 대비하기 위한 여러 가지 비정상적인 행동을 탐지하는 것으로 새로운 유형의 침입 탐지가 가능하다.

17
정답 ①

오답해설

ⓒ xferlog 파일은 FTP 서버 운영 시 주고받는 모든 파일을 기록한다.

ⓔ loginlog 파일은 실패한 로그인 시도에 대한 정보를 기록한다.

18
정답 ①

정답해설

수집 제한의 원칙(Collection Limitation Principle)

정보 수집 제한과 정보 수집 수단의 요건에 관한 문제로, 무차별적인 개인정보 수집을 하지 않도록 제한할 것을 권고하고, 정보 수집을 하는 경우에는 합법적이고 공정한 절차에 따라 정보주체에게 알리거나(정보주체의 인지) 동의를 받아야 하는 것이 최소한의 요건이다. 다만 범죄 수사 활동의 경우처럼 때에 따라서 정보주체의 인지 또는 동의가 필요한 것으로 간주할 수 없는 이유도 인정하고 있다.

> **The 알아보기 OECD 개인정보(프라이버시) 보호 8원칙**
> • 수집 제한(Collection Limitation)의 원칙
> – 최소한의 범위에서 적법한 방법으로 개인정보를 수집
> – 정보주체의 인지와 동의를 얻음(민감한 개인정보의 수집 제한)
> • 정보 정확성(Data Quality)의 원칙
> – 수집 및 이용 목적 범위에서 정확성, 완전성, 최신성을 보장
> – 이용 목적과의 관련성을 요구
> • 목적 명시(Purpose Specification)의 원칙
> – 개인정보 수집 시 명확한 수집 목적을 제시
> – 명시된 목적에 적합한 개인정보의 이용
> • 이용 제한(Use Limitation)의 원칙
> – 필요한 목적 범위 안에서 적법하게 처리
> – 정보주체의 동의나 법 규정을 제외하고, 목적 외 이용 금지
> • 안전성 확보(Security Safeguards)의 원칙
> – 개인정보의 유출, 권한, 접근 금지 등 합리적인 보안 장치를 설정
> – 개인정보의 물리적, 기술적, 조직적 안전 조치 확보
> • 공개(Openness)의 원칙
> – 개인정보의 개발, 운영, 처리, 보호, 정책을 일반에 공개
> – 개인정보관리자의 신원과 개인정보의 이용 목적 등에 용이한 접근이 가능

• 개인 참가(Individual Participation)의 원칙
 – 정보주체가 열람, 삭제, 정정, 보완, 수정 등의 청구권을 보장
 – 합리적인 시간과 방법에 따라 개인정보에 접근이 가능
• 책임(Accountability)의 원칙
 – 개인정보관리자는 원칙에 대한 준수 의무 및 책임을 가짐
 – 원칙들이 지켜지도록 필요한 제반 조치 사항을 취함

19
정답 ②

정답해설

ⓛ · ⓒ · ⓜ은 수동적 · 소극적 공격에 해당한다.

• 수동적 · 소극적 보안 공격: 데이터 도청, 스캐닝, 수집된 데이터 분석 · 트래픽 분석, 메시지 내용 공개 등이 있으며, 직접적인 피해를 주지 않는다.

오답해설

ⓖ · ⓔ · ⓑ은 능동적 · 적극적 공격에 해당한다.

• 능동적 · 적극적 보안 공격: 변경(수정), 신분 위장, 재전송, 부인, 서비스 거부 등이 있으며, 시스템의 무결성 · 기밀성 · 가용성을 공격하여 직접적인 피해를 준다.

> **The 알아보기 정보보호의 보안 공격**
> • 소극적 · 수동적(Passive) 보안 공격

스누핑 (Snooping)	• 데이터에 대한 비인가 접근으로 기밀성 위협 • 다양한 암호화 기법을 사용하여 데이터를 이해할 수 없도록 지정해야 함
메시지 내용 공개 (Release of Message Contents)	• 전화 통화, 전자 우편 메시지, 전송 파일 등의 기밀 정보 포함 • 해당 정보에 대해 공격자가 전송 내용을 탐지하지 못하도록 예방해야 함
트래픽 분석 (Traffic Analysis)	• 송 · 수신자의 이메일 주소나 질의 및 응답을 수집하여 기밀성 위협 • 데이터를 암호화하여 이를 이해할 수 없을 경우 트래픽을 분석하여 다른 정보를 얻음

- 적극적 · 능동적(Active) 보안 공격

변경, 수정 (Modification)	• 데이터의 전달 정보를 다른 내용으로 바꾸는 행위로 무결성 위협 • 정보를 가로채는 경우 자신에게 유리하도록 정보를 조작
신분 위장 (Masquerade)	• 하나의 실체가 다른 실체로 행세를 하는 행위로 무결성 위협 • 제한된 범위의 특권을 가진 실체가 보다 많은 특권을 가지고 있는 것처럼 가장(위장)
재전송 (Replaying)	• 인가되지 않은 사항에 접근하는 행위로 무결성 위협 • 데이터를 획득하여 비인가된 효과를 얻기 위하여 재전송
부인 (Repudiation)	• 송 · 수신자 중 한쪽에서 수행되는 행위로 무결성 위협 • 송신자는 보낸 메시지를, 수신자는 받은 메시지를 부인할 수 있음
서비스 거부 (Denial of Service)	• 시스템의 서비스를 느리게 하거나 차단하는 행위로 가용성 위협 • 통신 설비가 정상적으로 사용 및 관리되지 못하게 방해

20
정답 ③

정답해설

통신과금서비스: 정보통신서비스로서 다음 각 목의 업무를 말한다.
- 타인이 판매 · 제공하는 재화 또는 용역(재화 등)의 대가를 자신이 제공하는 전기통신역무의 요금과 함께 청구 · 징수하는 업무
- 타인이 판매 · 제공하는 재화 등의 대가가 가목의 업무를 제공하는 자의 전기통신역무의 요금과 함께 청구 · 징수되도록 거래정보를 전자적으로 송수신하는 것 또는 그 대가의 정산을 대행하거나 매개하는 업무

> **The 알아보기** 정보통신망 이용촉진 및 정보보호 등에 관한 법률 제2조(정의)
> ① 이 법에서 사용하는 용어의 뜻은 다음과 같다.
> 1. "정보통신망"이란 「전기통신사업법」 제2조 제2호에 따른 전기통신설비를 이용하거나 전기통신설비와 컴퓨터 및 컴퓨터의 이용기술을 활용하여 정보를 수집 · 가공 · 저장 · 검색 · 송신 또는 수신하는 정보통신체제를 말한다.

2. "정보통신서비스"란 「전기통신사업법」 제2조 제6호에 따른 전기통신역무와 이를 이용하여 정보를 제공하거나 정보의 제공을 매개하는 것을 말한다.
3. "정보통신서비스 제공자"란 「전기통신사업법」 제2조 제8호에 따른 전기통신사업자와 영리를 목적으로 전기통신사업자의 전기통신역무를 이용하여 정보를 제공하거나 정보의 제공을 매개하는 자를 말한다.
4. "이용자"란 정보통신서비스 제공자가 제공하는 정보통신서비스를 이용하는 자를 말한다.
5. "전자문서"란 컴퓨터 등 정보처리능력을 가진 장치에 의하여 전자적인 형태로 작성되어 송수신되거나 저장된 문서형식의 자료로서 표준화된 것을 말한다.
6. 삭제〈2020.2.4.〉
7. "침해사고"란 다음 각 목의 방법으로 정보통신망 또는 이와 관련된 정보시스템을 공격하는 행위로 인하여 발생한 사태를 말한다.
   가. 해킹, 컴퓨터바이러스, 논리폭탄, 메일폭탄, 서비스 거부 또는 고출력 전자기파 등의 방법
   나. 정보통신망의 정상적인 보호 · 인증 절차를 우회하여 정보통신망에 접근할 수 있도록 하는 프로그램이나 기술적 장치 등을 정보통신망 또는 이와 관련된 정보시스템에 설치하는 방법
8. 삭제〈2015.6.22.〉
9. "게시판"이란 그 명칭과 관계없이 정보통신망을 이용하여 일반에게 공개할 목적으로 부호 · 문자 · 음성 · 음향 · 화상 · 동영상 등의 정보를 이용자가 게재할 수 있는 컴퓨터 프로그램이나 기술적 장치를 말한다.
10. "통신과금서비스"란 정보통신서비스로서 다음 각 목의 업무를 말한다.
    가. 타인이 판매 · 제공하는 재화 또는 용역(이하 "재화 등"이라 한다)의 대가를 자신이 제공하는 전기통신역무의 요금과 함께 청구 · 징수하는 업무
    나. 타인이 판매 · 제공하는 재화 등의 대가가 가목의 업무를 제공하는 자의 전기통신역무의 요금과 함께 청구 · 징수되도록 거래정보를 전자적으로 송수신하는 것 또는 그 대가의 정산을 대행하거나 매개하는 업무
11. "통신과금서비스 제공자"란 제53조에 따라 등록을 하고 통신과금서비스를 제공하는 자를 말한다.
12. "통신과금서비스 이용자"란 통신과금서비스 제공자로부터 통신과금서비스를 이용하여 재화 등을 구입 · 이용하는 자를 말한다.
13. "전자적 전송매체"란 정보통신망을 통하여 부호 · 문자 · 음성 · 화상 또는 영상 등을 수신자에게 전자문서

등의 전자적 형태로 전송하는 매체를 말한다.

② 이 법에서 사용하는 용어의 뜻은 제1항에서 정하는 것 외에는 「지능정보화 기본법」에서 정하는 바에 따른다.

※ 지능정보화 기본법 제2조(정의)

이 법에서 사용하는 용어의 뜻은 다음과 같다.

1. "정보"란 광(光) 또는 전자적 방식으로 처리되는 부호, 문자, 음성, 음향 및 영상 등으로 표현된 모든 종류의 자료 또는 지식을 말한다.

2. "정보화"란 정보를 생산·유통 또는 활용하여 사회 각 분야의 활동을 가능하게 하거나 그러한 활동의 효율화를 도모하는 것을 말한다.

3. "정보통신"이란 정보의 수집·가공·저장·검색·송신·수신 및 그 활용, 이에 관련되는 기기·기술·서비스 및 그 밖에 정보화를 촉진하기 위한 일련의 활동과 수단을 말한다.

4. "지능정보기술"이란 다음 각 목의 어느 하나에 해당하는 기술 또는 그 결합 및 활용 기술을 말한다.

   가. 전자적 방법으로 학습·추론·판단 등을 구현하는 기술

   나. 데이터(부호, 문자, 음성, 음향 및 영상 등으로 표현된 모든 종류의 자료 또는 지식을 말한다)를 전자적 방법으로 수집·분석·가공 등 처리하는 기술

   다. 물건 상호간 또는 사람과 물건 사이에 데이터를 처리하거나 물건을 이용·제어 또는 관리할 수 있도록 하는 기술

   라. 「클라우드컴퓨팅 발전 및 이용자 보호에 관한 법률」 제2조 제2호에 따른 클라우드 컴퓨팅 기술

   마. 무선 또는 유·무선이 결합된 초연결지능정보통신 기반 기술

   바. 그 밖에 대통령령으로 정하는 기술

5. "지능정보화"란 정보의 생산·유통 또는 활용을 기반으로 지능정보기술이나 그 밖의 다른 기술을 적용·융합하여 사회 각 분야의 활동을 가능하게 하거나 그러한 활동을 효율화·고도화하는 것을 말한다.

6. "지능정보사회"란 지능정보화를 통하여 산업·경제, 사회·문화, 행정 등 모든 분야에서 가치를 창출하고 발전을 이끌어가는 사회를 말한다.

7. "지능정보서비스"란 다음 각 목의 어느 하나에 해당하는 서비스를 말한다.

   가. 「전기통신사업법」 제2조 제6호에 따른 전기통신역무와 이를 이용하여 정보를 제공하거나 정보의 제공을 매개하는 것

   나. 지능정보기술을 활용한 서비스

   다. 그 밖에 지능정보화를 가능하게 하는 서비스

8. "정보통신망"이란 「전기통신기본법」 제2조 제2호에 따른 전기통신설비를 이용하거나 전기통신설비와 컴퓨터 및 컴퓨터의 이용기술을 활용하여 정보를 수집·가공·저장·검색·송신 또는 수신하는 정보통신체제를 말한다.

9. "초연결지능정보통신망"이란 정보통신 및 지능정보기술 관련 기기·서비스 등 모든 것이 언제 어디서나 연결[이하 "초연결"(超連結)이라 한다]되어 지능정보서비스를 이용할 수 있는 정보통신망을 말한다.

10. "초연결지능정보통신 기반"이란 초연결지능정보통신망과 이에 접속되어 이용되는 정보통신 또는 지능정보기술 관련 기기·설비, 소프트웨어 및 데이터 등을 말한다.

11. "정보문화"란 지능정보화를 통하여 사회구성원에 의하여 형성되는 행동방식·가치관·규범 등의 생활양식을 말한다.

12. "지능정보사회윤리"란 지능정보기술의 개발, 지능정보서비스의 제공·이용 및 지능정보화의 추진 과정에서 인간 중심의 지능정보사회의 구현을 위하여 개인 또는 사회 구성원이 지켜야 하는 가치판단 기준을 말한다.

13. "정보격차"란 사회적·경제적·지역적 또는 신체적 여건 등으로 인하여 지능정보서비스, 그와 관련된 기기·소프트웨어에 접근하거나 이용할 수 있는 기회에 차이가 생기는 것을 말한다.

14. "지능정보서비스 과의존"이란 지능정보서비스의 지나친 이용이 지속되어 이용자가 일상생활에 심각한 지장을 받는 상태를 말한다.

15. "정보보호"란 정보의 수집·가공·저장·검색·송신 또는 수신 중 발생할 수 있는 정보의 훼손·변조·유출 등을 방지하기 위한 관리적·기술적 수단(이하 "정보보호시스템"이라 한다)을 마련하는 것을 말한다.

16. "공공기관"이란 다음 각 목의 어느 하나에 해당하는 기관을 말한다.

    가. 「공공기관의 운영에 관한 법률」에 따른 공공기관

    나. 「지방공기업법」에 따른 지방공사 및 지방공단

    다. 특별법에 따라 설립된 특수법인

    라. 「초·중등교육법」, 「고등교육법」 및 그 밖의 다른 법률에 따라 설치된 각급 학교

    마. 그 밖에 대통령령으로 정하는 법인·기관 및 단체

21

정답해설

TCSEC은 미국 국방부에서 1985년 발표한 정보보호 시스템 평가 기준으로, 표지가 오렌지색이어서 일명 오렌지북이라 불린다. 보안 등급은 A1, B3, B2, B1, C2, C1, D의 7개로 구분하며, D는 보안 설정이 이루어지지 않은 단계(최소한의 보호)이고 A는 수학적으로 완벽한 이상적인 시스템(검증된 정보보호)이다. 같은 등급(B나 C)에서는 뒤의 숫자가 클수록 보안 수준이 높다.

오답해설

① 안전·신뢰성이 입증된 미국의 컴퓨터 시스템 보안 평가 기준이다. 유럽형 보안 기준은 ITSEC(Information Technology Security Evaluation Criteria)이다.
③ ITSEC에 대한 설명이다. TCSEC은 기밀성을 중심(기밀성만)으로 평가한다.
④ 보안 레이블은 B1 등급 이상에서부터 요구된다. 따라서 C2 등급에서는 보안 레이블이 필요하지 않다.

22

오답해설

ⓔ DES와 SEED는 동일하게 16라운드의 Feistel 구조를 갖는다.

The 알아보기 대칭키 암호의 기본 구조

암호	SEED	ARIA	DES	AES
구조	Feistel	ISPN	Feistel	SPN

23

정답해설

커버로스(Kerberos) 인증 프로토콜은 니드햄-슈로더(Needham-Schroeder) 프로토콜을 기반으로 만들어졌다.

오답해설

① 커버로스는 대칭키 암호화 방식에 기초한 티켓 기반의 제3의 사용자 인증 서비스로 SSO(Single Sign On) 기능을 수행한다. 대칭키를 사용하여 도청으로부터 보호할 수 있다.
② 클라이언트가 서버에 접속하기 전에 TGS를 통해 발급받은 티켓은 유효기간 동안 재사용할 수 있다. 티켓에는 서버 ID, 클라이언트 ID, 클라이언트 네트워크 주소, 티켓

유효 기간, 클라이언트와 서버가 서비스 기간 동안 공유하는 세션키 등의 정보가 포함되어 있다.
④ 커버로스는 시간 제한을 둘 수 있는 타임스탬프를 이용하므로, 다른 이용자가 티켓을 복사하여 원래의 사용자인 것처럼 위장하고 티켓을 사용하는 것을 막아 재생 공격을 방지할 수 있다.

The 알아보기 커버로스(Kerberos)

• 개념
  - 개방된 컴퓨터 네트워크 내에서 서비스 요구를 인증하기 위한 네트워크 인증 시스템으로, 미국 MIT의 Athena 프로젝트에서 개발되었다.
  - 분산된 환경에서 개체 인증 서비스를 제공하는 비밀키 인증 프로토콜로, 현재 가장 많이 사용된다.

• 특징
  - 커버로스 서버는 완전한 환경을 위해 아이디와 패스워드를 데이터베이스에 저장하고, 모든 사용자는 커버로스 서버에 등록해야 한다.
  - 각 서버와 비밀키를 공유하고, 인증을 지원하는 메커니즘을 제공한다.
  - 클라이언트, 서버, 인증 서버, 티켓 발급 서버로 구성되며, 사용자와 네트워크 서비스에 대한 인증이 가능하다.
  - 사용자 암호는 네트워크를 통하지 않고, 대칭키 암호 방식(예 DES)만을 사용한다.
  - 사용자가 해당 서버의 인증을 받기 위해 티켓이라는 인증값을 사용한다.
  - 하나의 시스템에 속해 있는 클라이언트와 서버의 범위를 영역(Realm)이라 하고, 티켓 발급 서버가 클라이언트에게 발급하는 것을 신임장(Credential)이라 한다.

• 장점
  - 데이터의 기밀성과 무결성을 보장
  - 재생 공격을 예방할 수 있음
  - 개방된 이기종 간의 컴퓨터에서 자유로운 서비스 인증(SSO)이 가능
  - 대칭키를 사용하여 도청으로부터 보호
  - 통신 내용을 암호화키 및 암호 프로세스를 이용하여 보호

• 단점
  - 패스워드의 사전 또는 재전송 공격에 약함
  - 비밀키, 세션키가 임시로 단말기에 저장되어 침입자로부터 탈취당할 수 있음(정보 유출)
  - 사용자가 패스워드를 바꾸면 비밀키도 변경
  - 모든 클라이언트와 서버의 시간 동기화가 이루어져야 함
  - 커버로스 서버 자체의 보안 문제가 있음

24

정답해설

공격자는 에러 메시지를 분석해 공격법을 찾기 때문에 SQL 서버의 에러 메시지를 사용자에게 보여주지 않도록 설정한다.

> **The 알아보기 SQL Injection 대응책**
> - 모든 스크립트에 대한 모든 파라미터를 점검하여 사용자 입력 값이 공격에 사용되지 않도록 함
> - SQL 서버의 에러 메시지를 사용자에게 보여주지 않도록 설정
> - 사용자 입력이 직접 SQL 문장으로 사용되지 않도록 함
> - 매개변수화된 인터페이스를 제공하는 안전한 API 사용
> - 인터프리터에 대한 특수 문자를 필터링함

25

정답 ③

정답해설

생체 인증 기법의 단점으로 인식 오류의 발생 가능성은 매우 높다.

> **The 알아보기 생체 인증 기법**
> - 특징
>   - 다양한 제품으로 인한 표준화가 미흡하고, 오인식률(FAR)과 오거부율(FRR)에 대한 문제가 있다.
>   - FAR와 FRR가 일치하는 교차 오류율(CER; Crossover Error Rate)은 표준 평가 지점으로, 낮을수록 정확하다.
>   - 정적인 신체적 특성 또는 동적인 행위적 특성을 이용할 수 있다.
>   - 인증 정보를 망각하거나 분실할 우려가 거의 없다.
>   - 프라이버시 침해에 따른 거부감이 일부 존재하며, 인증 시스템 구축에 많은 비용이 발생한다.
>   - 처리 속도가 느리고, 처리량이 낮기 때문에 사용자 인증을 여러 번 시도하면 성능이 저하된다.
> - 요구 조건
>   - 보편성: 모든 사람이 가지는 생체 특성이다.
>   - 구별성: 같은 생체 특성은 없어야 한다.
>   - 영구성: 오랜 시간이 흘러도 생체 특성은 변하지 않는다.
>   - 획득성: 생체 특성을 쉽게 얻을 수 있어야 한다.
>   - 수용성: 생체 특성은 사용자로부터 거부감이 없어야 한다.

제2회 모의고사 정답 및 해설

제1과목: 국어

01	02	03	04	05	06	07	08	09	10
③	②	④	④	③	③	③	①	②	④

11	12	13	14	15	16	17	18	19	20
①	①	①	①	③	①	③	④	③	③

21	22	23	24	25					
①	①	②	②	④					

01
정답 ③

정답해설
- 들른(○): '지나는 길에 잠깐 들어가 머무르다.'의 의미로 쓸 때에는 '들르다'로 표기하는 것이 적절하다.
- 거여요(○): '이다'의 어간 뒤에 '-에요', '-어요'가 붙은 '-이에요'와 '-이어요'는 받침이 없는 체언 뒤에 붙을 때는 '-예요', '-여요'로 줄어든다.

오답해설
① 치뤄야(×) → 치러야(○): '치르다'가 기본형이며, '치러, 치르니'와 같이 'ㅡ'가 탈락하는 규칙 활용을 한다. '치르-'와 '-어야'가 결합할 경우 'ㅡ'가 탈락하여 '치러야'로 써야 한다.
② 뒤쳐진(×) → 뒤처진(○): 문맥상 '어떤 수준이나 대열에 들지 못하고 뒤로 처지거나 남게 되다.'라는 뜻의 '뒤처지다'를 써야 하므로 '뒤처진'이 맞다. '뒤쳐지다'는 '물건이 뒤집혀서 젖혀지다.'를 뜻한다.
④ 잠궈(×) → 잠가(○): '잠그다'의 어간 '잠그-' 뒤에 어미 '-아'가 결합하면 'ㅡ'가 탈락하여 '잠가'로 활용되므로 '잠가'로 써야 한다.

02
정답 ②

정답해설
제시된 글에서 동조(同調)는 자신이 확실히 알지 못하는 일일 경우 또는 질서나 규범 같은 힘을 가지고 있는 어떤 집단의 압력으로 인해 나타난다고 하였다. 또한 '집단에게 소외될 가능성으로 인해 자신이 믿지 않거나 옳지 않다고 생각하는 문제에 대해서도 동조의 입장을 취한다.'고 하였으므로, 글의 내용을 잘못 이해한 사람은 ② '수희'이다.

03
정답 ④

정답해설
㉠은 '조선이 독립국', ㉡은 '조선인이 자주민'이라는 의미이다. 따라서 ㉠과 ㉡에서 '-의'의 쓰임은 앞 체언이 뒤 체언이 나타내는 행동이나 작용의 주체임을 나타내는 것이다.

> **The 알아보기 기미독립선언서**
> 우리는 이에 우리 조선이 독립한 나라임과 조선 사람이 자주적인 민족임을 선언한다. 이로써 세계 만국에 알리어 인류 평등의 큰 도의를 분명히 하는 바이며, 이로써 자손만대에 깨우쳐 일러 민족의 독자적 생존의 정당한 권리를 영원히 누려 가지게 하는 바이다.

04
정답 ④

정답해설
〈보기〉에서 설명한 시의 표현 방법은 본래의 의도를 숨기고 반대되는 말로 표현하는 방법인 '반어법'이다.
④ 제시된 김소월의 「진달래꽃」에서는 임이 떠나가는 슬픈 상황에서 죽어도 눈물을 흘리지 않을 것이라는 반어법을 활용하여 임과의 이별로 인한 슬픔을 효과적으로 강조하고 있다.

오답해설
① 제시된 김영랑의 「돌담에 속삭이는 햇발같이」에서는 '같이'를 활용해 원관념을 보조 관념에 빗대어 표현하는 직유법을 사용하고 있다.
② 제시된 김춘수의 「꽃」에서는 의미 있는 존재를 '꽃'으로 표현해 상징법을 사용하고 있고, 움직일 수 없는 '꽃'이 나에게로 왔다고 표현하여 의인법을 사용하고 있다.
③ 제시된 김광섭의 「산」에서는 '법으로'를 반복해 반복법을 사용하고 있고, 무정물인 산이 '사람을 다스린다'라고 표현하여 의인법을 사용하고 있다.

The 알아보기	반어법, 직유법
반어법	본래 말하고자 하는 뜻과는 반대되는 말이나 상황으로 의미를 강조하는 수사법이다. • 언어적 반어법: 일반적인 반어법이다. 겉으로 드러나는 의미와 대립되는 의미를 강조하기 위하여 사용한다. • 상황적 반어법: 주로 서사 작품에서 많이 사용된다. 등장인물이 작중 상황과 어울리지 않는 행동을 하거나 사건의 진행과는 정반대의 결과가 나타난다. 이러한 과정에서 독자는 부조리나 모순 등을 더욱 강하게 느끼게 된다.
직유법	원관념과 보조 관념을 '~같이', '~처럼', '~양', '~듯' 등을 사용하여 직접적으로 연결하는 방법이다. 예 그는 여우처럼 교활하다. 예 내 누님같이 생긴 꽃이여

05
정답 ③

정답해설

제시된 작품은 윤동주의 시 「별 헤는 밤」이다. 시에서의 '가을 속의 별'은 시인의 가슴 속의 추억, 사랑, 쓸쓸함, 동경과 시와 어머니 그리고 아름다운 모든 것을 표상한다. 따라서 ③ '별은 시적 화자가 지향하는 내적 세계를 나타낸다'고 할 수 있다.

오답해설

① 내면의 쓸쓸함을 드러낸 부분은 있으나 현실 비판적 내용은 없으며, '별'을 다 헤지 못하는 이유가 '아직 나의 청춘이 다하지 않는 까닭'이라고 본다면 미래에 대한 이야기를 하고 있다고 할 수 있다.

② 제시된 시에서는 특별한 청자가 드러나지 않았으며, 화자는 담담한 고백적 어조를 취하고 있다.

④ '별'은 현실 상황의 변화를 바라는 화자의 현실적 욕망을 상징하는 것이 아니라, 화자가 지향하는 것들을 상징하고 있다.

06
정답 ③

정답해설

ⓒ 30년∨동안(○): 한글 맞춤법 제43항에 따르면 단위를 나타내는 명사 중 순서를 나타내는 경우나 숫자와 어울리어 쓰이는 경우에는 붙여 쓸 수 있다고 하였다. 따라서 '30년'

과 같이 아라비아 숫자 다음에 오는 단위 명사는 숫자와 붙여 쓸 수 있다. 또한 '어느 한때에서 다른 한때까지 시간의 길이'를 뜻하는 명사 '동안'은 앞말과 띄어 써야 한다.

오답해설

ⓐ 창∨밖(×) → 창밖(○): '창밖'은 '창문의 밖'을 뜻하는 한 단어이므로 붙여 써야 한다.

ⓑ 우단천(×) → 우단∨천(○): '우단 천'은 '거죽에 곱고 짧은 털이 촘촘히 돋게 짠 비단'을 뜻하는 명사 '우단'과 '실로 짠, 옷이나 이부자리 따위의 감이 되는 물건'을 뜻하는 명사 '천'의 각각의 단어로 이루어져 있으므로 띄어 써야 한다.

ⓓ 일∨밖에(×) → 일밖에(○): '밖에'는 '그것 말고는', '그것 이외에는', '기꺼이 받아들이는', '피할 수 없는'의 뜻을 나타내는 보조사이므로 앞말과 붙여 써야 한다.

07
정답 ①

정답해설

〈보기〉의 ㉠은 같은 대상을 가리키는 말이 언어에 따라 달리 발음되는 사례이고, ㉡은 소리는 같지만 의미가 다르게 사용되는 사례이다. ㉢은 시간이 흐름에 따라 의미의 변화가 일어난 사례이다. 이런 사례를 통해 확인할 수 있는 언어의 특성은 '언어의 자의성'이다. 언어의 자의성이란 언어 기호의 말소리(형식)와 의미(내용) 사이에는 필연적인 관계가 없다는 것이다.

오답해설

② 연속된 실체를 분절하여 표현한다는 것은 '언어의 분절성'에 해당하는 설명이다.

③ 기본적인 어순이 정해져 있음은 '언어의 법칙성(규칙성)'에 대한 설명이다.

④ 한정된 기호만으로 무수히 많은 문장을 만들어 사용한다는 것은 '언어의 개방성(창조성)'에 해당하는 설명이다.

08
정답 ③

정답해설

'하물며'는 그도 그러한데 더욱이, 앞의 사실이 그러하다면 뒤의 사실은 말할 것도 없다는 뜻의 접속 부사로, '-느냐', '-랴' 등의 표현과 쓰는 것이 자연스럽다.

오답해설

① '여간'은 주로 부정의 의미를 나타내는 말과 함께 쓰여 그 상태가 보통으로 보아 넘길 만한 것임을 나타내는 부사이

다. 따라서 '뜰에 핀 꽃이 여간 탐스럽지 않았다'로 고치는
것이 적절하다.
② 과업 지시서 '교부'와 서술어 '교부하다'는 의미상 중복되
므로 앞의 '교부'를 삭제하는 것이 적절하다.
④ 무정 명사에는 '에'가 쓰이고, 유정 명사에는 '에게'가 쓰인
다. 일본은 무정 명사에 해당하므로 '일본에게'를 '일본에'
로 고쳐 쓰는 것이 적절하다.

09 정답 ②

정답해설
'어질병(––病), 총각무(總角–)'는 한자어 계열의 표준어이다.

오답해설
① '겸상(兼床)'은 한자어 계열의 표준어가 맞지만, '성냥'은
고유어 계열의 표준어이다.
③ '개다리소반(–––小盤)'은 한자어 계열의 표준어가 맞지
만, '푼돈'은 고유어 계열의 표준어이다.
④ '칫솔(齒–)'은 한자어 계열의 표준어가 맞지만, '구들장'은
고유어 계열의 표준어이다.

10 정답 ④

정답해설
㉠ ㉠의 앞에서는 '역사의 연구'에 대한 일반적인 진술을 하
고 있으며, ㉠의 뒤에서는 '역사의 연구(역사학)'에 대한
부연 설명을 하고 있다. 따라서 ㉠에 들어갈 수 있는 접속
부사는 '즉' 또는 '다시 말해'이다.
㉡ ㉡의 뒤에 제시된 문장은 앞의 내용을 예를 들어서 보충하
고 있다. 따라서 ㉡에 들어갈 수 있는 접속 부사는 '가령'
이다.
㉢ ㉢의 뒤에 제시된 문장은 앞에서 언급했던 모든 내용을 정
리하고 있다. 따라서 ㉢에 들어갈 수 있는 접속 부사는 '요
컨대'이다.

11 정답 ①

정답해설
독도: Docdo(×) → Dokdo(○)

12 정답 ①

정답해설
㉠ 어른이면서 남성인 '아저씨'가 들어가는 것이 적절하다.
㉡ 어른이 아니면서 남성인 '소년'이 들어가는 것이 적절하다.
㉢ 어른이면서 남성이 아닌 '아주머니'가 들어가는 것이 적절
하다.
㉣ 어른이 아니면서 남성도 아닌 '소녀'가 들어가는 것이 적
절하다.

13 정답 ①

정답해설
가난할수록 기와집 짓는다: 당장 먹을 것이나 입을 것이 넉
넉지 못한 가난한 살림일수록 기와집을 짓는다는 뜻으로, 실
상은 가난한 사람이 남에게 업신여김을 당하기 싫어서 허세
를 부리려는 심리를 비유적으로 이르는 말

오답해설
② 가난한 집 신주 굶듯: 가난한 집에서는 산 사람도 배를 굶
는 형편이므로 신주까지도 제사 음식을 제대로 받아 보지
못하게 된다는 뜻으로, 줄곧 굶기만 한다는 말
③ 가난한 집에 자식이 많다: 가난한 집은 먹고 살 걱정이 큰
데 자식까지 많다는 뜻으로, 이래저래 부담되는 것이 많
음을 이르는 말
④ 가난한 집 제사 돌아오듯: 살아가기도 어려운 가난한 집
에 제삿날이 자꾸 돌아와서 그것을 치르느라 매우 어려움
을 겪는다는 뜻으로, 힘든 일이 자주 닥쳐옴을 비유적으
로 이르는 말

14 정답 ①

오답해설
② 이순(耳順): 예순 살
③ 미수(米壽): 여든여덟 살
④ 백수(白壽): 아흔아홉 살

정답해설

(가) 고려 시대 문충이 지은 가요인 「오관산곡(五冠山曲)」이다. 문충의 홀어머니에 대한 효성이 잘 드러난 작품이다.

(나) 작자 미상의 「정석가(鄭石歌)」로, 임에 대한 영원한 사랑이 드러나 있다.

(다) 조식의 시조로, 임금님의 승하를 애도하는 내용이다.

(라) 조선 초기에 지어진 작자 미상의 악장 「감군은」이다. '바다보다 깊은 임금님의 은혜'가 나타나 있는 송축가이며 향악의 곡명이기도 하다.

(마) 이항복의 평시조로, 연군(戀君)과 자신의 억울함을 호소하는 내용이 나타나 있다.

(바) 서경덕의 시조로, 임을 기다리는 마음이 나타나 있다.

③ '볕뉘'와 '덕퇵'은 둘 다 임금님의 은혜를 의미한다.

The 알아보기

(가) 문충, 「오관산곡」

• 형식 및 갈래: 한시(7언 절구), 서정시
• 특성
  – 불가능한 상황의 설정을 통한 역설적 표현이 두드러짐
  – 어머니가 오래 살기를 바라는 간절한 마음과 결코 헤어지지 않겠다는 의지를 노래함
• 구성
  – 기 · 승: 나무로 만든 닭을 벽 위에 올려 놓음 – 실현 불가능한 상황 설정
  – 전 · 결: 그 닭이 울면 그제서야 어머니와 헤어짐 – 실현 불가능한 상황의 설정으로 어머니에 대한 영원한 사랑을 기원함
• 주제: 어머니에 대한 지극한 효심

(다) 조식, 「三冬(삼동)에 뵈옷 입고」

• 갈래: 단형 시조, 평시조, 서정시, 연군가(戀君歌)
• 성격: 애도적, 유교적
• 소재: 베옷, 볕뉘, 해(임금)
• 제재: 중종(中宗)의 승하
• 주제: 임금의 승하를 애도함
• 출전: 『청구영언』, 『해동가요』, 『화원악보』
• 구성
  – 초장[기(起)]: 은사(隱士)의 청빈한 생활(베옷 → 벼슬하지 않은 은사)
  – 중장[승(承)]: 왕의 은혜를 조금도 받지 않음(구름 낀 볕뉘 → 임금의 조그만 은총, 낮은 벼슬)

  – 종장[결(結)]: 중종의 승하를 슬퍼함(서산에 해지다 → 중종의 승하)

(라) 작자 미상, 「감군은」

• 갈래: 악장
• 성격: 송축가(頌祝歌)
• 표현: 과장적, 교술적, 예찬적
• 특징
  – 각 장마다 똑같은 내용의 후렴구가 붙어 있어 고려 속요와 비슷한 형식을 갖추고 있음
  – 자연과의 비교를 활용해 임의 덕과 은혜를 강조 – 반복법, 과장법, 설의법 등을 통해 주제 강화
• 제재: 임금님의 은덕
• 주제: 임금님의 은덕과 송축
• 출전: 『악장가사』

(마) 이항복, 「철령 높은 봉에」

• 작자: 이항복(李恒福: 1556∼1618)
• 갈래: 평시조, 단시조, 연군가(戀君歌)
• 소재: 구름, 원루(寃淚), 님
• 제재: 구름, 비
• 발상 동기: 자신의 정의(正義)를 끝까지 관철하겠다는 의지에서 지음
• 성격: 풍유적(諷諭的), 비탄적(悲歎的), 우의적(寓意的), 호소적
• 표현: 감정이입, 의인법(擬人法)
• 핵심어: 원루(寃淚)
• 주제: 억울한 심정 호소 / 귀양길에서의 정한(情恨)
• 출전: 『청구영언』, 『해동가요』, 『가곡원류』, 『고금가곡』

(바) 서경덕, 「ᄆ음이 어린 後(후) | 니」

• 연대: 조선 중종
• 해설: 마음이 어리석으니 하는 일마다 모두 어리석다. / 겹겹이 구름 낀 산중이니 임이 올 리 없건만, / 떨어지는 잎이 부는 바람 소리에도 행여나 임이 아닌가 착각했노라.
• 성격: 감성적, 낭만적
• 표현: 도치법, 과장법
• 주제: 임을 기다리는 마음, 연모(戀慕)의 정
• 출전: 『청구영언』

16

정답해설

(가) 「오관산곡」과 (나) 「정석가」에 역설적 표현이 사용되었다. 두 작품은 모두 실현 불가능한 것을 가능한 것으로 설정하는 역설적 표현 기법을 사용하여 간절한 소망을 드러내고 있다.

> **The 알아보기** (나) 작자 미상, 「정석가」
> • 갈래: 고려 가요, 고려 속요, 장가(長歌)
> • 성격: 서정적, 민요적
> • 형식: 전 6연, 3음보
> • 특징
>   - 과장법, 역설법, 반어법 사용
>   - 각 연에 반복되는 구절을 통해 화자의 감정을 강조함
>   - 대부분의 고려 속요가 이별이나 향락적 삶을 노래하는 반면, 이 작품은 임에 대한 사랑을 노래함
>   - 불가능한 상황을 역설적으로 표현하여 영원한 사랑을 노래함
>   - 반어법, 과장법 등 다양한 표현과 기발한 발상이 돋보임
> • 내용: 태평성대를 구가하고 남녀 간의 사랑이 무한함을 표현한 노래
> • 주제: 임에 대한 영원한 사랑, 태평성대(太平聖代)의 기원

17
정답 ③

정답해설

주체가 제3의 대상에게 동작이나 행동을 하도록 시키는 사동 표현은 ③이다.

오답해설

① 철수가 자의로 옷을 입은 것이므로 주동 표현이 쓰였다.
②·④ 주체의 행위가 타의에 의한 것이므로 피동 표현이 쓰였다.

18
정답 ④

정답해설

3연과 4연은 극한적 상황과 그에 대한 화자의 대응(초극 의지)이 드러나 있다. 따라서 화자의 심화된 내적 갈등을 단계적으로 보여 주고 있는 것이 아니다.

오답해설

① 1연과 2연은 화자의 현실적 한계 상황을 단계적으로 제시하고 있다.

② 1연은 북방이라는 수평적 한계가, 2연은 고원이라는 수직적 한계가 드러난다. 즉, 극한적 상황이 중첩되어 나타나고 있다.

③ 1, 2연의 중첩된 상황으로 인해 3연에서는 절박한 상황에 처해 있음을 드러내고 있다.

19
정답 ③

정답해설

묘사의 방식으로 내용을 전개하고 있는 것은 ③이다. 묘사란 어떤 사물에 대해 그림을 그리듯이 생생하게 표현하는 방식이다.

오답해설

① 비교와 대조의 방식으로 내용을 전개하고 있으며 지구와 화성의 공통점과 차이점에 대해 서술하고 있다.

② 유추의 방식으로 내용을 전개하고 있다. 유추란 같은 종류의 것 또는 비슷한 것에 기초하여 다른 사물을 미루어 추측하는 방법이다.

④ 정의와 예시의 방식으로 내용을 전개하고 있다. '제로섬이란 ~' 부분에서 용어의 정의를 밝히고 있으며 그 뒤에 운동 경기를 예로 들어 설명하였다.

20
정답 ③

정답해설

㉠과 ㉢은 안은문장에서 목적어로 쓰이는 명사절이고, ㉡과 ㉣은 안은문장에서 부사어로 쓰이는 명사절이다.

㉠ '비가 오기'는 목적격 조사와 결합하여 안은문장에서 목적어로 쓰인다.

㉡ '집에 가기'는 부사격 조사 '에'와 결합하여 안은문장에서 부사어로 쓰인다.

㉢ '그는 1년 후에 돌아오기'는 부사격 조사 '로'와 결합하여 안은문장에서 부사어로 쓰인다.

㉣ '어린 아이들은 병원에 가기'는 안은문장에서 목적어로 쓰인다. 이때 목적격 조사는 생략되기도 한다.

21
정답 ①

정답해설

구름, 무덤(묻-+-엄), 빛나다(빛-+-나-+-다)로 분석할 수 있다.

오답해설

② 지우개(파생어), 헛웃음(파생어), 덮밥(합성어)

③ 맑다(단일어), 고무신(합성어), 선생님(파생어)

④ 웃음(파생어), 곁눈(합성어), 시나브로(단일어)

22
정답 ①

정답해설

'종성부용초성'이란 초성의 글자가 종성에도 사용되는 표기법으로, 밑줄 친 단어들 중에서는 ① '곶'이 그 예이다.

The 알아보기 「용비어천가」 제2장

- 갈래: 악장
- 주제: 조선 왕조의 번성과 무궁한 발전 기원
- 특징
  - 15세기 중세 국어 연구의 귀중한 자료
  - 2절 4구의 대구 형식을 취함
- 현대어 풀이

  뿌리가 깊은 나무는 바람에 흔들리지 아니하므로, 꽃이 좋고 열매가 많이 열리니

  샘이 깊은 물은 가뭄에 그치지 아니하므로, 내가 이루어져 바다에 가나니

23
정답 ②

정답해설

㉠의 앞 문장에서 '인간의 활동과 대립에 통일이 있듯이, 자연의 내부에서도 대립과 통일은 존재한다.'라고 했고, ㉠ 다음 문장에서는 '인간의 역사와 자연사의 변증법적 지양과 일여(一如)한 합일을 지향했다.'라고 했으므로 ㉠ 안에 들어갈 문장은 인간사와 자연사를 대립적 관계로 보면 안 된다는 ②의 내용이 적절하다.

오답해설

① 제시된 글에서는 인간과 자연의 경쟁 관계에 관한 내용이 제시되지 않았으므로 이는 논점에서 벗어난 진술이다.

③ 제시된 글에서는 인간의 역사와 자연의 역사를 구분하지 않아야 한다고 주장하고 있으므로 자연이 인간의 역사에 흡수된다는 내용은 적절하지 않다.

④ 제시된 글에서는 인간사를 연구하는 일과 자연사를 연구하는 일에 관한 내용이 제시되지 않았으므로 이는 논점에서 벗어난 진술이다.

24
정답 ②

정답해설

물에 젖어서 부피가 커진다는 의미를 지닌 동사는 '붇다'로, '불어, 불으니, 붇는'의 형태로 활용한다. 한편, '붓다'는 액체나 가루 따위를 다른 곳에 담는다는 의미의 동사이다.

25
정답 ④

정답해설

4문단의 '코흐를 비롯한 과학자들은 한센병, 임질, 장티푸스, 결핵 등의 질병 뒤에 도사리고 있는 세균들을 속속 발견했다. 이러한 발견을 견인한 것은 새로운 도구였다.'를 통해 코흐는 새로운 도구의 도움을 받아 질병을 유발하는 미생물들을 발견하였음을 확인할 수 있다. 따라서 새로운 도구의 개발 이전에 미생물들을 발견했다는 ④의 내용은 적절하지 않다.

오답해설

① 4문단에서 탄저병이 연구된 뒤 20년에 걸쳐 코흐를 비롯한 과학자들은 한센병, 임질, 장티푸스, 결핵 등의 질병 뒤에 도사리고 있는 세균들을 속속 발견했고, 순수한 미생물을 배양하는 방법이 개발되었으며, 새로운 염색제가 등장하여 세균의 발견과 확인을 도왔다고 하였다. 따라서 세균은 미생물의 일종이라는 내용은 적절하다.

② 5문단에서는 '세균을 확인하자 과학자들은 거두절미하고 세균을 제거하는 작업에 착수했다.', '그(조지프 리스터)는 자신의 스태프들에게 손과 의료 장비와 수술실을 화학적으로 소독하라고 지시함으로써 수많은 환자들을 극심한 감염으로부터 구해냈다.'라고 하였다. 따라서 세균을 화학적인 방법으로 제거할 수 있다는 것은 적절한 내용이다.

③ 1~3문단에 따르면 1762년 마르쿠스 플렌치즈가 미생물이 체내에서 증식함으로써 질병을 일으키고 이는 공기를 통해 전염될 수 있다고 주장하였지만 증거가 없어 무시되었으나, 19세기 중반 루이 파스퇴르와 로베르트 코흐가 각각 미생물이 질병을 일으킨다는 배종설을 입증하면서 미생물과 질병의 연관성에 대한 인식이 변화하기 시작했다고 하였다. 따라서 미생물과 질병의 연관성에 대한 인식이 통시적으로 변화해 왔다는 것은 적절한 내용이다.

제2과목: 컴퓨터일반

01	02	03	04	05	06	07	08	09	10
①	③	③	①	②	②	②	②	③	②
11	12	13	14	15	16	17	18	19	20
③	①	③	②	④	①	②	①	③	④
21	22	23	24	25					
④	④	①	①	①					

01
정답 ①

정답해설

ⓔ 2단계 로킹 규약을 적용하면 트랜잭션의 직렬 가능성을 보장할 수 있지만 교착상태 발생을 예방할 수는 없다.

> **The 알아보기 교착상태(Deadlock)**
> · 두 개 이상의 트랜잭션이 있을 때 서로 실행이 완료되기를 무한정 기다리는 상태를 말한다.
> · 교착상태를 해결하기 위한 방법으로는 회피(Avoidance), 예방(Prevention), 탐지(Detection) 등이 있다.

02
정답 ③

정답해설

〈보기〉의 내용은 RISC(Reduced Instruction Set Computer)에 대한 설명이다.

> **The 알아보기 CISC 프로세서와 RISC 프로세서**
> · CISC(Complex Instruction Set Computer) 프로세서
>   – 마이크로프로그래밍을 통해 사용자가 작성하는 고급 언어에 각각 하나씩 기계어를 대응시킨 회로로 구성된 프로세서이다.
>   – 명령어의 종류가 많아 복잡하고 기능이 많은 명령어로 구성된다.
>   – 마이크로 코드 설계가 어렵다.
> · RISC(Reduced Instruction Set Computer) 프로세서
>   – 비교적 적은 수의 명령 집합을 신속하고 효율적으로 처리하도록 설계된 프로세서로 명령어 길이는 고정적이다.
>   – CISC에 비해 제공되는 명령어 수가 적고 처리 속도가 빠르다.
>   – 명령어 셋(set) 자체를 자주 사용하는 명령어만으로 개수를 줄임으로써 대부분의 업무 활용 면에서 소요 시간을 줄일 수 있다.

03
정답 ③

정답해설

RFID(Radio Frequency Identification)

무선 주파수를 이용하여 접촉하지 않아도 인식이 가능한 기술로, RFID 태그와 RFID 판독기가 필요하다. RFID 태그는 안테나와 집적 회로로 이루어지며 집적 회로 안에 정보를 기록하고 안테나를 통해 판독기에게 정보를 송신한다.

04
정답 ①

정답해설

하나의 스레드는 여러 프로세스에 포함될 수 없다.

오답해설

② 프로세스 내 스레드 간 통신은 커널 개입을 필요로 하지 않기 때문에 프로세스 간 통신보다 더 효율적이다.

> **The 알아보기 프로세스와 스레드의 차이**
> · 스레드는 프로세스에서 제어를 분리한 실행단위이다.
> · 프로세스는 여러 개의 스레드로 구성되고, 프로세스끼리는 서로 독립적이다. 서로 독립적인 프로세스는 데이터를 주고받을 때 프로세스 간 통신(IPC)을 이용한다.
> · 스레드는 프로세스 내부에서 서로 강하게 연결되어 있다. 하나의 스레드는 여러 프로세스에 포함될 수 없고, 같은 프로세스에 속한 다른 스레드와 코드를 공유한다.
> · 스레드는 프로그램 카운터(PC)를 독립적으로 가진다.
> · 스레드 간에는 힙(Heap) 메모리의 변수나 파일 등을 공유하고 전역 변수나 함수 호출 등의 방법으로 스레드 간 통신을 한다.

05

정답해설

프로그래밍 방식에는 인터럽트(Interrupt) 방식과 폴링(Polling) 방식이 있는데, 정기적으로 CPU 상태를 확인하는 폴링 방식을 사용하게 되면 폴링을 위해 다른 처리의 효율이 떨어진다. 그러나 인터럽트 방식을 사용할 경우 처리 종료 인터럽트를 받을 때까지 CPU는 다른 작업에 집중할 수 있다.

The 알아보기 　입 · 출력 제어 방식

제어 방식	CPU 관여 여부	특징
폴링에 의한 I/O	CPU 개입	가장 원시적인 방식
인터럽트 의한 I/O	CPU 개입	
DMA 의한 I/O	CPU 개입하지 않음	소형 컴퓨터에서 이용
채널 의한 I/O	CPU 개입하지 않음	대형 컴퓨터에서 이용

06

정답 ②

정답해설

- (−17)+(−4)=(−21)이므로 (−21)의 2의 보수는 (+21)을 2진수로 나타낸 후 음수로 변환하는 것이 간편하다.
  - → +21: 00010101
    (가장 왼쪽 비트가 0이면 양수, 1이면 음수)
- 1의 보수(0 → 1, 1 → 0): 11101010
  - → 2의 보수(1의 보수의 마지막 자리에 1을 더함):
    11101011

07

정답 ②

정답해설

Do Until문은 조건에 만족하지 않을 때까지 반복한다. n의 값이 1로 초기화되어 있고 n의 값이 5보다 크거나 같지 않을 때까지, 즉 n이 1과 3일 때까지 반복한다.

n이 5가 되면 $n >= 5$ 부분에서 '5와 같다'라는 것에 만족하게 되어 5까지 반복되지 않으므로 Sum=Sum+n(누적 합)에 의하여 1과 3이 더해지며 4라는 결과가 나타나게 된다.

- (과정)초기 값: Sum=0, n=1
- 1회 반복: Sum=0, n=1, Sum=Sum+n일 때 Sum=1
- 2회 반복: Sum=1, n=3, Sum=Sum+n일 때 Sum=4

- 3회 반복: Sum=4, n=5 → n의 값이 5와 같기 때문에 계산하지 않는다.

08

정답 ②

정답해설

직접 사상 방식은 실행 중인 두 개의 프로그램에서 동일 슬롯을 공유하는 경우에 캐시 슬롯에 대한 적중률이 떨어져 슬롯 교체가 빈번하게 발생한다. 이러한 직접 사상 방식의 단점을 보완하여 적중률을 높인 방식이 완전 연관 사상 방식이다.

ㄱ 직접 사상: 메인 메모리의 임의의 블록에서 첫 번째 워드는 캐시 메모리의 첫 번째 슬롯에, 또 다른 블록에서 두 번째 워드는 캐시 메모리의 두 번째 슬롯에만 넣을 수 있는 사상 방식이다.

ㄴ 완전 연관 사상: 직접 사상의 단점을 보완한 방식으로 서로 다른 두 블록의 첫 번째 워드가 동시에 캐시 메모리에 있도록 하기 위해 메인 메모리의 블록 번호를 캐시 메모리에 저장한다.

ㄷ 집합 연관 사상: 직접 사상과 연관 사상 방식의 장점을 취합한 방식으로 집합과 태그가 있는데, 집합 번호는 같고, 태그 번호가 다른 단어들을 저장할 수 있다.

The 알아보기 　직접 사상과 연관 사상

- 직접 사상(Direct Mapping)
  - 주기억장치의 임의의 블록들이 특정한 슬롯으로 사상되는 방식이다.
  - 기억시킬 캐시 블록의 결정 함수는 주기억장치의 블록 번호를 캐시 전체의 블록 수로 나눈 나머지로 결정한다.
  - 캐시 메모리에서 한 개의 페이지만 존재하도록 하는 경우로 1:1 매핑에 해당한다.
- 완전 연관 사상(Fully−Associative Mapping)
  - 주기억장치의 임의의 블록들이 어떠한 슬롯으로든 사상될 수 있는 방식이다.
  - 가장 빠르고 융통성 있는 구조 방식으로 직접 사상의 단점을 극복한다.
  - 메모리 워드의 번지와 데이터를 함께 저장하는데, 캐시 블록이 꽉 채워진 경우이면 라운드 로빈(Round Robin) 방식으로 메모리 워드 번지와 데이터를 교체한다.

09

정답 ③

정답해설

데이터 전송 단위

- 물리 계층: Bit
- 데이터링크 계층: Frame
- 네트워크 계층: Packet
- 전송 계층: Segment
- 세션 · 프레젠테이션 · 애플리케이션 계층: Message

10

정답 ②

정답해설

②는 데이터 모델링 단계 중 물리적 모델링에 대한 설명이다.

The 알아보기   데이터 모델링
• 개념: 현실 세계를 데이터베이스에 표현하는 중간 과정, 즉 데이터베이스 설계 과정에서 데이터의 구조를 표현하기 위해 데이터베이스로 모델화하는 작업이다.
• 데이터 모델의 분류

개념적 데이터 모델	• 속성들로 기술된 개체 타입과 개체 타입들 간의 관계를 이용하여 현실 세계를 표현하는 방법이다. • 현실 세계에 대한 인간의 이해를 돕기 위하여 현실 세계에 대한 인식을 추상적 개념으로 표현하는 과정이다. • 현실 세계에 존재하는 개체를 인간이 이해할 수 있는 정보 구조로 표현하기 때문에 정보 모델이라고도 한다. • 종류로는 개체-관계(E-R, Entity-Relation) 모델이 있다.
논리적 데이터 모델	• 필드로 기술된 데이터 타입과 데이터 타입들 간의 관계를 이용하여 현실 세계를 표현하는 방법이다. • 개념적 모델링 과정에서 얻은 개념적 구조를 컴퓨터가 이해하고 처리할 수 있도록 컴퓨터 환경에 맞게 변환하는 과정이다. • 단순히 데이터 모델이라고 하면 논리적 데이터 모델을 의미한다. • 데이터 간의 관계를 어떻게 표현하느냐에 따라 관계형 데이터 모델, 계층형 데이터 모델, 망형 데이터 모델로 구분한다.

• 데이터 모델링 단계

개념적 모델링	• DB에 저장해야 될 데이터를 모형으로 표현 • ERD(Entity Relationship Diagram) 작성
논리적 모델링	• 엔티티와 애트리뷰트들의 관계에 대해 구조적 설계, 스키마 설계 • 정규화 수행
물리적 모델링	• 데이터베이스 스키마를 실제 구축, 사용할 DBMS 실제 선정, 필드의 데이터 타입과 크기 정의 • 데이터 사용량 분석, 비정규화

11

정답 ③

정답해설

데이터 조작어(DML) 명령어에는 UPDATE(수정 · 변경), INSERT(삽입), DELETE(삭제), SELECT(검색)가 있다.

오답해설

㉠ · ㉢ ALTER(변경)와 CREATE(생성)는 데이터 정의어(DDL)이다.

㉣ GRANT(부여)는 데이터 제어어(DCL)이다.

The 알아보기 데이터 언어의 종류			
데이터 정의어 (DDL)	스키마(구조) 관련 명령어	CREATE	생성
		ALTER	변경
		DROP	삭제
데이터 조작어 (DML)	데이터 관련 명령어	UPDATE	수정 · 변경
		INSERT	삽입
		DELETE	삭제
		SELECT	검색
데이터 제어어 (DCL)	규칙 · 권한 · 기법 관련 명령어	GRANT	부여
		REVOKE	해제

12

정답해설

속성에 관련된 무결성으로 데이터 형태, 범위, 기본값, 유일성 등을 제한하는 제약 조건은 ① '도메인 무결성(Domain Integrity)'이다.

> **The 알아보기** 무결성의 제약 조건
> - 도메인 무결성(Domain Integrity): 속성에 관련된 무결성으로 데이터 형태, 범위, 기본값, 유일성 등을 제한한다.
> - 개체 무결성(Entity Integrity): 한 릴레이션의 기본키를 구성하는 어떠한 속성 값도 널(Null) 값이나 중복 값을 가질 수 없다.
> - 참조 무결성(Reference Integrity): 릴레이션에 있는 튜플 정보가 다른 릴레이션에 있는 튜플 정보와 관계성이 있으며, 관계되는 정보의 정확성을 유지한다.
> - 키의 무결성(Key Integrity): 한 릴레이션(테이블)에는 최소한 하나의 키가 존재해야 한다.
> - 고유 무결성(Unique Integrity): 특정 속성에 대해 고유한 값을 가지도록 조건이 주어진 경우, 그 속성 값은 모두 달라야 한다.

13

정답 ③

정답해설

Second-chance(2차 기회) 페이지 교체 알고리즘은 특정 페이지에 접근하여 페이지 부재가 발생하지 않으면 해당 페이지를 큐의 맨 뒤로 이동시켜 대상 페이지에서 제외한다.

오답해설

① FIFO 페이지 교체 알고리즘은 선입선출 페이지 교체 알고리즘이라고도 하는데, 새로운 페이지는 가장 아래로 삽입되고, 다시간적으로 메모리에 가장 빨리 들어온 페이지를 선정하여(가장 위에 있는 페이지) 스왑 영역으로 내보낸다. 이에 따라 아무리 참조가 많이 된 페이지라도 교체될 수 있다.

② LRU 페이지 교체 알고리즘은 최근에 최소로 사용된 페이지를 대상 페이지로 선정하여, 메모리에 올라온 후 가장 오랫동안 사용되지 않은 페이지를 스왑 영역으로 옮긴다. 이 기법을 사용하기 위해서는 적재된 페이지들의 참조된 시간 또는 순서에 대한 정보가 필요하다.

④ LFU 페이지 교체 알고리즘은 사용 빈도가 가장 적은 페이지를 대상 페이지로 선정하며, 메모리에 있는 페이지마다 사용된 횟수를 확인하여 그 수가 가장 적은 페이지를 스왑 영역으로 옮긴다.

> **The 알아보기** 페이지 교체 알고리즘의 종류와 특징

종류	알고리즘	특징
간단한 알고리즘	무작위	• 가장 간단하게 구현 • 스왑 영역으로 내보낼 대상 페이지를 무작위로 선정
	FIFO	• 선입선출 페이지 교체 알고리즘 • 시간적으로 가장 빨리 메모리에 올라온 페이지를 선정
	최적	• 앞으로 사용하지 않을 페이지 선정 • 페이지 교체 시점부터 사용 시점까지 가장 멀리 있는 페이지를 선정
최적 근접 알고리즘	LRU	• 최근에 최소로 사용된 페이지를 선정 • 시간적으로 가장 멀리 떨어진(가장 오랫동안 사용되지 않은) 페이지를 선정
	LFU	• 최근에 사용 빈도가 적은 페이지를 선정 • 메모리에 있는 페이지마다 사용된 횟수 확인
	NUR	• 최근에 사용한 적이 없는 페이지를 선정 • 추가 비트 2개를 사용하여 미래를 추정(참조 비트, 변경 비트)
	FIFO 변형	FIFO 알고리즘을 변형하여 성능을 높인 알고리즘
	2차 기회	• 특정 페이지에 접근하여 페이지 부재가 발생하지 않으면 해당 페이지를 큐의 맨 뒤로 이동시켜 대상 페이지에서 제외
	시계	• 2차 기회 페이지 교체 알고리즘과 유사, 원형 큐 사용(2차 기회-큐 사용) • 스왑 영역으로 옮길 대상 페이지를 가리키는 포인터 사용

14

정답해설

분산 서비스 거부(DDoS)는 많은 수의 호스트에 패킷을 범람시킬 수 있는 공격용 프로그램을 분산 설치하고, 호스트 서버에 일제히 자료 패킷을 범람시켜 과부하로 서버 시스템을 마비시키는 공격 방법이다. 시스템의 중요 자원을 점거하고 사용 불가능한 상태로 만들면 표적이 되는 시스템은 범람하는 메시지들로 인해 시스템이 멈추게 되고 선의의 사용자들이 서비스를 받지 못하게 된다. 광범위한 네트워크를 이용하여 다수의 공격 지점에서 한 곳을 공격하며, 최근에는 악성코드와 결합하는 형태로 이루어진다. 이때 악성코드에 감염된 PC를 좀비 PC라고 한다.

오답해설

① 파밍은 공격자가 사용자의 합법적인 도메인을 탈취하거나 도메인 네임 시스템(DNS) 또는 프록시 서버의 주소를 변조하여, 사용자가 진짜 사이트로 오인하여 접속하도록 유도한 후 개인정보를 훔치는 해킹 공격 기법이다.

③ XSS는 웹상에서 가장 취약한 부문을 공격하는 방법의 일종으로, 공격하려는 사이트에 스크립트를 넣는 기법을 말한다.

④ 트로이 목마는 사용자가 의도하지 않은 코드를 정상적인 프로그램에 삽입한 형태를 띠며, 보통 관리자가 아닌 해커에 의해 인증 절차를 무시하고 원격에서 시스템 내부에 접근한다.

15

정답 ④

정답해설

종단(End to End) 간의 통신 서비스를 제공하는 것은 전송 계층이다.

> **The 알아보기** TCP/IP 계층별 프로토콜
> - 네트워크 접근 계층: 이더넷, MAC/LLC, SLIP, PPP
> - 인터넷 계층: IP, ARP, RARP, ICMP, IGMP
> - 전송 계층: TCP, UDP
> - 응용 계층: FTP, SMTP, SNMP

16

정답 ①

정답해설

- 색인 순차 파일(Indexed Sequential Access File)의 구성
  - 기본 데이터 영역(Prime Data Area): 실제의 데이터 레코드를 기록하는 부분이며, 각 레코드는 키 값 순서로 저장된다.
  - 색인 영역(Index Area): 기본 영역에서 레코드의 위치를 찾아가는 색인이 기록되는 부분이다.
  - 오버플로우 영역(Overflow Area): 기본 구역에 빈 공간이 없어 새로운 레코드 삽입이 불가능할 때를 위하여 예비적으로 사용할 수 있는 부분으로, 실린더 오버플로우 영역과 독립 오버플로우 영역으로 나뉜다.
- 색인 영역(Index Area)의 구성
  - 트랙(Track) 색인 영역: 기본 데이터 영역에서 한 트랙에 기록되어 있는 가장 작은 단위의 인덱스이다.
  - 실린더(Cylinder) 색인 영역: 각 트랙 색인 영역의 최대 키 값과 해당 레코드가 기록되어 실린더의 정보를 기록하는 인덱스이다.
  - 마스터(Master) 색인 영역: 인덱스 영역의 첫 번째 테이블로 정보가 많아 검색 시간이 오래 걸릴 때 만들어지는 인덱스이다.

17

정답 ②

정답해설

- t_8 이전에 트랜잭션이 완료된 T_1은 회복에서 제외된다.
- 장애발생 시점인 t_f 이전에 트랜잭션이 완료된 T_2, T_3, T_6은 재실행(Redo) 대상이 된다.
- 장애발생 시점인 t_f 이전에 트랜잭션이 완료되지 못한 T_4, T_5는 실행취소(Undo) 대상이 된다.

18

정답 ①

정답해설

나선형 소프트웨어 개발 프로세스 모델은 계획 및 요구 분석, 위험 분석, 개발, 평가의 4단계로 이루어진다.

오답해설

② 나선형 모델은 위험 분석 단계를 추가하여 위험에 대한 문제를 식별하고 해결 방법을 강조한 반복적 개발 모델이다.

③ 나선형으로 돌면서 여러 번의 소프트웨어 개발 과정을 거쳐 점진적으로 완성도가 높은 제품이 만들어진다.

The 알아보기 나선형 모델의 특징

- 폭포수 모델과 프로토타이핑의 장점에 위험 분석 요소를 추가하여 만든 모델이다.
- 위험 분석 단계가 존재하여 처음부터 위험에 대해 고려하기 때문에 갑자기 발생하는 위험으로 인해 프로젝트가 중단될 확률이 적다.
- 소프트웨어 개발 중 일어나는 변경에 대해 유연하게 대응할 수 있다.
- 사용자의 요구를 충분히 반영한다.
- 비용이 많이 들고 시간이 오래 소요되는 대규모 시스템을 구축해 나가는 데 사용된다.
- 프로젝트 기간이 길어질 수 있고, 반복 횟수가 많아질수록 프로젝트 관리가 어렵다.
- 위험 관리가 중요한 만큼 위험 관리 전문가를 필요로 한다.

The 알아보기 패킷 교환 방식의 종류

- 가상 회선 방식
  - 연결형 서비스 방식으로 단말기 간에 논리적인 가상 회선을 미리 설정하여 송신 측과 수신 측 사이의 연결을 확립한 후에 설정된 경로로 패킷들을 발생 순서대로 전송하는 방식이다.
  - 전송 도중 패킷이 충돌하더라도 미리 설정된 경로를 사용하므로 융통성이 없다.
  - 한 노드가 서비스를 중단하면 그 노드를 통한 모든 가상 회선은 서비스를 상실한다.
  - 긴 메시지의 전송에 유리하다.
- 데이터그램 방식
  - 각각의 패킷을 독립적으로 취급하는 방식이다.
  - 비연결형 서비스 방식으로 패킷을 전송하기 전에 미리 경로를 설정할 필요가 없다.
  - 순서와 무관하게 전달되며 패킷의 순서를 재구성하는 기능을 가져야 한다.
  - 목적지가 같은 패킷이라도 항상 같은 경로를 따르지 않는다.
  - 망의 혼잡상태에 따라 적절한 경로 설정이 가능하므로 융통성이 크다.
  - 소수의 패킷을 보내는 경우에 유리하다.
  - 통신망에 장애가 발생하면 우회가 가능하므로 신뢰성이 높다.

19 정답 ③

정답해설
IN은 OR와 동일하다.

오답해설
① ASC는 오름차순 정렬을 의미하며, 지정하지 않아도 오름차순 정렬을 기본으로 한다. 내림차순 정렬은 DESC로 지정해야 한다.
② 나이를 기준으로 오름차순 정렬된 결과를 조회하게 된다.
④ 영업부 또는 총무부인 사원의 데이터만 조회한다.

20 정답 ④

정답해설
가상 회선 방식은 단말기 간에 논리적인 가상 회선을 미리 설정하여 송신 측과 수신 측 사이의 연결을 확립한 후에 설정된 경로로 패킷들을 발생 순서대로 전송하는 연결 지향형 방식이다. 모든 패킷을 전송하면 가상 회선이 해제되고 패킷들은 전송된 순서대로 도착한다.

오답해설
① · ② · ③ 데이터그램 방식에 대한 설명이다.

21 정답 ④

정답해설
시간 복잡도는 ④ '힙 정렬'의 최악의 경우 $O(n \log n)$이고, ① · ② · ③의 최악의 경우 $O(n^2)$이다.

The 알아보기 최악의 시간 복잡도 비교

- 힙(히프) 정렬, 2-way 합병 정렬: $O(n \log n)$
- 버블 정렬, 삽입 정렬, 선택 정렬, 퀵 정렬의 최악의 시간 복잡도: $O(n^2)$
- 기수 정렬의 시간 복잡도: $O(d(n+r))$

22

- 출력되는 *(ptr＋3)＋100에서 *(ptr＋3)＝ptr[3]＝400 이므로 400＋100＝500이 출력된다.
- array 배열과 포인터 변수 ptr를 초기화하고, 포인터 변수 ptr에 array 배열 값을 대입하면 저장 공간이 동일하다.
- *(ptr＋3)은 ptr[3]과 동일하므로 ptr의 네 번째 값인 400 이고, 400에 100을 더하면 결과는 500이다.

23

오답해설

② 백도어(Backdoor): 컴퓨터 시스템의 보안 예방책에 침입 하여 시스템에 무단 접근하기 위해 사용되는 일종의 비상 구이다.

③ 봇넷(Botnet): 악성 프로그램에 감염되어 악의적인 용도 로 사용되는 다수의 컴퓨터들이 네트워크로 연결된 형태 이다.

④ 오토런 바이러스(Autorun Virus): MP3나 USB 같은 이 동식 저장 장치에 복사되어 자동으로 실행되도록 설정된 악성코드이다.

> **The 알아보기 바이러스의 예방**
> - 중요한 프로그램이나 자료는 미리 백업하고, 실행 파일의 속성을 읽기 전용으로 한다.
> - 램에 상주하여 부팅 시 바이러스 예방 프로그램이 실행되 도록 한다.
> - 네트워크를 통해 감염될 수 있으므로 공유 폴더의 관리를 철저히 한다.
> - 다운로드 받거나 복사한 파일은 반드시 백신 프로그램으로 검사한다.
> - 바이러스 감염이 의심되는 메일은 열지 말고 바이러스 검 사를 먼저 한다.
> - 백신 프로그램의 시스템 감시 및 인터넷 감시 기능을 이용 하여 바이러스를 사전에 검색한다.
> - 바이러스 예방 프로그램과 백신 프로그램을 항상 최신 버 전으로 업데이트한다.

24

정답해설

파이썬은 변수 또는 함수 선언 시 데이터형을 선언하지 않고 코드의 가독성을 높이며, 개발의 유연성을 증대시키는 프로 그래밍 언어이다.

> **The 알아보기 파이썬 언어의 특징**
>
> | 특징 | 설명 |
> | --- | --- |
> | ML 개발언어로 적합 | 다양한 Library를 통한 데이터 분석과 ML 및 AI 개발 접근 용이 |
> | 다양한 Library 제공 | 개발자들이 만들어 놓은 많은 모듈과 패키지를 쉽게 사용하여, 다양한 서비 스에 활용 및 응용 범위 넓음 |
> | 오픈소스 언어 | 저작권이 등록되어 있지만 자유롭게 사용 및 배포 가능 |
> | 직관적 코드 구현 | 기존의 main, 0을 반환하는 return 0과 같은 문법 없이 들여쓰기를 통한 직관 적인 코드 작성 |

25

오답해설

② 인공지능은 사람의 지능을 흉내낸 것이다.

③ 금융(Financial)과 기술(Technology)의 합성어로, 금융과 IT를 융합한 금융 서비스 또는 산업이다.

④ 인공지능의 한 분야로 컴퓨터가 학습할 수 있도록 하는 알 고리즘과 기술을 개발하는 것이다.

> **The 알아보기 핀테크(Fintech)**
> - 금융(Financial)과 기술(Technology)의 합성어로, 금융과 IT 를 융합한 금융 서비스 또는 산업이다.
> - 모바일, SNS, 빅데이터 등과 결합하여 모바일 뱅크, 앱카드 등이 있다.
> - 전자금융은 기존 금융사의 가치사슬 내에서 IT를 통해 효율 적으로 금융 서비스를 하는 것으로 그 주체가 금융 서비스 에 한정적인 데 반해, 핀테크는 지불 및 송금, 대출, 자산관 리, 보험, 통화 등 산업 전반에 활용된다.

01	02	03	04	05	06	07	08	09	10
①	①	①	①	③	②	③	②	①	③

11	12	13	14	15	16	17	18	19	20
④	③	②	④	④	④	④	③	①	①

21	22	23	24	25					
④	④	④	③	④					

01 　　　　　　　　　　정답 ①

정답해설

정당한 사용자임을 확인하는 것으로, 잘못된 인증을 하게 되면 주체 또는 객체에 피해를 끼칠 수 있는 정보보호 개념은 ① '인증성(Authenticity)'이다.

오답해설

② 기밀성(Confidentiality)은 인가된 사용자만이 데이터에 접근할 수 있도록 제한하는 것으로, 가로채기 공격에서 송·수신되는 데이터를 보호하거나 비인가된 개인, 단체, 프로세스(Process) 등으로부터 중요한 정보를 보호한다.

③ 무결성(Integrity)은 내부에 있는 정보의 저장 및 전달 시 비인가된 사용자의 악의적 또는 비악의적 접근으로부터 정보와 소프트웨어가 변경되지 않도록 정확성과 안정성을 보호하는 것으로, 위조와 변조 공격에서 저장된 정보가 변경되지 않도록 물리적 통제와 해시 함수를 사용하여 보호한다.

④ 가용성(Availability)은 인가된 사용자가 정보나 서비스를 요구할 때 언제든지 사용 가능하도록 하는 것으로, 차단 공격에서 정보의 흐름이 방해받지 않도록 하고 데이터를 백업하고 중복성을 유지하는 등의 방법으로 보호한다.

02 　　　　　　　　　　정답 ①

오답해설

ⓒ 인증서에는 버전, 일련번호, 알고리즘 식별자, 발행자, 유효 기간, 주체, 서명 등의 정보가 담겨 있다.

ⓓ 공인인증서는 인증 기관의 전자서명이 필요하다.

The 알아보기　PKI의 인증서

- 해당 키가 특정인임을 보증하는 것으로, 전자서명의 개인 키와 공개키를 제공한다. 즉, 공개키가 특정인의 것이라고 확신할 수 있는 증거 기능을 수행한다.
- 인증서는 제3자(인증 기관)가 발행하며 이름, 소속, 메일 등의 개인 정보와 당사자의 공개키가 기재되고, 인증 기관의 개인키로 전자 서명된다.
- 인증 기관(CA)으로부터 인증서를 받으면 중간자 공격의 가능성을 줄일 수 있다.
- 인증서의 표준 규격은 ITU나 ISO에서 정하고 있는 X.509로, 인증서를 작성하거나 교환할 때 여러 애플리케이션에서 지원한다.
- 인증서 갱신은 인증서의 유효 기간이 끝나기 전에 CA가 새로운 인증서를 발급해 준다.
- 인증서 폐기는 인증서의 유효 기간이 끝나기 전에 폐기하되 유효 기간이 끝나지 않은 인증서 목록은 수집 후 디렉터리에 공개한다. 이때 사용자에게 발행한 것과 다른 CA에게 발행한 것도 포함한다.

03 　　　　　　　　　　정답 ①

오답해설

② utmp: 현재 시스템에 로그인한 사용자들의 정보를 가진다.

③ btmp: 시스템 로그인에 실패할 경우에 저장되며 'lastb'라는 명령을 사용하여 확인이 가능하다.

④ sulog: 다른 사용자의 권한으로 셸을 실행하는 su 명령어의 사용 내역을 말한다.

04 　　　　　　　　　　정답 ①

정답해설

IDEA는 1990년 Lai와 Massey에 의해 초기 버전이 개발되었으며, PGP를 채택한다. 블록 길이는 64비트, 키 길이는 128비트이다.

05 정답 ③

정답해설

- n: 사용자 수
- 대칭키 암호 시스템 키 개수: $\dfrac{n(n-1)}{2}$
- 공개키 암호 시스템 키 개수: $2n$
- 10명일 때
  - 대칭키 암호 시스템 키 개수: $\dfrac{10 \times 9}{2} = 45(개)$
  - 공개키 암호 시스템 키 개수: $2 \times 10 = 20(개)$
- 20명일 때
  - 대칭키 암호 시스템 키 개수: $\dfrac{20 \times 19}{2} = 190(개)$
  - 공개키 암호 시스템 키 개수: $2 \times 20 = 40(개)$

따라서 대칭키는 145개, 공개키는 20개가 추가로 필요하다.

06 정답 ②

정답해설

개인정보를 제공받는 자와 체결한 계약 내용은 정보주체에게 알려야 하는 사항에 해당하지 않는다.

> **The 알아보기 개인정보 보호법 제17조(개인정보의 제공)**
> ① 개인정보처리자는 다음 각 호의 어느 하나에 해당되는 경우에는 정보주체의 개인정보를 제3자에게 제공(공유를 포함한다. 이하 같다)할 수 있다. 〈개정 2020.2.4., 2023.3.14.〉
> 1. 정보주체의 동의를 받은 경우
> 2. 제15조 제1항 제2호, 제3호 및 제5호부터 제7호까지에 따라 개인정보를 수집한 목적 범위에서 개인정보를 제공하는 경우 〈개정 2023.3.14.〉
> ② 개인정보처리자는 제1항 제1호에 따른 동의를 받을 때에는 다음 각 호의 사항을 정보주체에게 알려야 한다. 다음 각 호의 어느 하나의 사항을 변경하는 경우에도 이를 알리고 동의를 받아야 한다.
> 1. 개인정보를 제공받는 자
> 2. 개인정보를 제공받는 자의 개인정보 이용 목적
> 3. 제공하는 개인정보의 항목
> 4. 개인정보를 제공받는 자의 개인정보 보유 및 이용 기간
> 5. 동의를 거부할 권리가 있다는 사실 및 동의 거부에 따른 불이익이 있는 경우에는 그 불이익의 내용
> ③ 삭제〈2023.3.14.〉
> ④ 개인정보처리자는 당초 수집 목적과 합리적으로 관련된 범위에서 정보주체에게 불이익이 발생하는지 여부, 암호화

등 안전성 확보에 필요한 조치를 하였는지 여부 등을 고려하여 대통령령으로 정하는 바에 따라 정보주체의 동의 없이 개인정보를 제공할 수 있다. 〈신설 2020.2.4.〉
> [시행일: 2023.9.15.]

07 정답 ③

정답해설

Land 공격은 패킷을 전송할 때 소스(Source)의 IP 주소와 목적지(Destination)의 주소 값을 똑같이 만들어 공격 대상에게 보내는 공격 기법이다.

08 정답 ②

정답해설

이중서명은 SET에서 도입된 기술로, 주문 정보(구매 요청)와 지불 정보에 대한 해시 값을 각각 구한다. 구매 요구 거래에서 상인은 주문 정보만 알아야 하고, 매입사는 지불 정보만 알아야 한다.

> **The 알아보기 전자서명 방식**
> - 은닉서명(Blind Signature)
>   - 사용자 A가 서명자 B에게 자신의 메시지를 보여주지 않고 서명을 얻는 방식으로, D. Chaum에 의해 고안되었다 (누구의 서명인지 알 수 없음).
>   - 익명성을 보장하는 서명 방식으로, 기밀성을 유지할 수 있다.
> - 이중서명(Dual Signature)
>   - SET에서 도입된 기술로, 주문 정보(구매 요청)와 지불 정보에 대한 해시 값을 각각 구한다.
>   - 구매 요구 거래에서 상인은 주문 정보만 알아야 하고, 매입사는 지불 정보만 알아야 한다.
> - 위임서명(Proxy Signature): 서명자가 서명할 수 없는 상황에서 다른 사람에게 그 권한을 부여하여 다른 사람(위임 서명자)이 서명할 수 있도록 하는 방식이다.
> - 부인 방지서명(Undeniable Signature): 자체 인증 방식을 배제시켜 서명을 검증할 때 반드시 서명자의 도움이 있어야 검증이 가능한 서명 방식이다(이산 대수 문제를 기반).
> - 다중서명(Multi Signature): 동일한 전자문서에 여러 사람이 서명하는 방식이다.

09

정답해설

디지털 서명(Digital Signature)은 공용키를 이용하여 서명의 정확성을 확인한다.

10

정답 ③

오답해설

① 정보보호관리체계(BS7799): 정보보호 관리체계 인증 규격으로 1995년 영국표준협회(BSI)가 제정하여 1999년 국제표준화기구(ISO)에 의해 국제 표준으로 제정되었다.

② COBIT: 정보보안 관리 규격 중 IT 보호 및 통제부문의 모범적인 업무 수행 방법에 적용 가능한 ISACA에서 개발된 프레임워크이다.

④ 정보보호 및 개인정보보호 관리체계(ISMS-P): 통합인증 제도로 기존의 개인정보보호 관리체계 인증(PMS)과 정보보호 관리체계 인증(ISMS)을 하나로 통합한 제도이다.

11

정답 ④

정답해설

허니팟(Honey Pot)

외부 해커의 동향을 살피기 위한 개별화된 로그 시스템이다. 해당 시스템을 외부 해커가 정상 시스템으로 인식해 스캔이나 공격을 시도할 때 이를 로깅하여 반응함으로써 경각심을 주고, 정보를 살피거나 해킹 기법을 연구할 목적으로 설치한다.

12

정답 ③

정답해설

인라인 게이트웨이는 모든 패킷이 게이트웨이를 거치도록 설정한다.

※ 프록시 게이트웨이를 경유할 경우 내부 사용자 단말기에 별도의 프로그램을 설치한다.

오답해설

① 게이트웨이(Gateway)는 서로 다른 환경의 통신망이나 네트워크 간의 통신을 가능하게 하는 컴퓨터나 소프트웨어를 말하는데, 한 네트워크에서 다른 네트워크로 들어가는 입구의 역할을 하는 장치이다. 상이한 구조나 프로토콜을 이용하는 여러 개의 네트워크를 연결할 때 사용된다.

② 게이트웨이가 필요한 것은 네트워크마다 데이터를 전송하는 방식이 다르기 때문이며, 각각의 네트워크 간에는 서로 구별되는 프로토콜로 데이터를 전송한다. OSI 참조모델의 모든 계층을 포함하여 네트워크 간의 데이터 형식 및 프로토콜 변환 기능을 수행하여 속도가 느리므로 네트워크 내에 병목현상을 유발할 수 있다.

13

정답 ②

정답해설

개인정보처리자는 통계작성, 과학적 연구, 공익적 기록보존 등을 위하여 정보주체의 동의 없이 가명정보를 처리할 수 있다(「개인정보 보호법」 제28조의2 제1항).

오답해설

「개인정보 보호법」 제24조의2 제1항

① 주민등록번호 처리의 제한: 제24조 제1항에도 불구하고 개인정보처리자는 다음 각 호의 어느 하나에 해당하는 경우를 제외하고는 주민등록번호를 처리할 수 없다.

1. 법률 · 대통령령 · 국회규칙 · 대법원규칙 · 헌법재판소규칙 · 중앙선거관리위원회규칙 및 감사원규칙에서 구체적으로 주민등록번호의 처리를 요구하거나 허용한 경우

2. 정보주체 또는 제3자의 급박한 생명, 신체, 재산의 이익을 위하여 명백히 필요하다고 인정되는 경우

3. 제1호 및 제2호에 준하여 주민등록번호 처리가 불가피한 경우로서 보호위원회가 고시로 정하는 경우

※ 동법 제24조(고유식별정보의 처리 제한)

① 개인정보처리자는 다음 각 호의 경우를 제외하고는 법령에 따라 개인을 고유하게 구별하기 위하여 부여된 식별정보로서 대통령령으로 정하는 정보(이하 "고유식별정보"라 한다)를 처리할 수 없다.

1. 정보주체에게 제15조 제2항 각 호 또는 제17조 제2항 각 호의 사항을 알리고 다른 개인정보의 처리에 대한 동의와 별도로 동의를 받은 경우

2. 법령에서 구체적으로 고유식별정보의 처리를 요구하거나 허용하는 경우

② 삭제〈2013.8.6.〉

③ 개인정보처리자가 제1항 각 호에 따라 고유식별정보를 처리하는 경우에는 그 고유식별정보가 분실 · 도난 · 유출 · 위조 · 변조 또는 훼손되지 아니하도록 대통령령으로 정하는 바에 따라 암호화 등 안전성 확보에 필요한 조치를 하여야 한다.

④ 보호위원회는 처리하는 개인정보의 종류·규모, 종업원 수 및 매출액 규모 등을 고려하여 대통령령으로 정하는 기준에 해당하는 개인정보처리자가 제3항에 따라 안전성 확보에 필요한 조치를 하였는지에 관하여 대통령령으로 정하는 바에 따라 정기적으로 조사하여야 한다.

⑤ 보호위원회는 대통령령으로 정하는 전문기관으로 하여금 제4항에 따른 조사를 수행하게 할 수 있다.

The 알아보기　개인정보 보호법 제28조의2(가명정보의 처리 등)

① 개인정보처리자는 통계작성, 과학적 연구, 공익적 기록보존 등을 위하여 정보주체의 동의 없이 가명정보를 처리할 수 있다.

② 개인정보처리자는 제1항에 따라 가명정보를 제3자에게 제공하는 경우에는 특정 개인을 알아보기 위하여 사용될 수 있는 정보를 포함해서는 아니 된다.

[본조신설 2020.2.4.]

개인정보 보호법 제7조의2(보호위원회의 구성 등)

① 보호위원회는 상임위원 2명(위원장 1명, 부위원장 1명)을 포함한 9명의 위원으로 구성한다.

② 보호위원회의 위원은 개인정보 보호에 관한 경력과 전문지식이 풍부한 다음 각 호의 사람 중에서 위원장과 부위원장은 국무총리의 제청으로, 그 외 위원 중 2명은 위원장의 제청으로, 2명은 대통령이 소속되거나 소속되었던 정당의 교섭단체 추천으로, 3명은 그 외의 교섭단체 추천으로 대통령이 임명 또는 위촉한다.

　1. 개인정보 보호 업무를 담당하는 3급 이상 공무원(고위공무원단에 속하는 공무원을 포함한다)의 직에 있거나 있었던 사람

　2. 판사·검사·변호사의 직에 10년 이상 있거나 있었던 사람

　3. 공공기관 또는 단체(개인정보처리자로 구성된 단체를 포함한다)에 3년 이상 임원으로 재직하였거나 이들 기관 또는 단체로부터 추천받은 사람으로서 개인정보 보호 업무를 3년 이상 담당하였던 사람

　4. 개인정보 관련 분야에 전문지식이 있고 「고등교육법」 제2조 제1호에 따른 학교에서 부교수 이상으로 5년 이상 재직하고 있거나 재직하였던 사람

③ 위원장과 부위원장은 정무직 공무원으로 임명한다.

④ 위원장, 부위원장, 제7조의13에 따른 사무처의 장은 「정부조직법」 제10조에도 불구하고 정부위원이 된다.

[본조신설 2020.2.4.]

14　정답 ④

정답해설

SSL은 넷스케이프에서 개발된 프로토콜로서, 네트워크 통신 및 인터넷 사용자에게 안전한 정보를 교환한다. SSL 프로토콜의 구조 중에서 세션키 생성은 Handshake Protocol이다.

15　정답 ④

오답해설

① Snort: 오픈 소스 프로그램으로 실시간 트래픽 분석과 IP 네트워크에서의 패킷 처리를 담당하는 침입 탐지 시스템(IDS) 소프트웨어이다.

② COPS: 파일, 디렉터리, 장치에 대한 권한 설정, 예측하기 쉬운 암호 설정, 암호와 그룹에 대한 설정, Crontab에 관련된 예약 프로그램, SetUID가 설정된 프로그램, 익명 FTP 접근 문제, 중요한 파일의 CRC 코드 검사로 인한 변경 여부, 이외에 알려진 버그에 대한 패치 여부 등을 검사한다.

③ nmap: 모든 운영체제에서 사용할 수 있다. 포트 스캔뿐 아니라 운영체제의 종류 및 사용 서비스에 대한 정보 등을 탐지하는 스캔 도구이다.

16　정답 ④

정답해설

주기억장치에 상주하면서 프로세스 관리, 메모리 관리, 파일 시스템 관리 등을 수행하는 시스템 운영의 핵심 컴퓨터 프로그램은 ④ 'Kernl'이다.

오답해설

① SID: 윈도우에서 계정을 하나의 코드 값으로 표시한 것이다.

② SAM: 로컬 사용자에 관련된 보안 정보 및 계정 데이터를 저장하는 데이터베이스이다.

③ LSA: 사용자 모드에서 수행되며, 로컬 보안 정책을 집행하는 책임이 있는 윈도우 운영체제 보안 컴포넌트이다.

17

정답해설

ⓐ 전송 계층(4계층) – TCP, SSL/TLS, UDP 등의 보안 프로토콜이 있다.

ⓑ 데이터 링크 계층(2계층) – PPP, PPTP, L2F, L2TP 등의 보안 프로토콜이 있다.

ⓒ 네트워크 계층(3계층) – IP, IPSec, IPX, ARP 등의 보안 프로토콜이 있다.

The 알아보기   OSI 7계층

OSI 7계층		전송 단위	해당 프로토콜
7	응용	메시지 (Message)	FTP, 텔넷(Telnet), TFTP, POP3, SNMP, SMTP, HTTP, DNS, IMAP, SSH, S/MIME, DHCP 등
6	표현		JPEG, MPEG, ASCII, GIF 등
5	세션		SSL, Socks
4	전송	세그먼트 (Segment)	TCP, UDP, SSL/TLS, SPX 등
3	네트워크	패킷 (Packet)	IP, IPSec, IPX, ICMP, IGMP, ARP, RARP, NAT 등
2	데이터링크	프레임 (Frame)	PPP, PPTP, L2F, L2TP, HDLC, SDLC, 이더넷 (Ethernet) 등
1	물리	비트 (Bit)	EIA RS–232C, V.24, V.35, X.21, IEEE 802.11 등

18

정답해설

VPN은 인터넷에서 전용망처럼 폐쇄 네트워크를 구성하기 위한 기술로, 속도가 느려질 수 있으나 전용 회선의 관리 비용이 절감된다.

19

정답해설

현재의 위험을 받아들이고, 잠재적 손실 비용을 감수하는 것은 ① '위험 수용'이다.

오답해설

② 위험 회피는 위험이 존재하는 프로세스나 사업을 수행하지 않고 포기하는 것이다.

③ 위험 전가는 보험이나 외주 등으로 잠재적 비용을 제3자에게 이전하거나 할당하는 것이다.

④ 위험 감소는 위험을 감소시킬 수 있는 대책을 채택하여 구현하는 것이다.

20

정답해설

DB 애플리케이션 보안 프로그래밍: 웹을 통한 SQL 인젝션 공격 방지 개발 방법은 다음과 같다.

• 원시 ODBC 에러를 사용자가 볼 수 없도록 코딩한다.

• 데이터베이스 애플리케이션의 최소 권한으로 구동한다.

• 데이터베이스에 저장된 프로시저(Stored Procedure)를 사용한다.

• 테이블 이름, 칼럼 이름, SQL 구조 등이 외부 HTML에 포함되어 나타나지 않게 한다.

> **The 알아보기   SQL Injection 공격**
>
> • 데이터베이스로 전송되는 SQL을 변경시키기 위하여 웹 애플리케이션에서 입력받은 파라미터를 변조 후 삽입함으로써, 비정상적인 접근을 시도하거나 쿼리를 재구성하여 정보를 열람하는 공격이다.
>
> • 사용자 요청이 웹 서버의 애플리케이션을 거쳐 데이터베이스에 전달되고 그 결과가 반환되는 구조에서 주로 발생한다.
>
> • 공격자가 사용자의 명령어나 질의어에 특정한 코드를 삽입하여 DB 인증을 우회하거나 데이터를 조작한다.
>
> • 공격이 성공하면 데이터베이스에 무단 접근하여 자료를 유출하거나 변조시키는 결과가 초래될 수 있다.
>
> • 사용자의 입력 값으로 웹 사이트의 SQL 질의가 완성되는 약점을 이용한 것이다.
>
> • SQL Injection 공격에 대응하는 방법으로 자바스크립트와 같은 CSS(Client Side Script) 기반의 언어보다는 ASP, JSP 등과 같은 SSS(Server Side Script)로 필터링을 수행하는 것이 더 안전하다.

21

정답해설

정보주체는 개인정보에 대하여 열람을 요구할 수 있으며 이는 사본의 발급도 포함한다(「개인정보 보호법」 제4조 제3호).

오답해설

① 동법 제4조 제1호

② 동법 제4조 제2호

③ 동법 제4조 제5호

> **The 알아보기** 개인정보 보호법 제4조(정보주체의 권리)
>
> 정보주체는 자신의 개인정보 처리와 관련하여 다음 각 호의 권리를 가진다.
>
> 1. 개인정보의 처리에 관한 정보를 제공받을 권리
> 2. 개인정보의 처리에 관한 동의 여부, 동의 범위 등을 선택하고 결정할 권리
> 3. 개인정보의 처리 여부를 확인하고 개인정보에 대한 열람(사본의 발급을 포함한다. 이하 같다) 및 전송을 요구할 권리 〈개정 2023.3.14.〉
> 4. 개인정보의 처리 정지, 정정 · 삭제 및 파기를 요구할 권리
> 5. 개인정보의 처리로 인하여 발생한 피해를 신속하고 공정한 절차에 따라 구제받을 권리
> 6. 완전히 자동화된 개인정보 처리에 따른 결정을 거부하거나 그에 대한 설명 등을 요구할 권리 〈신설 2023.3.14.〉
>
> [시행일: 2023.9.15.]

22

정답 ④

정답해설

PGP(Pretty Good Privacy) 서명은 송신자의 개인키로 서명하고, 송신자의 공개키로 확인하는 방식을 사용한다.

> **The 알아보기** PGP(Pretty Good Privacy)
>
> • 전자우편에 프라이버시, 무결성 그리고 인증을 제공하기 위해 필 짐머만(Phil Zimmermann)에 의해 고안된 프로토콜로, 안전한 전자우편 메시지를 생성하거나 향후에 검색한 파일을 안전하게 저장하기 위해 사용될 수 있다. 기밀성을 제공하기 위하여 대칭키 방식과 공개키 방식을 사용하는데, 자신이 통신하기 원하는 각각의 사람들에 대한 공개키가 필요하고, 자신에게 속해 있는 개인키 · 공개키의 링이 필요하다.
> • 이메일에 서명할 때, 서명자의 패스워드를 요구한다.

> • 하이브리드 암호 방식을 사용하며, 대칭키 암호화 알고리즘으로 메시지를 암호화하고 공개키 암호 알고리즘으로 대칭키를 암호화한다.
> • 개인용 비밀키와 공개된 공개키, 2개의 키를 사용하여 안전성을 제공한다.
> • 송신자는 자신에게 속한 몇 개의 개인키 · 공개키 쌍을 가지고 있으며, 또한 다른 사람들에게 속한 공개키를 가지고 있다. 다수 이상의 사람들에게 메시지를 전송하고자 하는 경우에는 송신자에게 키 링이 필요하다.
> • AES, IDEA 등의 대칭키 암호화 알고리즘을 사용하여 이메일의 내용이 외부에 노출되지 않도록 하는 기밀성을 제공하며, RSA/SHA, DSS/SHA 등의 전자서명을 통해 이메일의 내용이 전송 도중 변경되지 않았다는 무결성을 보장한다.
> • 사용할 수 있는 대칭 암호 알고리즘에는 IDEA, CAST, 트리플 DES 등이 있다.

23

정답 ④

정답해설

④는 클락−윌슨 모델에 대한 설명이다.

> **The 알아보기** 클락−윌슨(Clark−Wilson) 모델
>
> • 무결성의 상업적 모델: 무결성을 다른 관점에서 접근하는 모델로, 무결성을 보호하고 권한이 부여된 정보 기능만 제공하기 위해 분류 기반을 제한한다.
> • 한 사람이 모든 권한을 가지는 것을 방지하는 것으로 정보의 입력, 처리, 확인 등을 여러 사람이 나누어 각 부분별로 관리한다.
> • 효율적으로 구성된 업무 처리와 임무 분할의 두 가지 원칙을 통해 무결성을 보호하는 효과적인 수단을 제공한다.
> • 제대로 형식화된 트랜잭션과 직무 분리의 원칙을 강조하며, 주체에서 객체의 직접적인 접근을 금지한다(응용 프로그램 사용을 강제).

24

정답해설

SET 참여자들은 거래 당사자 간에 구매자가 정상적인 신용카드 회원인지, 판매 상인이 정상적인 가맹점인지를 인증하기 위해 모두 인증기관으로부터 전자인증서를 발급받아야 하며, 여기에는 이름, 신용카드 이름, 암호키 일부 등이 포함된다. 유효기간은 최대 3년이며, 유효기간이 지났거나 취소된 인증서에 대해서는 거래가 불가능하다. 또한 거래 당사자가 모두 서명하는 이중 서명 방식을 사용하여 사용자가 상점에게는 지불정보(신용카드 번호 등)를, 은행에게는 주문정보를 숨길 수 있어 사용자의 프라이버시가 보호되도록 한다.

오답해설

① VISA와 Master Card사에서 개발한 신용카드 기반의 전자지불 보안 프로토콜이다.

② 신용카드 트랜젝션을 보호하기 위하여 블록암호 알고리즘, 해시 함수, 공개키(서명) 알고리즘을 이용하여 기밀성, 무결성, 인증, 부인 방지 등의 서비스를 제공한다.

④ 대칭키는 거래할 때마다 변경되기 때문에 세션키라고도 한다.

> **The 알아보기** SET(Secure Electronic Transaction)
> • 사용자에게 전자지갑(디지털 인증서)이 주어지며, 구매자와 상인 그리고 구매자의 거래은행 간에는 기밀성을 보장하는 방식이다.
> • 디지털 인증서와 전자서명의 조합을 사용함으로써 거래가 이루어지고, 또한 검증된다.
> • 전자서명이나 해시 알고리즘을 이용하여 카드 사용자 및 상점을 인증함으로써, 서로 신뢰 관계에서 거래할 수 있도록 한다.
> • 신용조회 네트워크와 인터넷 사이에 설치된 지불 게이트웨이가 지불 명령을 처리한다.

25

정답해설

touch는 빈 파일을 생성하거나 기존 파일의 시간을 변경하는 명령어이다. 파일 시스템의 사용 중이거나 사용 가능한 디스크 공간에 대한 정보를 보여주는 명령어는 df이다.

오답해설

① grep: 파일 내의 특정한 문자열을 검색하여 동일한 문자열이 있는 모든 행의 패턴을 출력한다.

② 파일 및 디렉터리의 권한 변경은 chmod 명령어를 사용하며, 파일 및 디렉터리의 소유자와 소유그룹 변경은 chown 명령어를 사용한다.

※ last: 사용자의 접속 계정명, 접속 장치명, 로그인한 시간, 로그아웃한 시간, 터미널 번호나 IP 주소, 시스템 재부팅 정보를 출력한다.

> **The 알아보기** 유닉스/리눅스 시스템의 로그 파일
> • utmp: 로그인, 로그아웃 등 현재 시스템 사용자의 계정 정보 기록
> • loginlog: 사용자가 로그인 시 5회 이상 로그인에 실패한 정보 기록
> • wtmp: 사용자의 로그인, 로그아웃 시간과 시스템의 종료 시간, 시작 시간 기록
> • btmp: 로그인에 실패한 사용자의 IP 주소 기록(사용자 로그인 실패 정보)
> • xferlog: FTP 서버의 데이터 전송 관련 정보 기록
> • pacct: 시스템에 로그인한 모든 사용자가 수행한 프로그램(명령어, 작업 등)에 대한 사용 내역 정보 기록
> • sulog: su 명령어 사용 내역 기록
> • history: 명령창에 실행했던 명령 내역 기록

제3회 모의고사 정답 및 해설

제1과목: 국어

01	02	03	04	05	06	07	08	09	10
③	③	②	④	④	③	②	③	②	②

11	12	13	14	15	16	17	18	19	20
②	③	③	②	②	①	③	④	④	①

21	22	23	24	25					
③	④	②	④	③					

01
정답 ③

정답해설

'주말(朱抹: 붉을 주, 지울 말)'은 '붉은 먹을 묻힌 붓으로 글자 따위를 지우다.'라는 뜻으로, 붉은 선으로 '표시'하는 것이 아니라 '지우'는 행위이다.

오답해설

① • 개임(改任: 고칠 개, 맡길 임): 다른 사람으로 바꾸어 임명함
 • 교체(交替: 사귈 교, 바꿀 체): 사람이나 사물을 다른 사람이나 사물로 대신함
 • 임명(任命: 맡길 임, 목숨 명): 일정한 지위나 임무를 남에게 맡김
② • 계리(計理: 셀 계, 다스릴 리): 계산하여 정리함
 • 회계(會計: 모일 회, 셀 계): 나가고 들어오는 돈을 따져서 셈을 함 / 개인이나 기업 따위의 경제 활동 상황을 일정한 계산 방법으로 기록하고 정보화함
④ • 게기(揭記: 걸 게, 기록할 기): 기록하여 내어 붙이거나 걸어 두어서 여러 사람이 보게 함
 • 기재(記載: 기록할 기, 실을 재): 문서 따위에 기록하여 올림

02
정답 ③

정답해설

'갖은'은 골고루 다 갖춘, 여러 가지의 등의 의미로 사용되는 관형사이다.

오답해설

① '바로'는 거짓이나 꾸밈없이 있는 그대로라는 의미로 사용되는 부사이다.
② '혼자'는 다른 사람과 어울리거나 함께 있지 아니하고 동떨어져서라는 의미로 사용되는 부사이다.
④ '그리고'는 단어, 구, 절, 문장 따위를 병렬적으로 연결할 때 쓰는 접속 부사이다.

03
정답 ②

정답해설

제시된 글은 언어와 사고가 서로 깊은 관계를 맺고 상호 작용을 한다는 점을 설명하고 있다. 하지만 ②와 같이 어떤 사물의 개념이 머릿속에서 맴도는데도 그 명칭을 떠올리지 못하는 것은 언어와 사고가 상호작용을 하는 사례로 보기 어렵다.

오답해설

① '산', '물', '보행 신호의 녹색등'의 실제 색은 다르지만 모두 '파랗다'라고 표현하는 것은 색에 대해 범주화된 사고가 언어로 나타난다는 것을 의미한다. 따라서 언어와 사고가 상호작용을 하는 사례로 볼 수 있다.
③ 우리나라는 수박을 '박'의 일종으로 인식하여 '수박'이라고 부르지만, 어떤 나라는 '멜론(melon)'과 유사한 것으로 인식하여 'watermelon'이라고 부른다. 이는 인간의 사고가 언어에 반영된다는 것을 보여주는 사례이다.
④ 쌀을 주식으로 삼는 우리나라 문화권에서 '쌀'과 관련된 단어가 구체화되어 '모', '벼', '쌀', '밥' 등으로 다양하게 표현되고 있다는 것은 사회와 문화가 언어의 분화 · 발전에 영향을 준다는 것을 의미한다. 따라서 언어와 사고가 상호작용을 하는 사례로 볼 수 있다.

- 언어 우위설: 사고 과정 없이도 언어는 존재할 수 있지만, 언어 없이는 사고가 불가능하다.
  - 예 뜻도 모르는 팝송을 따라 부른다.
- 사고 우위설: 언어 없이도 사고가 가능하지만, 표현하기 어려울 뿐이다.
  - 예 영화를 보고 너무 좋았는데, 왜 좋았는지 말로 표현하지는 못한다.
- 상호 의존설: 언어와 사고는 서로 깊은 관계를 맺고 있으며, 서로에게 영향을 준다. 언어 없이는 사고가 불완전하고, 사고 없이는 언어를 생각할 수 없다.

04
정답 ④

정답해설

'치르+어 → 치러'는 '으' 탈락 현상이므로 규칙 활용이다. 참고로, 'ㄹ' 탈락과 '으' 탈락은 규칙 활용에 해당한다.

오답해설

① 'ㅅ' 불규칙 활용에 해당한다.
② 'ㄷ' 불규칙 활용에 해당한다.
③ '르' 불규칙 활용에 해당한다.

The 알아보기 용언의 활용

㉠ 규칙 활용: 모습이 바뀌지 않거나, 바뀌어도 일반적인 음운 규칙으로 설명할 수 있는 것
- 모음 조화: '-아/-어'의 교체
- 축약: 보+아 → 봐
- 탈락
  - 'ㄹ' 탈락: 울+는 → 우는, 울+오 → 우오
  - '으' 탈락: 쓰+어 → 써, 치르+어 → 치러

㉡ 불규칙 활용: 용언이 활용할 때 어간이나 어미의 기본 형태가 달라지는데, 이를 일정한 규칙으로 설명할 수 없는 활용을 말함
- 어간이 바뀌는 경우

구분	조건	용례	규칙 활용
'ㅅ' 불규칙	'ㅅ'이 모음 어미 앞에서 탈락	잇+어 → 이어, 짓+어 → 지어, 낫+아 → 나아	벗어, 씻어
'ㄷ' 불규칙	'ㄷ'이 모음 어미 앞에서 'ㄹ'로 변함	듣+어 → 들어, 걷[步]+어 → 걸어, 묻[問]+어 → 물어, 깨닫다, 싣다	묻어, 얻어
'ㅂ' 불규칙	'ㅂ'이 모음 어미 앞에서 '오/우'로 변함	눕+어 → 누워, 줍+어 → 주워, 돕+어 → 도와, 덥+어 → 더워	잡아, 뽑아
'르' 불규칙	'르'가 모음 어미 앞에서 'ㄹㄹ' 형태로 변함	흐르+어 → 흘러, 이르+어 → 일러, 빠르+아 → 빨라	따라, 치러
'우' 불규칙	'우'가 모음 어미 앞에서 탈락	퍼(푸+어)	주어, 누어

- 어미가 바뀌는 경우

구분	조건	용례	규칙 활용
'여' 불규칙	'하-' 뒤에 오는 어미 '-아/-어'가 '-여'로 변함	공부하+어 → 공부하여, '하다'와 '-하다'가 붙는 모든 용언	파+아 → 파
'러' 불규칙	어간이 '르'로 끝나는 일부 용언에서 어미 '-어'가 '러'로 변함	이르[至]+어 → 이르러, 누르[黃]+어 → 누르러, 푸르+어 → 푸르러	치르+어 → 치러

- 어간과 어미가 모두 바뀌는 경우

구분	조건	용례	규칙 활용
'ㅎ' 불규칙	'ㅎ'으로 끝나는 어간에 '-아/-어'가 오면 어간의 일부인 'ㅎ'이 없어지고 어미도 변함	파랗+아 → 파래, 퍼렇+어 → 퍼레, 하얗+아서 → 하얘서, 허옇+어서 → 허예서	좋+아서 → 좋아서

05
정답 ④

정답해설

'발(을) 끊다'는 오가지 않거나 관계를 끊는 것을 의미하는 표현이므로 문맥상 적절하지 않다. 아이가 돌아오지 않아 매우 안타까워하거나 다급해하는 표현으로는 '발(을) 구르다'가 적절하다.

오답해설

① 발(을) 디딜 틈이 없다: 복작거리어 혼잡스럽다.
② 발(이) 묶이다: 몸을 움직일 수 없거나 활동할 수 없는 형편이 되다.
③ 발(을) 빼다: 어떤 일에서 관계를 완전히 끊고 물러나다.

06 정답 ③

정답해설

제시된 작품은 김기택의 「우주인」이다. 화자는 '허공', '없다는 것은', '모른다', '보고 싶다', '삐뚤삐뚤', '발자국' 등의 시어 반복을 통해 무기력한 삶에서 벗어나고자 하는 화자의 소망과 의지를 강조하고 있다.

오답해설

① 화자는 '~고 싶다'를 반복하며 미래에 대한 희망을 찾고 있다. 과거로 돌아가고 싶다는 소망은 나타나지 않는다.

② 시적 화자의 옛 경험에 대한 사실적인 묘사는 찾아볼 수 없다.

④ 현실의 고난이 허구적 상상을 통해 드러나고 있지만, 극복하는 모습은 나타나지 않는다.

07 정답 ②

정답해설

(가)는 모두 5개의 발화와 1개의 담화로 이루어져 있다. 담화는 둘 이상의 발화나 문장이 연속되어 이루어지는 말의 단위를 가리킨다.

오답해설

③ 마지막 A의 발화를 통해 버스 정류장에서 나눈 대화임을 알 수 있다.

④ (가)의 A와 B 사이의 대화에서 사회·문화적 맥락은 간접적으로 작용했겠지만 그것이 뚜렷하게 드러나 있다고 보기는 어렵다.

08 정답 ③

정답해설

제시된 대화의 맥락은 추석 명절을 맞아 일어나는 일들에 대한 것이다. 그중 밑줄 친 ㉠ '해마다 가셨지?'라는 발화는 B의 할머니가 매년 임진각에 간 것을 물어보는 것인데, 이 발화의 역사적 맥락을 파악하기 위해서는 임진각이 어떤 공간인지를 알아야 한다. 임진각은 군사 분계선에서 7km 남쪽에 있는 1972년에 세워진 관광지로 분단의 아픔을 상징하는 공간이다. 따라서 B의 할머니가 임진각에 해마다 갔다는 발화를 통해 할머니가 한국 전쟁 때 월남한 실향민이시며 명절마다 갈 수 없는 고향에 대한 그리움을 임진각에 가서 대신 달래시는 것임을 추측해 볼 수 있다. 이러한 내용은 우리나라 근현대사에 대한 지식이 없으면 이해하기 힘든 발화이다.

09 정답 ②

정답해설

'지민이가 감기에 걸렸다.'를 능동 표현으로 바꿀 경우 '감기가 지민이를 걸다.'라는 비문이 된다. '감기'가 주체가 될 수 없으므로 능동 표현으로 바꿀 수 없다.

오답해설

① '그 문제가 어떤 수학자에 의해 풀렸다.'를 능동 표현으로 바꿀 경우 '어떤 수학자가 그 문제를 풀었다.'라는 문장이 성립한다.

③ '딸이 아버지에게 안겼다.'를 능동 표현으로 바꿀 경우 '아버지가 딸을 안았다.'라는 문장이 성립한다.

④ '그 수필은 많은 사람들에게 읽혔다.'를 능동 표현으로 바꿀 경우 '많은 사람들이 그 수필을 읽었다.'라는 문장이 성립한다.

10 정답 ②

정답해설

현재진행형이란 현재 움직임이 계속되고 있음을 나타내는 동사 시제의 형태이다. '고르다[3]'은 동사가 아닌 형용사이므로 현재진행형으로 나타낼 수 없다.

11 정답 ②

정답해설

제시문에 따르면 언어 표현은 자연시간의 순서를 따른다. 그런데 ② '문 닫고 들어와라.'는 안으로 들어온 후에 문을 닫으라는 의미이므로 논리적으로 시간의 순서에 맞지 않는다.

오답해설

①·③ 각각 꽃이 펴야 질 수 있고, 수입이 들어와야 지출을 할 수 있으므로 제시문의 설명에 부합한다.

④ '머리끝부터 발끝' 역시 위쪽이 앞서고 아래쪽이 나중에 온다는 어순 병렬의 원리에 부합한다.

12
정답 ③

정답해설

제시된 글은 '위기'라는 단어의 의미를 파악하고, 위기에 어떻게 대응하느냐에 따라 결과가 달라진다고 보았다. 위기 상황에서 위축되지 않고 사리에 맞는 해결 방안을 찾기 위해 노력하고, 위기를 통해 새로운 기회를 모색해야 함을 강조하고 있다.

13
정답 ③

정답해설

국어의 로마자 표기는 국어의 표준 발음법에 따라 적는 것을 원칙(로마자 표기법 제1항)으로 한다. ③ 마천령은 [마철령]으로 소리 나므로 'Macheollyeong'으로 표기하는 것이 적절하다.

오답해설

① Gapyeong-goon(×) → Gapyeong-gun(○): 가평군은 'Gapyeong-goon'이 아닌 'Gapyeong-gun'으로 표기한다. '도, 시, 군, 구, 읍, 면, 리, 동'의 행정 구역 단위와 '가'는 각각 'do, si, gun, gu, eup, myeon, ri, dong, ga'로 적고, 그 앞에는 붙임표(-)를 넣는다(로마자 표기법 제5항).

② Galmaibong(×) → Galmaebong(○): 갈매봉은 'Galmaibong'이 아닌 'Galmaebong'으로 표기한다. 로마자 표기법에서 단모음 'ㅐ'는 'ae'로 표기한다.

④ Baeknyeongdo(×) → Baengnyeongdo(○): 백령도는 [뱅녕도]로 소리 나므로 자음 사이에서 동화 작용이 일어나는 경우 그 결과에 따라 표기한다는 규정(로마자 표기법 제1항)에 따라 'Baengnyeongdo'로 표기한다.

14
정답 ②

정답해설

'상이(相異)'는 '서로 다르다'라는 의미를 가진다.

오답해설

① '상관(相關)'은 '서로 관련 있다'라는 의미를 가진다.

③ '상응(相應)'은 '서로 응하다'라는 의미를 가진다.

④ '상충(相衝)'은 '서로 충돌하다'라는 의미를 가진다.

15
정답 ②

정답해설

무빙워크(moving walk): 안전길(×) → 자동길(○)

16
정답 ①

정답해설

친구 따라 강남 간다: 자기는 하고 싶지 아니하나 남에게 끌려서 덩달아 하게 됨을 이르는 말

오답해설

② 대항해도 도저히 이길 수 없는 경우를 비유적으로 이르는 말

③ 어느 곳에서나 그 자리에 없다고 남을 흉보아서는 안 된다는 말. 다른 사람에 관한 이야기를 하는데 공교롭게 그 사람이 나타나는 경우를 이르는 말

④ 주관하는 사람 없이 여러 사람이 자기주장만 내세우면 일이 제대로 되기 어려움을 비유적으로 이르는 말

17
정답 ③

정답해설

- 문맥의 제일 처음에 올 수 있는 내용은 (나)와 (다)이다. (가)는 접속 부사 '그러나', (라)는 접속 부사 '하지만', (마)는 앞의 내용에 대한 원인을 밝히는 '~ 때문이다'가 있으므로 다른 문장의 뒤에 연결되어야 한다.

- (마)는 '불만과 불행에 사로잡히기 때문'이라고 하였으므로 그 앞부분에는 그 원인인 '만족할 때까지는 행복해지지 못한다.' 내용이 와야 한다. 따라서 (다) - (마)의 순서가 되어야 한다.

- (라)는 (마)의 내용에 대한 반론을 제시하며 '차원 높은 행복'이라는 새로운 화제를 제시하고 있으므로 (마) - (라)의 순서가 되어야 한다.

- (가)와 (나)는 '소유에서 오는 행복'이라는 공통 화제를 가지고 있으므로 인접해 있어야 하며, 접속 부사를 고려할 때 (나) - (가)의 순서가 적절하다.

따라서 문맥에 따른 배열로 가장 적절한 것은 ③ '(다) - (마) - (라) - (나) - (가)'이다.

18
정답 ④

정답해설

시적 화자는 달에게 말을 건네는 방식을 통해 근심과 소망 등 자신의 정서를 전달하고 있다.

오답해설

① 후렴구가 반복적으로 사용되었지만 특별한 뜻이 없이 운율을 맞추기 위한 것이므로 후렴구가 주제 의식을 부각한다고 볼 수 없다.

② 제시된 작품에서 반어적 의미를 가진 표현은 찾아볼 수 없다.

③ 성찰적 어조로 볼 수 없으며 엄숙한 분위기가 조성된 것도 아니다.

The 알아보기   작자 미상, 「정읍사(井邑詞)」

- 갈래: 고대 가요, 서정시
- 성격: 서정적, 애상적, 기원적
- 제재: 남편에 대한 염려
- 주제: 남편의 안전을 바라는 여인의 간절한 마음
- 특징: 후렴구 사용
- 의의
  - 현전하는 유일한 백제 노래
  - 한글로 기록되어 전하는 가요 중 가장 오래된 작품
  - 시조 형식의 기원인 작품
- 연대: 백제 시대로 추정
- 출전: 『악학궤범(樂學軌範)』
- 함께 읽으면 좋은 작품: 김소월, 「초혼」
  「초혼」은 초혼이라는 전통 의식을 통해 사랑하는 사람을 잃은 슬픔을 노래한 김소월의 작품이다. 이 작품에서 임과의 이별 상황에 마주한 화자가 임을 애타게 기다리며 만나고자 하는 소망의 극한이 '돌'로 응축되어 나타나는데, 이는 「정읍사」의 화자가 임을 기다리다가 돌이 되고야 말았다는 망부석 모티프와 연결된다.

19
정답 ④

정답해설

'노피곰'이 상승 이미지를 환기하는 것은 맞지만, 달이 초월적 세계에 대한 화자의 동경을 표상한다고 볼 수는 없다. '노피곰'은 '높이높이'라는 뜻으로 이 시어에는 달이 멀리 또는 밝게 비추어 남편의 안전이 지켜지기를 바라는 화자의 소망이 투영되어 있다.

오답해설

① 화자의 시적 진술이 달이 뜨는 시간에 이루어지고 있음을 알려준다.

② 대상에 대한 화자의 근심과 걱정을 완화해 주는 존재이다.

③ 높임의 호격 조사 '하'로 볼 때 존경의 의미를 함축하고 있음을 알 수 있다.

20
정답 ①

정답해설

이 작품은 섬진강이 흐르는 호남 지방의 자연과 그곳에서 살아가는 사람들을 제재로 하여 섬진강의 끈질긴 생명력을 부드러우면서도 단호한 어조로 표현하였다. 반어적인 어조를 활용하여 현실을 풍자한 부분은 찾을 수 없다.

오답해설

② '실핏줄 같은', '쌀밥 같은', '숯불 같은'처럼 직유를 활용하여 섬진강과 소박한 민중의 모습을 인상적으로 드러내고 있다.

③ '영산강으로 가는 물줄기를 불러 뼈 으스러지게 그리워 얼싸안고', '지리산 뭉툭한 허리를 감고 돌아가는'과 같은 의인화를 통해 섬진강의 강한 생명력을 표현하고 있다.

④ 섬진강의 마르지 않는 속성을 통해 '민중의 건강한 삶과 끈질긴 생명력'이라는 주제 의식을 강화하고 있다.

The 알아보기   김용택, 「섬진강 1」

- 갈래: 자유시, 서정시
- 주제: 민중의 소박하고 건강한 삶과 끈질긴 생명력
- 특징
  - 의인법, 반복법, 설의법을 통해 주제를 강조
  - 명령 투의 어조가 나타남

21
정답 ③

정답해설

'부패'라는 단어에 담긴 서로 다른 의미로 인해 ③은 논리적 오류가 발생하였다.

오답해설

① 삼단 논법

② 결합의 오류

④ 분해의 오류

22

정답해설

시적 화자는 '그리웠던 순간들을 호명하며' 따뜻하고 행복했던 지난 때를 그리워하고 있으며, 톱밥 난로에 톱밥을 던지는 행위를 '한 줌의 눈물을 불빛 속에 던져 주었다'라고 표현하여 현재의 고단한 삶에 대한 정서를 화자의 행위에 투영하고 있다.

오답해설

① '유리창마다 / 톱밥난로가 지펴지고'는 대합실 유리창에 난로의 불빛이 비치는 것을 묘사한 것으로, 여러 개의 난로가 지펴진 대합실의 상황을 비유적으로 표현했다는 설명은 적절하지 않다.

② '청색'과 '불빛'의 대조적 색채 이미지가 나타나지만, 이를 통해 막차를 기다리는 사람들의 고단한 삶을 드러낼 뿐 겨울 풍경의 서정적 정취를 강조한 것은 아니다.

③ '오래 앓은 기침 소리'와 '쓴 약 같은 입술담배 연기'를 통해 힘겨운 삶의 모습을 드러내고는 있으나, 이것이 비관적 심리를 드러낸다고 할 수 없다. 또한 담배를 피우는 행위를 무례하다고 보는 것은 작자의 의도와 거리가 멀다.

> **The 알아보기 곽재구, 「사평역에서」**
> • 갈래: 자유시, 서정시
> • 성격: 회고적, 애상적, 묘사적
> • 주제: 가난하고 소외된 사람들의 삶의 애환
> • 특징
>   – 간이역 대합실을 장면화하여 묘사적으로 제시함
>   – 감각적 이미지로 서정적이고 쓸쓸한 분위기를 연출함
>   – 반복적 변주로 시상을 전개함

23

정답해설

'집단으로 모인 사람들이 자신들의 감성을 침묵하게 하고 지성만을 행사하는 가운데 그들 중 한 개인에게 그들의 모든 주의가 집중되도록 할 때 희극이 발생한다고 보았다.'를 통해 희극이 관객의 감성이 집단적으로 표출된 결과라는 설명이 적절하지 않음을 알 수 있다. '관객은 이러한 결함을 지닌 인물을 통하여 스스로 자기 우월성을 인식하고 즐거워질 수 있게 된다.'에서 희극은 관객 개개인이 결함을 지닌 인물에 비하여 자기 우월성을 인식함으로써 발생한다는 사실을 확인할 수 있다.

오답해설

① '희극의 발생 조건에 대하여 베르그송은 집단, 지성, 한 개인의 존재 등을 꼽았다.'를 통해 적절한 내용임을 확인할 수 있다.

③ '한 인물이 우리에게 희극적으로 보이는 것은 우리 자신과 비교해서 그 인물이 육체의 활동에는 많은 힘을 소비하면서 정신의 활동에는 힘을 쓰지 않는 경우이다.'라는 프로이트의 말을 통해 적절한 내용임을 확인할 수 있다.

④ '웃음을 유발하는 단순한 형태의 직접적인 장치는 대상의 신체적인 결함이나 성격적인 결함을 들 수 있다.'를 통해 적절한 내용임을 확인할 수 있다.

24

정답해설

제시문은 '문학이 구축하는 세계는 실제 생활과는 다르다.'는 것을 건축가가 집을 짓는 과정에 빗대어 표현하였다. 즉, 유추의 설명 방식이 사용된 것으로, 유추는 생소한 개념이나 복잡한 주제를 친숙한 개념 또는 단순한 주제와 비교하여 설명하는 방식이다.

④ '목적을 지닌 인생은 의미 있다.'는 것을 목적을 갖고 뛰어야 완주가 가능한 마라톤에 빗대어 설명하고 있다.

오답해설

① 국어 단어를 일정한 기준에 따라 종류별로 묶어서 설명하는 방법인 분류의 방식이 사용되었다.

② 르네상스 시대 화가들과 인상주의 화가들의 공통점을 비교해서 설명하고 있다.

③ 둘 이상의 대상, 즉 남자와 여자의 차이점을 밝히는 설명 방법인 대조의 방식이 사용되었다. 또한, 남녀의 관심사를 열거하고 있다.

25

정답해설

3 · 1 운동과 관련된 제시문으로, 문맥상 〈보기〉의 내용은 (다)의 뒤에 들어가야 한다. 〈보기〉에서는 학자들이 3 · 1 운동에 관해 부단한 연구를 해왔고, 각 분야에 걸쳐 수많은 저작을 내놓고 있다고 했다. 그 다음 (라)에서는 언론 분야에 대한 예가 나오고 있다.

01	02	03	04	05	06	07	08	09	10
③	②	③	②	③	③	①	②	④	④
11	12	13	14	15	16	17	18	19	20
④	②	①	①	②	④	③	①	③	②
21	22	23	24	25
②	③	①	③	④

01 정답 ③

정답해설

㉠ Telnet: 인터넷 서비스에서 다른 컴퓨터를 자신의 컴퓨터와 같이 가상 터미널을 이용해 원격으로 사용할 수 있도록 지원해 주는 프로토콜이다.

㉡ FTP(File Transfer Protocol): 인터넷상에서 컴퓨터 간의 파일 전송을 지원하는 프로토콜이다.

㉢ SMTP(Simple Mail Transfer Protocol): 인터넷상에서 전자우편을 전송(송신)할 때 사용하는 프로토콜로, 부팅(Booting) 파일을 다운로드하는 용도로 사용한다.

오답해설

㉣ SNMP(Simple Network Management Protocol): 네트워크상에서 연결된 장치들을 관리하는 네트워크 관리 프로토콜로, UDP 기반 응용 프로토콜이다.

02 정답 ②

오답해설

① 링커(Linker): 목적 프로그램 또는 라이브러리를 실행 가능한 하나의 프로그램으로 연결하는 프로그램이다. 재배치 가능한 형태의 기계어로 된 오브젝트 코드나 라이브러리 등을 입력받아 이를 묶어 실행 가능한 로드 모듈로 만드는 번역기이다.

③ 컴파일러(Compiler): 소스 프로그램을 기계어로 번역하는 언어 번역 프로그램이다.

④ 디버거(Debugger): 프로그램을 추적하거나 특정 변수 간의 관계식을 조사하여 빠르게 프로그램의 오류를 찾아내기 위해 이용되는 프로그램이다.

The 알아보기   로더(Loader)

• 로더의 기능
- 할당(Allocation): 프로그램이 적재될 주기억장소 내의 공간을 확보하는 것이다.
- 연결(Linking): 필요한 경우 여러 목적 프로그램 또는 라이브러리 루틴과의 링크 작업을 말한다.
- 재배치(Relocation): 목적 프로그램을 실제 주기억장소에 맞게 재배치하는 것으로, 상대 주소를 절대 주소로 변경하게 된다.
- 적재(Loading): 실제 프로그램과 데이터를 주기억장소에 적재하는 것을 말한다.

• 로더의 종류
- 컴파일 로더: 별도의 로더 없이 언어 번역 프로그램이 로더의 4가지 기능 모두 수행
- 절대 로더: 목적 프로그램을 기억장소에 적재시키는 기능만 수행(할당 및 연결은 프로그래머가, 재배치는 언어 번역 프로그램이 담당)
- 재배치 로더: 재배치가 가능한 프로그램과 이를 배치하기 위해 필요한 정보로부터 주기억장치 주소를 상대 표시 후 절대 표시로 고친 프로그램을 작성
- 직접 연결 로더: 일반적인 기능의 로더로 로더의 기본 기능 4가지를 모두 수행
- 동적 적재 로더: 필요한 부분만을 주기억장치에 적재하고 나머지는 보조기억장치에 저장

03 정답 ③

정답해설

데드락(Deadlock)은 둘 이상의 서로 다른 프로세스가 차지하고 있는 자원을 무한정 기다리고 있어 프로세스의 진행이 중단된 상태, 즉 교착 상태를 의미한다.

오답해설

① 채널(Channel)은 CPU와 입출력장치 사이에 위치하여 두 장치 사이의 속도 차이를 개선하는 장치이다.

② 인터럽트(Interrupt)는 시스템에 예기치 못한 일이 발생했을 때 이것에 대하여 빠른 응답을 하기 위한 기능이다. 컴퓨터에서 정상적인 프로그램을 처리하고 있는 도중에 특수한 상태가 발생하면, 현재 실행하고 있는 프로그램을 일시 중단하고 그 특수한 상태를 처리한 후 다시 원래의 프로그램을 처리하는 과정을 말한다.

④ 스풀(Spool)은 인쇄할 데이터를 보조기억장치에 일시적으로 저장하였다가 CPU가 다른 일을 처리하면서 조금씩 프린터로 보내어 인쇄하는 것을 말한다.

04

정답해설

주/종 처리기에서는 주 프로세서에서만 운영체제와 입·출력을 수행하므로 비대칭 구조를 갖는다.

> **The 알아보기 주/종(Master/Slave) 처리기**
> • 주 프로세서에서만 운영체제와 입·출력을 수행하므로 비대칭 구조를 갖는 방식이다.
> • 하나의 처리기를 Master(주 프로세서)로 지정하고, 다른 처리기들은 Slave(종 프로세서)로 처리한다.
> • 주 프로세서에 문제가 발생하면 입·출력 작업을 수행할 수 없고, 시스템 전체가 다운된다.
> • 주 프로세서는 입·출력과 연산을 담당하고, 종 프로세서는 연산만 담당한다.

05

정답 ③

정답해설

사원번호는 사원테이블의 기본키이고, 중복을 허용하지 않는 것은 개체 무결성에 해당하는 제약조건이다.

> **The 알아보기 릴레이션 키**
> • 기본키(Primary Key): 하나의 속성만으로 한 릴레이션 내의 모든 튜플을 구분하며, 기본키로 선택된 속성은 중복되면 안 되고, 정의되지 않은 값(Null)이 있어서도 안 된다.
> • 외래키(Foreign Key): 릴레이션 간의 참조관계를 표현하며, 필드명은 달라도 데이터 형식은 일치한다.
> • 대체키(Alternate Key): 후보키(최소성, 유일성 만족) 중 선택된 기본키를 제외한 모든 키이다.
> • 슈퍼키(Super Key): 최소성 없이 단지 튜플을 식별하기 위해 두 개 이상의 속성들의 집합으로 이루어진 키이다.

06

정답 ③

정답해설

뷰를 삭제하기 위해서 DROP VIEW 명령어를 사용하는데, 뷰를 삭제하더라도 기본 테이블은 영향을 받지 않는다. 만약 삭제하고자 하는 뷰를 참조하는 제약조건이 있다면 삭제가 수행되지 않으므로, 삭제하고자 하는 뷰를 참조하여 제약조건을 먼저 삭제해야 한다.

오답해설

① 뷰는 다른 테이블을 기반으로 만들어지는 가상 테이블이며, 다른 뷰를 기반으로 새로운 뷰를 생성할 수 있다.

② 뷰에 대한 삽입·수정·삭제 연산도 기본 테이블에서 수행되기 때문에 결과적으로는 기본 테이블이 변화한다. 기본 테이블의 변화는 제한적으로 이루어져야 하기 때문에 모든 뷰에서 삽입·수정·삭제 연산이 허용되지 않는다. 단, 검색 연산은 모든 뷰에서 가능하다(뷰를 정의할 때는 CREATE 명령문 사용).

④ 사용자가 자신에게 제공된 뷰를 통해서만 데이터에 접근 가능하도록 권한을 설정하여 뷰에 포함되지 않은 데이터를 보호할 수 있다.

07

정답 ①

오답해설

② GIF 그래픽 파일 형식에 대한 설명이다.

③ JPG 그래픽 파일 형식에 대한 설명으로, JPG는 정지영상의 압축과 복원방식에 대한 국제 표준 중 하나이다.

④ WMF는 Windows에서 사용하는 메타 파일 방식으로, 비트맵과 벡터 정보를 함께 표현하고자 할 경우 적합하다.

> **The 알아보기 그래픽 파일 형식**
> • GIF: 인터넷 표준 그래픽 형식으로 256컬러와 8비트 팔레트를 사용한다. 애니메이션(Animation)으로도 표현할 수 있으며, 웹에서 널리 사용된다.
> • Animated GIF: 웹 상에서 살아있는 것처럼 움직이는 그래픽 이미지로 적은 용량으로 애니메이션을 구현하며, 대부분의 브라우저에서 지원한다.
> • JPEG(JPG): 인터넷(Internet)에서 그림 전송 시 사용되며, 다양한 색상(최대 1,600만 색)을 표현한다.
> • BMP: Windows 운영체제의 표준 형식으로 고해상도의 이미지를 표현하며, 비트맵 정보를 압축하지 않고 저장하여 파일의 크기가 크다.
> • TIFF(TIF): 응용 프로그램 간 그래픽 데이터 교환을 위해 개발된 형식으로 트루컬러 표현이 가능하다.
> • PCX: Paintbrush에서 사용되는 파일로 압축 방식이 간단하고, 스캐너·팩스 등에서 지원한다.
> • WMF: Windows에서 기본적으로 사용하는 파일 형식이다.

- PNG
  - GIF 대신 통신망에서 사용하는 웹 표준 그래픽 형식으로 다양한 특수 효과가 가능하다.
  - 선명한 그래픽(트루컬러)으로 투명색 지정이 가능하다.
- ASF: Intel 사에서 개발한 멀티미디어 파일 형식으로 인터넷의 실시간 방송이 가능하며, 스트리밍 기술을 지원한다.

08 정답 ②

정답해설

럼바우의 분석 활동 모델링의 종류에는 객체, 동적, 기능 모델링이 있다.

> **The 알아보기 럼바우(Rambaugh)의 객체 지향 분석**
> - 럼바우는 OMT(Object Modeling Technical)의 3가지(객체 → 동적 → 기능) 모형을 개발하였다.
> - 코드에 대한 연결성이 높기 때문에 중규모 프로젝트에 적합하다.
> - 문제 정의, 모형 제작, 실세계의 특성을 나타내며, 분석 단계를 상세하게 표현한다.
> - 모형의 종류
>   - 객체(Object) 모델링: 객체와 클래스 식별, 클래스 속성, 연산 표현, 객체 간 관계 정의 등을 처리하며, 객체 다이어그램 등이 해당된다.
>   - 동적(Dynamic) 모델링: 객체들의 제어 흐름, 상호 반응 연산 순서를 표시하며 상태도, 시나리오, 메시지 추적 다이어그램 등이 해당된다.
>   - 기능(Functional) 모델링: 입출력을 결정한 후 자료 흐름도를 작성하고, 기능 내용을 기술하며, 입출력 데이터 정의, 기능 정의 등이 해당된다.

09 정답 ④

정답해설

- 생성 패턴: Abstract, Builder, Factory Method, Prototype, Singleton 등
- 구조 패턴: Adpater, Bridge, Composite, Decorator, Facade, Flyweight, Proxy 등
- 행위 패턴: Command, Interpreter, Iterator, Mediator, Observer, State, Strategy 등

> **The 알아보기 디자인 패턴**
> - 생성 패턴: 객체를 생성하는 것과 관련된 패턴으로, 객체의 생성과 변경이 전체 시스템에 미치는 영향을 최소화하도록 만들어주어 유연성을 높일 수 있고 코드를 유지하기 쉬운 편이다.
> - 구조 패턴: 프로그램 내의 자료구조나 인터페이스 구조 등 프로그램의 구조를 설계하는 데 많이 활용될 수 있는 패턴이다. 클래스나 객체들의 구성을 통해서 더 큰 구조로 만들 수 있게 해준다.
> - 행위 패턴: 반복적으로 사용되는 객체들의 상호작용을 패턴화한 것으로, 클래스나 객체들이 상호작용하는 방법과 책임을 분산하는 방법을 정의한다.

10 정답 ④

정답해설

RIP(Routing Information Protocol)의 경우에는 홉 카운터가 15로 제한되어 있으나 OSPF에는 이러한 제한이 없다.

> **The 알아보기 라우팅 프로토콜의 종류**
> - IGP(Interior Gateway Protocol): 하나의 자율 시스템 내에서 라우팅 정보를 교환하기 위해 사용되는 프로토콜이다.
> - RIP(Routing Information Protocol): 패킷을 목적지까지 전달하기 위해 사용되며, 라우터의 대수(Hop의 수량)에 따라 최단 경로를 결정하는 벡터(Vector) 알고리즘을 사용하는 프로토콜이다.
> - EGP(Exterior Gateway Protocol): 자율 시스템에 접속된 라우터에서 경로 제어 정보를 배포하는 프로토콜이다.
> - BGP(Border Gateway Protocol): 여러 자율 시스템 간에 라우팅 정보를 교환하는 프로토콜이다.
> - OSPF(Open Shortest Path First Protocol)
>   - 라우터와 라우터 간의 연결 속도를 중심으로 가중치를 두는 프로토콜이다.
>   - 링크상태 라우팅 프로토콜로 IP 패킷에서 프로토콜 번호 89번을 사용하여 라우팅 정보를 전송하는 안정되고 다양한 기능으로 가장 많이 사용되는 IGP(Interior Gateway Protocol)이다.
>   - 자신의 경로 테이블에 대한 정보를 LSA라는 자료구조를 통하여 주기적으로 혹은 라우터의 상태가 변화되었을 때 전송한다.

11 정답 ④

오답해설

① 진행의 융통성(Progress Flexibility) → 한정 대기(Bounded Waiting)

② 임계구역에는 동시접근이 불가능

③ 한정 대기(Bounded Waiting) → 진행의 융통성(Progress Flexibility)

> **The 알아보기 임계구역 문제와 해결책**
>
> 1. 임계구역 문제(The Critical Section Problem)
>   - 한 프로세스가 임계구역에서 실행 중일 때, 다른 어떤 프로세스도 임계구역에서 수행될 수 없더라도 보장한다.
>   - 프로세스가 협조할 수 있도록 프로토콜을 설계하는 것으로, 각 프로세스는 임계구역에 진입하기 위한 허가권을 요청해야 한다.
> 2. 임계구역 문제 해결책(Solutions for the Critical Section Problem)
>   - 상호 배타(Mutual Exclusion): 오류가 일어나지 않으려면 어떤 프로세스가 임계구역에서 작업 중일 때, 다른 프로세스는 임계구역으로 접근할 수 없다.
>   - 진행(Progress): 임계구역에서 작업 중인 프로세스가 없다면, 임계구역으로 진입하려는 프로세스 중 하나를 적절히 선택하여 임계구역에 진입할 수 있게 해야 한다.
>   - 한정 대기(Bounded Waiting): 한 프로세스가 임계구역에 대한 진입을 요청한 후에는 다른 프로세스의 임계구역 진입이 유한한 횟수로 제한되어야 한다. 무한히 기다리지 않는다.

12 정답 ②

정답해설

가상기억장치에 보관되어 있는 프로그램을 다양한 크기의 논리적 단위로 나눈 후 주기억장치에 적재시켜 실행한다. 세그먼트는 사용자의 관점에서 지원하는 기억장치 관리 기법이며 논리 구조 공간은 내용에 따라 구분되므로 크기에 대한 제한이 없다. 프로세스 크기에 따라 메모리에 할당되기 때문에 매핑 테이블에 크기 정보를 가지고 있다.

> **The 알아보기 세그먼테이션(Segmentation)**
>
> - 각 세그먼트를 다양한 크기의 논리적인 단위로 나눈 후 주기억장치에 적재시켜 실행시키는 기법으로 프로그램을 배열이나 함수 등의 논리적 크기로 나눈 단위를 말한다.
> - 각 세그먼트는 고유한 이름과 크기를 가지며, 주소 변환을 위해 세그먼트의 위치 정보를 가지는 세그먼트 맵 테이블(Segment Map Table)이 필요하다.
> - 세그먼트가 주기억장치에 적재될 때 다른 세그먼트에 할당된 영역을 침범할 수 없으며, 이를 위해 기억장치 보호키(Storage Protection Key)가 필요하다.

13 정답 ①

정답해설

클록 사이클당 하나의 명령어를 실행할 수 있으며, 고정된 형식의 명령어(명령어의 길이와 개수 제한)이므로 명령에 따른 디코딩 속도가 빠르다.

오답해설

③ 일반적으로 RISC는 CISC에 비해 명령어의 수가 적고 주소 지정 방식이 단순하며 제한적이다.

> **The 알아보기 RISC와 CISC**
>
> | 구분 | RISC | CISC |
> | --- | --- | --- |
> | 처리 속도 | 빠름 | 느림 |
> | 명령어 수 | 적음 | 많음 |
> | 전력 소모 | 적음 | 많음 |
> | 레지스터 | 많음 | 적음 |
> | 프로그래밍 | 복잡 | 간단 |

14 정답 ①

정답해설

공개키 암호화 방식은 암호화 및 복호화를 수행하는 데 있어 서로 다른 키를 사용한다. 이로 인해 비대칭적 암호 알고리즘이라고도 한다.

오답해설

③ 오직 자신만이 개인키(비밀키)를 가지고, 많은 사람들이 공개키를 가질 수 있다. 개인키는 한 사람이 관리하기 때문에 알고리즘과 공개키를 알고 있다고 하더라도 개인키

를 알아내는 것은 매우 어렵다. 이로써 개인키와 공개키를 가진 사람 간에 서로 기밀성, 인증, 무결성, 부인 방지를 제공한다. 공개키 암호화의 대표적인 알고리즘으로는 RSA 방식이 있다.

15 정답 ②

정답해설

- FDDI(Fiber Distributed Digital Interface)는 토큰 링 네트워크로 구성한다.
- 트리(Tree)형에서 호스트는 허브에 연결된다.
- 버스(Bus)형은 목적지 없는 데이터 시그널의 반사를 방지하기 위해 터미네이터를 사용한다.

16 정답 ④

정답해설

- A 컴퓨터에서 실행 시간 12초를 위한 클록 주파수 4GHz
- B 컴퓨터에서 클록 사이클 수가 1.5배 증가(처리량이 1.5배 증가)하므로 $4 \times 1.5 = 6$[GHz]
- B 컴퓨터의 처리 시간은 12초에서 8초로 감소하므로
  $4 \times 1.5 \times \dfrac{12}{8} = 9$[GHz]

17 정답 ③

정답해설

- SSTF(Shortest Seek Time First)는 탐색 거리가 가장 짧은 트랙에 대한 요청을 먼저 서비스하는 기법이다.
- 대기 큐 주소를 오름차순으로 정렬해 계산하면 편리하다.
  → 14 37 65 67 98 122 124 203
- 이동 순서는 53−65−67−37−14−98−122−124−203으로 각 경로의 차이 값을 구한 다음 더한다.
  → 12+2+30+23+84+24+2+79=256

18 정답 ①

정답해설

DISTINCT: 중복 제거, 즉 중복된 것을 제거하므로 한 번만 나타난다.

오답해설

② UNIQUE: 값이 유일하다는 의미이다.

19 정답 ③

정답해설

!: 대괄호 안에 있는 문자들이 포함되지 않은 문자를 검색한다. 따라서 소비자는 "비"가 포함되어 있어 검색되지 않는다.

오답해설

① #: 글자 수에 상관없이 아무 글자나 검색 가능
② ?: 글자 수에 제한(? 1개당 글자 1개)이 있고 아무 글자나 검색 가능
④ a-c: a, b, c만 검색 가능

20 정답 ②

정답해설

- 셀렉트(SELECT, σ): 한 릴레이션에서 셀렉션 조건(Selection Condition)을 만족하는 튜플들의 수평적 부분 집합을 생성
- 프로젝트(PROJECT, π): 릴레이션의 열(Column)에 해당하는 애트리뷰트를 추출하는 것이므로 프로젝트 연산의 수직적 연산을 수행

21 정답 ②

정답해설

i의 값이 2로 나누었을 때 나머지가 0이 아니면서 3으로 나누었을 때 나머지가 0이 아니면 다음 i로 증가하며, 이를 만족하지 않으면(2로 나누어 나머지가 0이든지 3으로 나누어 나머지가 0인 경우) sum에 누적된다.

i	i%2 && i%3	sum
1	T	
3	F	3
5	T	
7	T	
9	T	3+9

따라서 실행 결과로 3+9=12가 출력된다.

22 정답 ③

정답해설

- main() 함수는 Class C와 독립적으로 실행된다.
- C p = new C(); 에 의해 p라는 이름의 클래스 C의 객체가 생성된다.
- p.set(20); → 객체 p가 갖고 있는 set 함수를 실행해서 전역변수 a에 20을 넣는다.
- p.add(10); → 객체 p가 갖고 있는 add 함수에 의해 전역변수 a에 10을 더해서 a가 30이 된다.
- p.print(); → 객체 p가 갖고 있는 print 함수에 의해 a를 출력하면 결과는 30이다.

23 정답 ①

정답해설

개념 스키마

데이터베이스에 어떤 데이터가 저장되고, 데이터들 간에 어떤 관계가 존재하고 어떤 제약조건이 있는지에 대해 정의한다. 데이터베이스 관리 시스템이나 관리자의 관점에서 모든 사용자에게 필요한 데이터를 통합하여 전체 데이터베이스의 논리적인 구조를 정의한다. 그리고 데이터에 대한 보안 정책이나 접근 권한에 대한 정의도 포함한다.

오답해설

② 내부 스키마: 데이터베이스를 저장 장치의 관점에서 이해하고 표현하여 데이터베이스가 저장 장치에 실제로 저장되는 방법을 정의한다. 파일에 데이터를 저장하는 레코드 구조, 레코드를 구성하는 필드의 크기, 인덱스를 이용한 레코드 접근 경로 등을 정의하는데, 데이터베이스의 개념 스키마에 대한 물리적인 저장 구조를 표현하므로 하나의 데이터베이스에 하나만 존재한다.

③ 외부 스키마: 개별 사용자의 관점에서 사용자에게 필요한 데이터베이스를 정의한다. 각 사용자가 생각하는 데이터베이스의 모습을 표현한 논리적인 구조로, 데이터베이스에는 여러 개의 외부 스키마가 존재할 수 있고 외부 스키마 하나를 사용 목적이 같은 사용자들이 공유할 수 있다.

24 정답 ③

정답해설

Kotlin은 IntelliJ IDEA의 개발사 JetBrains에서 2011년에 공개한 오픈 소스 프로그래밍 언어·JVM 기반의 언어이며, Java와 유사하지만 더 간결한 문법과 다양한 기능을 추가하였다.

25 정답 ④

정답해설

파일 디스크립터는 파일 시스템이 관리하므로 사용자가 직접 참조할 수 없고, 시스템마다 서로 다른 구조를 갖는다.

The 알아보기 파일 디스크립터(File Descriptor)

- 개념
  - 파일이 액세스되는 동안 운영체제의 관리 목적에 필요한 정보를 수집한 자료 구조이다.
  - 파일 관리에 필요한 정보를 가지고 있는 파일 제어 블록(FCB; File Control Block)으로 실행 시점에서 시스템이 필요로 하는 파일 정보를 가지고 있다.
- 특징
  - 보조기억장치에 저장되어 있다가 파일이 개방(Open)될 때 주기억장치로 이동한다.
  - 해당 파일이 개방(Open)되면 FCB(File Control Block)가 메모리에 올라와야 한다.
  - 파일 시스템이 관리하므로 사용자가 직접 참조할 수 없고, 시스템마다 서로 다른 구조를 갖는다.

01	02	03	04	05	06	07	08	09	10
②	②	①	②	②	④	②	③	①	③
11	12	13	14	15	16	17	18	19	20
③	④	②	②	②	③	①	①	②	①
21	22	23	24	25					
②	④	④	④	②					

01 정답 ②

정답해설

사회 공학(Social Engineering)에 대한 설명으로, 정보보호 대책(Countermeasure)은 위협에 대응하여 정보자산을 보호하기 위한 관리적 · 물리적 · 기술적 대책이다.

> **The 알아보기 정보보호의 위험 구성요소**
> • 자산(Asset): 조직이 보호해야 할 대상으로, 컴퓨터 시스템 (하드웨어, 소프트웨어, 데이터, 통신 설비와 네트워크) 등이 있다.
> • 취약점(Vulnerability): 자산의 잠재적인 속성으로, 위협의 이용 대상이 되며 존재만으로 자산에 어떤 영향이나 피해를 주지 못한다.
> • 위협(Threats): 자산의 손실을 초래할 수 있는 원하지 않는 사건의 잠재적인 원인이나 행위자로, 자산이 가진 취약점을 통해서만 자산에 피해를 줄 수 있다.
> • 정보보호대책(Countermeasure): 위협에 대응하여 정보자산을 보호하기 위한 관리적 · 물리적 · 기술적 대책으로 이러한 대책에는 방화벽, 침입 탐지 시스템 등의 제품뿐만 아니라 절차, 정책, 교육 등의 모든 통제들이 포함된다. 보호 대책을 비용을 산정할 때는 구축비용뿐만 아니라 관리비용을 고려해야 한다.

02 정답 ②

정답해설

정보보호 서비스 개념

기밀성, 무결성, 가용성, 인증, 부인방지, 책임추적성

03 정답 ①

오답해설

• 스크린된 서브넷 게이트웨이: DMZ라는 완충 지역 개념을 이용한다. 다단계 보안을 제공하기 때문에 강력한 보안을 제공하지만 설치와 관리가 어렵고 서비스 속도가 느리다는 단점이 있다.
• 스크린된 호스트 게이트웨이: 2차 방어를 하기 때문에 안전하며 가장 많이 이용한다. 하지만 해커가 스크리닝 라우터를 해킹하면 베스천 호스트를 거치지 않고 내부 네트워크에 직접 접근할 수 있다는 단점이 있다.

04 정답 ②

오답해설

① WEP(Wired Equivalent Privacy): 초창기의 무선 랜 보안 프로토콜로 암호화를 위해 RC4 스트림 암호 방식을 사용하며, 암호화와 인증에 동일한 키를 사용한다.
③ MAC(Message Authentication Code): 메시지와 비밀키를 입력받아 메시지 인증 코드를 생성하고 비밀키를 사용함으로써 데이터 인증과 무결성을 보장한다.
④ SSID(Service Set IDentifier): 무선랜을 통해 전송되는 모든 패킷의 헤더에 덧붙여지는 32바이트 길이의 고유 식별자로서 무선장비가 BSS(Basic Service Set)에 접속할 때 암호처럼 사용한다.

05 정답 ②

오답해설

① 강한 충돌 회피성: $H(x) = H(x')$이 되는 입력값의 x와 x'(단, $x' \neq x$)을 찾는 것은 계산상 불가능해야 한다.
③ 일방향성: 해시값 y가 주어졌을 때 $H(x) = y$가 되는 입력값 x를 찾는 것이 계산상 불가능해야 한다.
④ 계산의 용이성: 입력값 x가 주어지면 $H(x)$의 계산이 쉬워야 한다.

06 정답 ④

정답해설

Smurf 공격은 브로드캐스트 주소를 이용하여 위조된 ICMP 패킷을 보내 네트워크를 정상적으로 서비스할 수 없도록 하는 공격 기법이다. 공격 대상의 IP 주소를 근원지로 대량의 ICMP 응답 패킷을 전송하여 서비스 거부를 유발시킨다.

07
정답 ②

정답해설

변경 가능이 아니라 변경 불가로, 서명한 문서의 내용을 변경할 수 없어야 한다.

오답해설

① 서명자 인증: 서명은 서명자의 의도에 따라 누구의 서명인지 확인 가능해야 한다.

③ 부인 불가(부인 방지): 서명자는 자신이 서명한 사실을 부인할 수 없어야 한다.

④ 재사용 불가: 한 문서의 서명을 다른 문서의 서명으로 사용할 수 없어야 한다.

08
정답 ③

정답해설

강제적 접근 통제(Mandatory Access Control): 어떤 주체가 어떤 객체에 접근하려고 할 때, 양자의 보안 레이블(보안 등급)을 비교하여 높은 보안 수준을 요구하는 정보가 낮은 보안 수준의 주체에게 노출되지 않도록 접근을 제한하는 접근 통제 방식으로, 보안이 매우 엄격하여 군대와 같은 민감한 정보의 기밀성 보장에 사용된다. 보안 레이블(Security Label)이 주어지며, 객체에 대한 주체의 권한에 근거하여 접근이 제한된다.

오답해설

① 임의적 접근 통제(DAC), ② 역할 기반 접근 통제(RBAC), ④ 격자(Lattice) 기반 접근 통제(LBAC)에 대한 설명이다.

> **The 알아보기 강제적 접근 통제(MAC; Mandatory Access Control)**
> • 주체와 객체의 등급을 비교하여 접근 권한을 부여하는 방식으로, 가용성이 떨어진다.
> • 중앙에서 정보를 수집 및 분류하여 각각의 보안 레벨을 붙이고, 이에 대해 정책적으로 접근 제어를 설정한다.
> • 보안 레이블과 보안 허가증을 기반으로 하며, 중앙 집중형 보안 관리에 적합하다.
> • 접근 통제를 위해 분류된 시스템 데이터와 각 등급의 사용자 간 보호를 위해 요구되는 많은 정보들이 적용된다.
> • 하위 비밀 등급의 객체로 정보 흐름을 방어하기 때문에 흐름 제어(Flow Control) 정책에 해당한다.

09
정답 ①

정답해설

크래킹(Cracking)

소프트웨어의 저작권 보호를 위한 복사 방지 기술을 해제할 목적으로 역공학 기술을 이용하여 소프트웨어를 수정하는 기술이다.

10
정답 ③

정답해설

개인정보 보호의 인증을 받으려는 자(신청인)가 개인정보 보호 인증신청서(전자문서로 된 신청서를 포함한다)를 개인정보 보호 인증 전문기관(인증 기관)에 제출하여야 할 때 개인정보 보호 인증신청서에 포함되어야 하는 내용이다(「개인정보 보호법 시행령」 제34조의2 제2항).

오답해설

① 동법 제30조 제1항 제5호

② 동법 제30조 제1항 제2호

④ 동법 제30조 제1항 제3호

> **The 알아보기 개인정보 보호법 시행령 제30조(개인정보의 안전성 확보 조치)**
> ① 개인정보처리자는 법 제29조에 따라 다음 각 호의 안전성 확보 조치를 하여야 한다.
> 　1. 개인정보의 안전한 처리를 위한 내부 관리계획의 수립·시행
> 　2. 개인정보에 대한 접근 통제 및 접근 권한의 제한 조치
> 　3. 개인정보를 안전하게 저장·전송할 수 있는 암호화 기술의 적용 또는 이에 상응하는 조치
> 　4. 개인정보 침해사고 발생에 대응하기 위한 접속기록의 보관 및 위조·변조 방지를 위한 조치
> 　5. 개인정보에 대한 보안프로그램의 설치 및 갱신
> 　6. 개인정보의 안전한 보관을 위한 보관시설의 마련 또는 잠금장치의 설치 등 물리적 조치
> ② 보호위원회는 개인정보처리자가 제1항에 따른 안전성 확보 조치를 하도록 시스템을 구축하는 등 필요한 지원을 할 수 있다.
> ③ 제1항에 따른 안전성 확보 조치에 관한 세부 기준은 보호위원회가 정하여 고시한다.

11 정답 ③

정답해설

ESP는 기밀성과 무결성 서비스를 제공하며, 단독 또는 AH 프로토콜과 결합되어 사용되고 암호화 기능을 담당한다.

> **The 알아보기 VPN 관련 프로토콜 – IPSec**
> • 패킷에 대한 보안을 제공하기 위한 프로토콜로, 전송 모드와 터널 모드를 지원한다.
> • IP 계층에서 패킷 보안을 제공하는 것으로, 특정 암호화나 인증 방법의 사용을 규정하지 않는다.
> • 응용 프로그램의 설정은 하지 않으며 프라이버시, 인증, 부인 방지 기능을 제공한다.
> • 가상 사설망의 보안 서비스에 적절하며, 두 호스트 간에 논리적 연결을 필요로 한다.
> • SA(Security Association), AH(Authentication Header), ESP(Encapsulating Security Payload) 프로토콜 구조로 되어 있다.
>
> | AH Protocol | • IP 패킷에서 페이로드의 무결성을 보장하고, 발신지 호스트를 인증
• MD5, SHA-1 등의 알고리즘을 사용하며, IP 패킷의 데이터를 인증값으로 계산
• 수신자는 동일한 키를 이용하여 인증값을 검증 |
> | --- | --- |
> | ESP Protocol | • AH의 단점을 보완하고, 발신지의 무결성, 인증성, 기밀성을 제공
• 목적지 옵션 헤더를 제외한 IP 헤더 필드를 보호할 수 없음
• 데이터그램을 암호화하고, 헤더와 트레일러를 추가(AH와 병행 사용) |

12 정답 ④

정답해설

이블 트윈 공격(Evil Twin Attack)은 비밀번호나 신용카드 번호를 훔치기 위해 로그인한 사람들을 속이고 합법적인 네트워크인 것처럼 가장한 무선 네트워크를 말한다.

오답해설

패스워드 공격에는 무작위(무차별) 대입 공격, 사전 공격, 암호 추측 공격, 레인보우 테이블을 이용한 공격 등이 있다.

① 무작위 대입 공격(Brute Force Attack): 암호를 찾기 위하여 가능한 모든 조합의 경우의 수를 시도하는 공격 기법이다.

② 사전 공격(Dictionary Attack): 사용자들의 키가 될 가능성이 있는 값을 하나의 사전으로 만들어 이 사전 파일(단어 리스트 파일)을 이용하여 공격하는 기법이다.

③ 암호 추측 공격(Password Guessing Attack): 사용자의 개인정보를 이용하여 암호를 추측하고 대입하는 공격 기법이다.

※ 레인보우 테이블을 이용한 공격: 해시 함수를 사용하여 변환 가능한 모든 해시 값을 레인보우 테이블에 저장해 두고 이 테이블을 이용하여 패스워드를 추출하는 공격 기법이다.

13 정답 ②

정답해설

대역폭 소진 공격(TCP Flooding)은 프로토콜을 기준으로 차단할 수 없으므로, Source IP별 PPS에 대한 임계치 정책을 설정한다.

14 정답 ②

오답해설

① XSS에 대한 설명이다.

③ SQL Injection 공격에 대한 설명이다.

④ 인증우회 공격에 대한 설명이다.

> **The 알아보기 CSRF(Cross-Site Request Forgery) 공격**
> • 로그인된 사용자 불특정 다수를 대상
> • 로그인된 사용자가 자신의 의지와 상관없이 공격자가 의도한 특정행위를 하게 만드는 공격
> • 스크립트 없이 공격이 가능
> • 공격자의 정보 추적이 불가능

15 정답 ②

오답해설

인터넷에서 전용망처럼 폐쇄 네트워크를 구성하기 위한 VPN(Virtual Private Network) 프로토콜에는 PPTP, L2F, L2TP, IPSec, SSL, TLS 등이 있다.

16 정답 ③

오답해설

① 베이스 라인 접근법(기준선 접근법)은 모든 시스템에 대하여 표준화된 보호 대책의 세트를 체크리스트 형태로 제공한다.

② 비정형 접근법은 구조적인 방법론에 기준하지 않고, 경험자의 지식을 사용하여 위험분석을 수행하는 방법이다. 소규모의 조직에는 적합할 수 있으나 새롭게 나타나거나 수행자의 경험 분야가 적은 위험 영역은 놓칠 가능성이 있으며, 개인적인 경험에 의존하므로 보안성이 높은 전문가가 참여해야 한다.

④ 혼합 접근법(복합 접근법)은 고위험(High Risk) 영역을 식별하여 상세 위험분석을 수행하고, 그 외의 다른 영역은 기준선 접근법을 사용한다. 비용과 자원을 효과적으로 사용할 수 있으며, 고위험 영역을 빠르게 식별하여 처리할 수 있으나 고위험 영역을 잘못 식별하였을 경우 위험분석 비용이 낭비될 수 있다.

17 정답 ①

정답해설

COPS(Computer Oracle and Password System)는 파일, 디렉터리, 장치에 대한 권한 설정, 예측하기 쉬운 암호 설정, 암호와 그룹에 대한 설정, Crontab에 관련된 예약 프로그램, SetUID가 설정된 프로그램, 익명 FTP 접근 문제, 중요한 파일의 CRC 코드 검사로 인한 변경 여부, 이외 알려진 버그에 대한 패치 여부 등을 검사한다.

오답해설

② John the Ripper는 사전 파일을 이용해 사전에 있는 단어와 사용자 암호를 대입하여 암호를 해석하는 프로그램이다. 해커가 사용자 암호를 해석하기 위해 사용하지만, 관리자가 사용자 암호에 대한 취약점을 점검하는 데 사용할 수도 있다.

③ NESSUS은 Nmap 기반의 보안 점검 도구로, 서버/클라이언트의 구조로 동작한다. HTML 형태의 레포팅을 지원하고, 사용이 자유롭고 플러그인 업데이트 등이 용이하며, 사용할 때만 열리는 닫힌 포트, 운영체제의 종류, 웹 서버 취약점 등을 탐지할 수 있다.

④ SARA(Security Auditor's Research Assistance)는 서버, 라우터, IDS 등의 보안 취약점을 분석하는 도구로, SANS TOP 20 취약점을 점검하고 CVE 표준을 지원한다. 대규모 네트워크를 점검하면서 리눅스, 유닉스, MAC, 윈도우 환경과 SQL 인젝션 테스트, 다양한 방화벽 및 플러그인을 지원하고, 기업을 위한 검색 모듈과 Stand-alone 및 데몬 모드를 제공한다.

18 정답 ①

오답해설

②「정보통신산업 진흥법」: 정보통신산업의 진흥을 위한 기반을 조성함으로써 정보통신산업의 경쟁력을 강화하고 국민 경제의 발전에 이바지함을 목적으로 한다.

③「정보통신기반 보호법」: 전자적 침해행위에 대비하여 주요 정보통신기반시설의 보호에 관한 대책을 수립·시행함으로써 동 시설을 안정적으로 운영하도록 하여 국가의 안전과 국민 생활의 안정을 보장하는 것을 목적으로 한다.

④「통신비밀보호법」: 통신 및 대화의 비밀과 자유에 대한 제한은 그 대상을 한정하고 엄격한 법적절차를 거치도록 함으로써 통신비밀을 보호하고 통신의 자유를 신장함을 목적으로 한다.

19 정답 ②

정답해설

쿠키는 사용자가 웹 사이트에 접속할 때 웹 서버에서 생성되어 웹 브라우저에 임시파일로 전송·저장된다. 사용자의 로그인, 로그아웃, 시스템 재부팅 정보 등을 저장하는 것은 wtmp 로그 파일이다.

오답해설

① 쿠키는 웹 사이트의 방문 기록 등을 저장한 정보 파일이다. 특정 웹 사이트를 접속할 때 웹 사이트의 서버가 방문자의 ID, 비밀번호, 사이트 정보 등을 방문자의 컴퓨터에 저장하므로 웹 사이트별로 그 내용이 다를 수 있다.

④ XSS 공격은 게시판이나 검색 부분 중 사용자의 스크립트 코드를 필터링하지 않아 공격자가 스크립트 코드를 실행하는 것으로 사용자가 웹 서버로 전송하는 고유 쿠키 정보를 탈취한다.

※ 쿠키의 기능으로 방문자는 웹 사이트에 재방문할 때 ID와 비밀번호를 일일이 입력하지 않고 재접속할 수 있으며, 쇼핑몰 사이트에서 찜했거나 장바구니에 보관했던 품목이 유지될 수 있다.

20
정답 ①

The 알아보기 사이버 위기경보 5단계

단계	내용
심각	• 국가적 차원에서 네트워크 및 정보시스템 사용 불가능 • 침해사고가 전국적으로 발생했거나 피해범위가 대규모인 사고 발생 • 국가적 차원에서 공동 대처 필요
경계	• 복수 ISP망, 기간 망의 장애 또는 마비 • 침해사고가 다수 기관에서 발생했거나 대규모 피해로 발전될 가능성 증가 • 다수 기관의 공조 대응 필요
주의	• 일부 네트워크 및 정보시스템 장애 • 침해사고가 일부 기관에서 발생했거나 다수 기관으로 확산될 가능성 증가 • 국가 정보시스템 전반에 보안태세 강화 필요
관심	• 웜, 바이러스, 해킹 기법 등에 의한 피해발생 가능성 증가 • 해외 사이버공격 피해가 확산되어 국내 유입 우려 • 사이버위협 징후 탐지활동 강화 필요
정상	• 전 분야 정상적인 활동 • 위험도 낮음. 웜, 바이러스 발생 • 위험도 낮은 해킹 기법 · 보안취약점 발표

21
정답 ②

오답해설

① 「전자정부법」의 소관 행정기관은 행정안전부이다.

③ 「정보통신망 이용촉진 및 정보보호 등에 관한 법률」의 소관 행정기관은 과학기술정보통신부와 방송통신위원회이다.

④ 「정보통신기반 보호법」의 소관 행정기관은 과학기술정보통신부이다.

22
정답 ④

정답해설

㉠ 웜(Worm): 네트워크에서 연속적으로 자신을 복제하여 시스템 부하를 높이는 바이러스의 일종으로, 주소록을 통해 자동으로 메일을 보내므로 확산 속도가 빠르다.

㉡ 스미싱(Smishing): 무료 쿠폰, 모바일 초대장 등의 문자 메시지를 보낸 후 메시지에 있는 인터넷 주소를 클릭하면 스마트폰에 악성코드가 설치되어 개인의 금융 정보를 빼내는 수법이다.

㉢ IPSec: 네트워크 계층에서 패킷에 대한 보안을 제공하기 위한 프로토콜로, 인터넷을 통해 지점들을 안전하게 연결한다.

The 알아보기 웜(Worm)

• 네트워크에서 연속적으로 자신을 복제하여 시스템 부하를 높인다.

• 컴퓨터 시스템을 파괴하거나 작업을 지연 또는 방해하는 악성 프로그램으로, 컴퓨터 바이러스와는 달리 다른 프로그램을 감염시키지는 않는다.

• 전자 메일에 바이러스 코드를 삽입하여 전송하는 전파 능력을 갖는다. 주소록을 통해 자동으로 메일을 보내므로 확산 속도가 빠르다.

• 전파 방법으로는 전자 메일 첨부 파일, 네트워크 쓰기 권한 악용, 서비스 취약점 이용 등이 있다.

• 바이러스나 웜에 감염되었을 때 가장 숨기기 쉬운 파일은 svchost.exe이다.

• 대표적인 종류로 CONFICKER, CODERED, NIMDA, I-Worm/Happy99, I-Worm/Hybris, I-Worm/Naked, I-Worm/Navidad, I-Worm/ExploreZip, I-Worm/Wininit 등이 있다.

23
정답 ④

오답해설

① 안전한 코딩(Secure Coding): 소프트웨어를 개발함에 있어 소스 코드에 존재하는 버퍼 오버플로우에 취약한 함수와 하드 코드된 패스워드 등 잠재적인 취약점을 사전에 차단하고 보안하는 기법이다.

② 위험 관리(Risk Management): 위험으로부터 정보 자산을 보호하기 위해 정보 자산에 대한 위험을 분석하고 적절한 비용으로 효과적인 보호대책을 마련하기 위한 과정이다.

③ 디지털 포렌식(Digital Forensics): 범죄 수사를 위해 합법적으로 디지털 장비를 분석하여 추출된 증거를 분석하는 작업이다.

24

정답해설

위험 관리 분야의 인증기준은 관리체계 수립 및 운영 영역에서 규정하고 있다.

오답해설

① 정보보호 및 개인정보보호를 위한 일련의 조치와 활동이 인증기준에 적합함을 인터넷진흥원 또는 인증 기관이 증명하는 제도이다.

② 개인정보 수집 시의 보호조치뿐만 아니라 개인정보 파기 시의 보호조치도 개인정보 처리 단계별 요구사항에 포함되어 있다.

③ 의무대상자 기준에 해당하지 않으나 자발적으로 정보보호 및 개인정보보호 관리체계를 구축·운영하는 기업·기관은 임의 신청자로 분류되며, 임의 신청자가 인증 취득을 희망할 경우 자율적으로 신청하여 인증심사를 받을 수 있다.

The 알아보기 정보보호 및 개인정보보호 관리체계 인증 (ISMS–P)

- 인증기준은 크게 1. 관리체계 수립 및 운영, 2. 보호대책 요구사항, 3. 개인정보 처리 단계별 요구사항의 3개 영역에서 총 102개의 인증기준으로 구성되어 있다.
- 관리체계 수립 및 운영 영역은 관리체계 기반 마련, 위험관리, 관리체계 운영, 관리체계 점검 및 개선의 4개 분야 16개 인증기준으로 구성되어 있으며, 계획(Plan)–실행(Do)–검토(Check)–반영(Act) 사이클에 따라 지속적이고, 반복적으로 실행되어야 한다.
- 보호대책 요구사항 영역은 12개 분야 64개 인증기준으로 구성되어 있다.
- 개인정보 처리 단계별 요구사항 영역은 5개 분야 22개의 인증기준으로 구성되어 있다.
- 정보보호 관리체계(ISMS) 인증을 받고자 하는 신청기관은 1. 관리체계 수립 및 운영, 2. 보호대책 요구사항의 2개 영역에서 80개의 인증기준을 적용받게 되며, 정보보호 및 개인정보보호 관리체계(ISMS–P) 인증을 받고자 하는 신청기관은 3. 개인정보 처리 단계별 요구사항을 포함하여 102개의 인증기준을 적용받게 된다.

25

오답해설

ISO/IEC 27001의 통제영역

정보보호 정책, 정보보호 조직, 인적자원 보안, 자산 관리, 접근 통제, 암호화, 물리적·환경적 보안, 운영 보안, 통신 보안, 시스템 도입·개발·유지보수, 공급자 관계, 정보보안 사고 관리, 정보보안 측면의 사업 연속성 관리, 준거성이 있다.

제4회 모의고사 정답 및 해설

제1과목: 국어

01	02	03	04	05	06	07	08	09	10
②	④	②	③	④	①	①	②	③	④
11	12	13	14	15	16	17	18	19	20
②	④	④	③	③	③	②	③	④	①
21	22	23	24	25					
③	②	④	②	①					

01
정답 ②

정답해설

집에서 손님을 보낼 때 하는 인사말은 '안녕히 가십시오.'인데, 특별한 경우 손윗사람에게는 '살펴 가십시오.'도 가능하다. 간혹 '안녕히 돌아가십시오.'라고 쓰는 경우가 있는데 '돌아가다'라는 말이 '죽는다'는 의미나 '빙 돌아서 간다'는 뜻을 나타내는 경우가 있어 되도록 쓰지 않는 것이 좋다.

오답해설

① '좋은 아침!'은 외국어를 직역한 말이므로 이에 대한 전통적인 인사말인 '안녕하십니까?'를 쓰는 것이 좋다.

③ 윗사람의 생일을 축하하는 말로는 '내내 건강하시기 바랍니다.'나 '더욱 강녕하시기 바랍니다.'가 적절하다. 이 밖에 '건강하십시오.'는 바람직하지 않다. '건강하다'는 형용사이므로 명령문을 만들 수 없을뿐더러 어른에게 하는 인사말로 명령형의 문장은 될 수 있으면 피해야 하기 때문이다.

④ 손님이 들어오면 우선 인사를 하고 나서 무엇을 도와 드릴지 여쭈어보는 것이 적절하다.

02
정답 ④

정답해설

'식이요법이 알코올 중독에 이르게 한다.'는 연쇄반응은 서로 인과관계가 없으므로 ④는 '잘못된 인과관계의 오류'를 범하고 있다.

오답해설

①·②·③ '미끄러운 경사면의 오류'를 범하고 있다. 미끄러운 경사면의 오류란 미끄럼틀을 한 번 타기 시작하면 끝까지 미끄러져 내려갈 수밖에 없듯이 연쇄반응이 이어지면서 잘못된 결론에 도달하게 되는 오류를 뜻한다. 그런데 그 연쇄반응 사이에는 서로 인과성이 있어서 처음의 시작과 결론만 보면 논리적으로 말이 되지 않지만 이어지는 연쇄반응끼리는 서로 관련된다.

> **The 알아보기** 미끄러운 경사면의 오류(Fallacy of slippery slope)
>
> 일명 '도미노의 오류'로, 미끄럼틀을 한 번 타기 시작하면 끝까지 미끄러져 내려간다는 점에서 '연쇄반응 효과의 오류'라고 할 수 있다.
>
> 예 인터넷 실명제를 시행해서는 안 된다. 인터넷 실명제를 시행하게 되면 개인은 자신의 사적인 면을 인터넷에 노출하기를 꺼리게 될 것이고, 인터넷을 통해 자유롭게 개성을 표현하는 일이 극도로 줄어들게 될 것이다. 그렇게 되면 머지않아 우리나라 문화 예술계는 창의성과 상상력을 잃게 될 것이다.

03
정답 ②

정답해설

㉠ 의존 명사 '때'는 앞말(관형어) '알아볼'과 띄어 써야 하며, 조사 '까지'는 앞말과 붙여 써야 한다.

㉢ 단위성 의존 명사 '채'는 수 관형사 '한'과 띄어 써야 한다.

오답해설

㉡ 관형어 다음의 '만큼'은 의존 명사이므로 띄어 써야 하지만, 체언 다음의 '만큼'은 조사이므로 붙여 쓴다.

㉣ 체언 다음의 '입니다'는 서술격 조사이므로 반드시 붙여 써야 한다.

04 정답 ③

정답해설

'멀찌가니'는 사이가 꽤 떨어지게라는 의미로, '멀찌가니'의 복수 표준어는 '멀찌감찌'가 아닌 '멀찌감치'이다.

05 정답 ④

정답해설

④는 서술어가 '피었다' 하나만 나타나고 있다. 이와 같이 홑문장은 서술어가 한 번만 나타나야 한다.

오답해설

① 겹문장(명사절을 안은문장)

② 겹문장(명사절을 안은문장)

③ 겹문장(대등하게 이어진 문장)

06 정답 ①

정답해설

①은 다의 관계, ② · ③ · ④는 동음이의 관계이다.

① • 가다⁵: 금, 줄, 주름살, 흠집 따위가 생기다.

• 가다¹: 지금 있는 곳에서 어떠한 목적을 가지고 다른 곳으로 옮기다.

오답해설

② • 철: 규칙적으로 되풀이되는 자연 현상에 따라서 일 년을 구분한 것

• 철: 사리를 분별할 수 있는 힘

③ • 타다: 불씨나 높은 열로 불이 붙어 번지거나 불꽃이 일어나다.

• 타다: 도로, 줄, 산, 나무, 바위 따위를 밟고 오르거나 그것을 따라 지나가다.

④ • 묻다: 물건을 흙이나 다른 물건 속에 넣어 보이지 않게 쌓아 덮다.

• 묻다: 가루, 풀, 물 따위가 그보다 큰 다른 물체에 들러붙거나 흔적이 남게 되다.

07 정답 ①

정답해설

(가)는 시간의 흐름에 따라 어휘의 의미가 변화하는 양상을 보여주므로 '언어의 역사성'과 관련이 있다. 언어의 규칙성이란 언어를 사용하기 위해서는 여러 가지 규칙(문법, 규범)이 필요함을 의미한다.

오답해설

② (나)는 사회적 약속을 어기고 대상을 마음대로 다른 기호로 표현하면 사회 구성원들 간에 의사소통이 되지 않는다는 것이므로 '언어의 사회성'의 예로 볼 수 있다.

③ (다)는 문장의 구조에 대한 이해를 바탕으로 한정된 어휘로 서로 다른 문장을 생성하는 예이므로 '언어의 창조성'과 관련이 있다.

④ (라)는 언어에 따라 같은 의미에 대한 기호가 자의적으로 결합되는 사례로 '언어의 자의성'에 해당된다.

08 정답 ②

정답해설

㉠ • 주체 높임 표현: 아버지께서(조사), '-시-'(높임 선어말 어미)

• 객체 높임 표현: 모시고(객체를 높이는 특수 어휘)

㉡ • 상대 높임 표현: 하셨습니다('하십시오체'의 종결 어미)

• 주체 높임 표현: 어머니께서(조사), '-시-'(높임 선어말 어미)

• 객체 높임 표현: 아주머니께(조사), 드리다(객체를 높이는 특수 어휘)

㉢ • 상대 높임 표현: 바랍니다('하십시오체'의 종결 어미)

• 주체 높임 표현: 주민 여러분께서는(조사), '-시-'(높임 선어말 어미)

09
정답 ③

정답해설

㉠ 비전(○): 'vision'은 '비젼'이 아닌, '비전'이 옳은 표기이다.

㉡ 카디건(○): 'cardigan'은 '가디건'이 아닌, '카디건'이 옳은 표기이다.

㉣ 옐로(○): 'yellow'는 '옐로우'가 아닌, '옐로'가 옳은 표기이다.

오답해설

㉢ 콘테이너(×) → 컨테이너(○): 'container'는 '컨테이너'로 표기한다.

㉤ 롭스터(×) → 랍스터/로브스터(○): 'lobster'는 '로브스터'로 표기하며, 2015년 12월 개정에 따라 '랍스터'도 복수 표기로 인정되었다.

> **The 알아보기** 외래어 표기의 기본 원칙(외래어 표기법 제1장)
> - 외래어는 국어의 현용 24 자모만으로 적는다.
> - 외래어의 음운은 원칙적으로 1 기호로 적는다.
> - 받침에는 'ㄱ, ㄴ, ㄹ, ㅁ, ㅂ, ㅅ, ㅇ'만을 쓴다.
> - 파열음 표기에는 된소리를 쓰지 않는 것을 원칙으로 한다.
> - 이미 굳어진 외래어는 관용을 존중하되, 그 범위와 용례는 따로 정한다.

10
정답 ④

정답해설

비나리: 남의 환심을 사려고 아첨하는 것을 의미하는 말이다.

11
정답 ②

정답해설

홑이불: [홑니불]('ㄴ' 첨가) → [혼니불](음절의 끝소리 규칙) → [혼니불](자음 동화 – 비음화)

> **The 알아보기** 두음 법칙
> 두음 법칙은 한자음의 어두에 올 수 있는 자음을 제한하는 현상을 말한다.
> - ㄴ > ㅇ: 녀, 뇨, 뉴, 니 > 여, 요, 유, 이
> - ㄹ > ㅇ: 랴, 려, 례, 료, 류, 리 > 야, 여, 예, 요, 유, 이
> - ㄹ > ㄴ: 라, 래, 로, 뢰, 루, 르 > 나, 내, 노, 뇌, 누, 느

12
정답 ④

정답해설

제시된 작품에서 '나'는 '그'의 연주에 대해 '규칙 없고 되지 않은 한낱 소음', 야성·힘·귀기를 느낄 수 없는 '감정의 재' 등으로 표현하였다. 반면 이와 대비되는 나의 연주는 '빈곤, 주림, 야성적 힘, 기괴한 감금당한 감정'으로 표현하였다. 따라서 '나의 연주'와 대비되어 '감정의 재'로 묘사된 그의 연주를 가장 잘 표현한 것은 ④ '기괴한 감정이 느껴지지 않는 연주'이다.

오답해설

① '기교'와 관련된 내용은 본문에 드러나 있지 않다.

② 그의 연주가 '규칙 없고 되지 않은 소음에 지나지 못하였습니다.'라고 하였으나, 이것은 악보와 일치하지 않은 연주이기 때문이 아니라 감정이 느껴지지 않기 때문이다.

③ 연주를 이해할 수 없다는 내용은 드러나 있지 않다.

> **The 알아보기** 김동인, 「광염 소나타」
> - 갈래: 단편 소설
> - 성격: 탐미적, 예술 지상주의적
> - 주제: 미에 한 한 예술가의 광기 어린 동경
> - 특징
>   - 액자식 구성으로 이야기를 전개함
>   - 순수한 예술성을 추구한 작자의 의식을 엿볼 수 있음

13
정답 ④

정답해설

제시문은 동물들이 자연적으로 치유하는 방법에 대해 선천적으로 알고 있는 예를 열거하고 있다.

14
정답 ③

정답해설

㉢은 '올벼논과 텃밭이 여드레 동안 갈 만한 큰 땅(조선 팔도)이 되었도다.'로 해석할 수 있다. 이는 조선의 땅이 기름지고 넓어짐을 비유한 말이지 '외침으로 인해 피폐해진 현실'을 의미하는 것이 아니다.

오답해설

① ㉠은 '한 어버이(태조 이성계를 비유)가 살림을 시작하였을 때'로 해석할 수 있다. 이는 태조 이성계가 조선 왕조를 창업한 사실과 관련지을 수 있다.

② ㉡은 '풀을 베고 터를 닦아 큰 집(조선 건국)을 지어 내고'
로 해석할 수 있다. 이는 나라의 기초를 닦은 조선 왕조의
모습과 관련지을 수 있다.

④ ㉣은 '마음을 다투는 듯 우두머리를 시기하는 듯'으로 해
석할 수 있다. 이는 신하들이 서로 다투고 시기하는 상황
과 관련지을 수 있다.

The 알아보기 허전, 「고공가(雇工歌)」

- 갈래: 조선 후기 가사, 경세가(警世歌), 풍자가
- 성격: 풍자적, 비유적, 교훈적, 계도적, 경세적(警世的)
- 표현
  – 3 · 4조, 4음보의 율격을 사용하여 음악성을 확보함
  – 나라의 일을 집안의 농사일로, 화자를 주인으로, 탐욕을
    추구하는 관리들을 머슴(고공)으로 비유하여 표현함
- 특징
  – 농부의 어려움을 국사(國事)에 비유하여, 농가의 한 어른
    이 바르지 못한 머슴들의 행동을 나무라는 표현 형식을
    취함
  – 정사(政事)에 게을리하는 조정 백관의 탐욕과 무능함을
    은유적으로 표현함
- 주제: 나태하고 이기적인 관리들의 행태 비판
- 현대어 풀이

  제 집 옷과 밥을 두고 빌어먹는 저 머슴아.
  우리 집 소식(내력)을 아느냐 모르느냐?
  비 오는 날 일 없을 때 새끼 꼬면서 말하리라.
  처음에 조부모님께서 살림살이를 시작할 때에,
  어진 마음을 베푸시니 사람들이 저절로 모여,
  풀을 베고 터를 닦아 큰 집을 지어 내고,
  써레, 보습, 쟁기, 소로 논밭을 기경하니,
  올벼논과 텃밭이 여드레 동안 갈 만한 큰 땅이 되었도다.
  자손에게 물려주어 대대로 내려오니,
  논밭도 좋거니와 머슴들도 근검하였다.
  저희들이 각각 농사지어 부유하게 살던 것을,
  요새 머슴들은 생각이 아주 없어서,
  밥그릇이 크거나 작거나 입은 옷이 좋거나 나쁘거나,
  마음을 다투는 듯 우두머리를 시기하는 듯,
  무슨 일에 얽혀들어 힐끗거리며 반목을 일삼느냐?

정답해설

㉢ 학교 마당에들 모여 소주에 오징어를 찢다: 막막한 농촌
의 현실에 가슴 답답해하며 학교 마당에 모여 소주를 마
시며 울분을 토하는 모습일 뿐, 어려움을 극복한 농민들
의 흥겨움과는 아무 관련이 없다.

오답해설

① ㉠ '못난 놈들'은 서글픔이 깔린 친근감과 동료애를 느끼
게 하는 표현이고, '서로 얼굴만 봐도 흥겹다'는 시적 화자
의 농민에 대한 진한 애정과 비극적 인식으로 '농민들이
서로에게 느끼는 유대감'을 보여 주고 있다.

② ㉡ 농민들의 여러 가지 어려움을 제유적으로 표현하고 있다.

④ ㉣ 현실의 울적한 이야기를 들으면 그들은 자포자기하고
싶기도 하지만 파장 무렵의 장에서 이것저것 집안에 필요
한 것들을 산 후 무거운 발걸음으로 다시 집으로 향할 수
밖에 없는 농촌 현실의 불구성을 시적으로 형상화한 부분
이다. '절뚝이는 파장'은 실제로 술에 취해 비틀거리는 걸
음걸이를 나타내면서, 삶의 무게와 어려움에 절뚝이는 모
습을 동시에 담은 중의적 표현으로도 볼 수 있다.

The 알아보기 신경림, 「파장」

- 성격: 향토적, 비판적, 서정적, 서사적
- 제재: 장터의 서민들의 모습
- 특징
  – 시간의 경과에 따른 시상의 전개
  – 일상어와 비속어의 적절한 구사로 농민들의 삶을 진솔하
    게 나타냄
  – 4음보 중심의 경쾌하고 투박한 리듬의 운율감
  – 적절한 서사적 제재를 선택하여 소외된 농촌의 모습을
    보여 줌
- 주제: 황폐화되어 가는 농촌의 현실을 살아가는 농민들의
  애환과 비통함

16

정답해설

근거(3문단): "움직도르래를 이용하여 물체를 들어 올리면 줄의 길이는 물체가 움직여야 하는 높이의 두 배가 필요하게 된다."와 ③의 '움직도르래로 물체를 들어 올릴 수 있는 높이는 줄의 길이에 영향을 받는다.'는 내용이 일치함을 알 수 있다.

오답해설

① 근거(2문단): "고정도르래를 사용할 때는 줄의 한쪽에 물체를 걸고 다른 쪽 줄을 잡아 당겨 물체를 원하는 높이까지 움직인다."와 ①의 '고정도르래는 도르래 축에 물체를 직접 매달아 사용한다.'는 내용이 일치하지 않는다.

② 근거: 1문단에서 "그렇다면 두 도르래의 차이는 어떤 것이 있을까?"하고 물음을 제시한 다음 2문단과 3문단은 각각 고정도르래와 움직도르래의 '원리와 특징'의 차이점만을 제시하고 있을 뿐 ②의 '움직도르래와 고정도르래를 함께 사용해야 물체의 무게가 분산된다.'라는 내용은 제시문에 나와 있지 않다.

④ 근거(2문단): "고정도르래는 ~ 직접 들어 올리는 것과 비교해 힘의 이득은 없으며 단지 고정도르래 때문에 줄을 당기는 힘의 방향만 바뀐다."와 ④의 '고정도르래는 줄을 당기는 힘의 방향과 물체에 작용하는 힘의 방향이 일치한다.'는 내용이 일치하지 않는다.

17

정답해설

1문단의 "그렇다면 두 도르래의 차이는 어떤 것이 있을까?"라는 물음에 대해 2문단과 3문단은 각각 고정도르래와 움직도르래의 차이점을 중심으로 원리와 특징을 설명하고 있다.

오답해설

① 고정도르래와 움직도르래의 원리와 특징의 차이점을 설명하여 개념 이해를 돕고 있을 뿐 구체적 사례(예시)는 사용되지 않았다.

③ 고정도르래와 움직도르래의 인과 관계에 초점을 맞춘 설명은 찾아볼 수 없다.

④ 특정 기술이 발달한 과정의 순서는 찾아볼 수 없다.

18

정답해설

- (다)에서 '제임스 러브록'이라는 인물에 대해 처음 소개하고 있으므로 (다)가 가장 첫 번째 순서임을 알 수 있다.
- (다)의 마지막 문장에서 제임스 러브록이 말한 '사이보그'를 (가)가 이어 받아 제임스 러브록이 말하는 '사이보그'의 의미를 설명하고 있다.
- (나)에서 제임스 러브록의 말을 인용하며 사이보그에 대한 설명을 구체화하고 있다.
- 이를 바탕으로 마지막으로 (라)에서 지구 멸망 시 사이보그의 행동을 예측하며 글을 마무리하고 있다.

따라서 ③ '(다) – (가) – (나) – (라)'의 순서가 적절하다.

19

정답해설

④는 예의가 없는 후배들에 대하여 말하고 있으므로 '젊은 후학들을 두려워할 만하다는 뜻으로, 후진들이 선배들보다 젊고 기력이 좋아, 학문을 닦음에 따라 큰 인물이 될 수 있으므로 가히 두렵다는 말'인 後生可畏(후생가외)보다는 '눈 아래에 사람이 없다는 뜻으로, 방자하고 교만하여 다른 사람을 업신여김을 이르는 말'인 眼下無人(안하무인)을 쓰는 것이 문맥상 적절하다.

- 後生可畏: 뒤 후, 날 생, 옳을 가, 두려워할 외
- 眼下無人: 눈 안, 아래 하, 없을 무, 사람 인

오답해설

① 口蜜腹劍(구밀복검): 입에는 꿀이 있고 배 속에는 칼이 있다는 뜻으로, 말로는 친한 듯하나 속으로는 해칠 생각이 있음을 이르는 말
  - 口蜜腹劍: 입 구, 꿀 밀, 배 복, 칼 검

② 一敗塗地(일패도지): 싸움에 한 번 패하여 간과 뇌가 땅바닥에 으깨어진다는 뜻으로, 여지없이 패하여 다시 일어날 수 없게 되는 지경에 이름을 이르는 말
  - 一敗塗地: 하나 일, 패할 패, 진흙 도, 땅 지

③ 首鼠兩端(수서양단): 구멍에서 머리를 내밀고 나갈까 말까 망설이는 쥐라는 뜻으로, 머뭇거리며 진퇴나 거취를 정하지 못하는 상태를 이르는 말
  - 首鼠兩端: 머리 수, 쥐 서, 두 양, 바를 단

20

정답해설

「베틀 노래」는 베 짜기의 고달픔을 덜어 주면서도 가족들에 대한 애정을 드러내고 있는 강원도 통천 지방의 구전 민요이자 노동요이다. 노동 현실에 대한 한과 비판은 나타나지 않는다.

오답해설

② • 대구법: 기심 매러 갈 적에는 갈뽕을 따 가지고 / 기심 매고 올 적에는 올뽕을 따 가지고
   • 직유법: 배꽃같이 바래워서 참외같이 올 짓고 / 외씨같은 보선 지어 오빠님께 드리고

③ 4 · 4조, 4음보의 민요적 운율과 '갈뽕', '올뽕'의 언어유희로 리듬감을 형성하고 있다.

④ '강릉 가서 날아다가 서울 가서 매어다가 / 하늘에다 베틀 놓고 구름 속에 이매 걸어'의 과장된 표현으로 화자의 상상력을 드러내고 있다.

> **The 알아보기 「베틀 노래」**
> • 갈래: 민요, 노동요
> • 제재: 베 짜기
> • 특징
> – 4 · 4조, 4음보의 운율을 가짐
> – 대구법, 직유법, 반복법, 언어유희, 과장법 등 다양한 표현 기법을 사용
> – 뽕잎을 따서 옷을 짓기까지의 과정을 추보식으로 전개
> • 주제
> – 베 짜는 여인의 흥과 멋
> – 베를 짜는 과정과 가족에 대한 사랑
> • 해제
> 부녀자들이 베틀에서 베를 짜면서 그 고달픔을 덜기 위해 부른 노동요로 4 · 4조, 4음보의 연속체로 되어 있다. 또한 강원도 통천 지방의 민요로, 그 내용은 뽕을 따서 누에를 치는 것으로부터 시작하여 누에고치에서 실을 뽑아 비단을 짜서 가족들의 옷을 지어 주는 데까지의 전 과정을 서사시적으로 노래하고 있다.

21
정답 ③

정답해설

대화의 맥락을 살펴보면 ⓒ과 ⓒ이 동일한 과자로 지희가 맛있다고 말한 과자이다. ⓐ은 서은이가 샀던 과자로 서은이가 맛이 없다고 말한 과자이고, ⓔ은 서은이가 아직 안 먹어본 과자이다.

22
정답 ②

정답해설

불경기와 호경기가 반복적으로 순환되는 사업의 경우 안정적으로 경제성을 창출하기 위해 '비관련' 분야의 다각화를 해야 함을 추론할 수 있으므로 ⓐ에는 '비관련'이 들어가야 한다. 또한 다각화 전략을 활용하면 경기가 불안정할 때에도 자금 순환의 안정성을 확보할 수 있으므로 ⓒ에는 '확보'가 들어가야 한다.

23
정답 ④

정답해설

4문단의 '새로운 인력을 채용하여 교육시키는 데 많은 시간과 비용이 들어감을 고려하면, 다각화된 기업은 신규 기업에 비해 훨씬 우월한 위치에서 경쟁할 수 있다.'를 통해 신규 기업은 새로운 인력을 채용하고 교육하는 것에 부담이 있음을 확인할 수 있으므로 ④가 적절하다.

오답해설

① 4문단의 '또한 다각화된 기업은 기업 내부 시장을 활용함으로써 새로운 가치를 창출할 수 있다. 여러 사업부에서 나오는 자금을 통합하여 활용할 수 있는 내부 자본시장을 갖추었을 뿐 아니라'를 통해 다각화된 기업은 여러 사업부에서 나오는 자금을 통합하여 활용할 수 있음을 확인할 수 있으므로 이는 적절하지 않다.

② 3문단의 '범위의 경제성이란 하나의 기업이 동시에 복수의 사업 활동을 하는 것이, 복수의 기업이 단일의 사업 활동을 하는 것보다 총비용이 적고 효율적이라는 이론이다.'를 통해 한 기업이 제품A, 제품B를 모두 생산하는 것이 서로 다른 두 기업이 각각 제품A, 제품B를 생산하는 것보다 효과적임을 확인할 수 있으므로 이는 적절하지 않다.

③ 2문단의 '리처드 러멜트는 미국의 다각화 기업을 구분하며, 관련 사업에서 70% 이상의 매출을 올리는 기업을 관련 다각화 기업, 70% 미만의 매출을 올리는 기업을 비관

제4회 모의고사 정답 및 해설 **69**

련 다각화 기업으로 명명했다.'를 통해 리처드 러멜트에 의하면 관련 사업에서 70% 이상의 매출을 올리는 기업이 관련 다각화 기업임을 확인할 수 있으므로 이는 적절하지 않다.

24

정답 ②

정답해설

㉠에 들어갈 단어를 유추하기 위해서는 ㉠이 포함된 단락의 핵심 내용인 '포드사의 자동차 결함 수리에 대한 비용편익분석' 내용을 파악해야 한다. 차의 결함으로 배상해야 할 금액과 차의 결함을 수리하는 데 드는 비용을 따져서 이 비용 중에서 '편익'이 있는 쪽을 선택하는 것이다. 따라서 ㉠에 들어갈 어구로 가장 적절한 것은 ② '수리의 편익'이다.

25

정답 ①

정답해설

제시된 글은 '비용편익분석'에 대한 개념을 '필립 모리스 담배 문제'와 '포드사의 자동차 결함' 등 구체적 사례를 들어 설명하고, 문제점을 제기하는 방식으로 논지를 전개하고 있다.

오답해설

② 비교와 대조의 방식은 본문에서 파악할 수 없다.

③ 공리주의의 효용을 바탕으로 글이 전개되고 있지만, '공리주의'가 설득력을 높이는 근거로 이용되고 있지는 않다.

④ 문제점은 제시되었지만, 그에 대한 대안 및 대안의 타당성은 파악할 수 없다.

01	02	03	04	05	06	07	08	09	10
④	①	③	④	③	④	①	②	④	②
11	12	13	14	15	16	17	18	19	20
①	②	④	④	④	②	①	③	④	④
21	22	23	24	25					
③	③	①	③	①					

01

정답 ④

정답해설

캐시 메모리는 CPU 속도와 주기억장치 속도의 차이를 줄이기 위해 사용하는 고속 Buffer Memory이다. 캐시에 기록하는 방식에는 Write-Through 방식과 Write-Back 방식이 있고 캐시 메모리는 주로 SRAM을 사용하며 가격이 비싸다.

오답해설

① 보조기억장치에 대한 설명이다.

② ROM에 대한 설명이다.

③ RAM과 ROM에 대한 설명이다.

02

정답 ①

정답해설

결합도는 낮을수록 좋다.

• 결합도 : 자료(1), 스탬프(2), 제어(3), 외부(4), 공통(5), 내용(6)

The 알아보기	모듈화(Modularity)의 주요 특성	
구분	설명	특징
모듈성 (Modularity)	프로그램을 효율적으로 관리할 수 있도록 하는 소프트웨어의 특성으로 시스템 분해 및 추상화를 통해 소프트웨어 성능 향상을 위한 적합한 프로그램 단위	성능향상, 컴포넌트화, 재사용성
응집도 (Cohesion)	모듈의 독립성을 나타내는 개념으로 하나의 모듈 내부 처리 요소들 간에 기능적 연관도를 측정하는 척도	높을수록 좋음

결합도 (Coupling)	소프트웨어 구조에서 모듈 간 연관성을 측정하는 척도	낮을수록 좋음

03

정답 ③

정답해설

데이터 조작어(DML; Data Manipulation Language)는 사용자가 데이터의 삽입 · 삭제 · 수정 · 검색 등의 처리를 데이터베이스 관리 시스템에 요구하기 위해 사용하는 데이터 언어로, UPDATE, INSERT, DELETE, SELECT가 이에 속한다.

오답해설

① UPDATE는 테이블에 저장된 데이터를 변경하는 명령어로 DML에 해당한다.

② CREATE는 데이터베이스와 테이블을 생성하는 명령어로 DDL에 해당한다.

④ 데이터 제어어(DCL)를 이용하여 권한을 부여하거나 취소한다.

The 알아보기 SQL문의 종류

• 데이터 조작어(DML)
- 데이터베이스에 저장된 데이터를 실제 처리하는 데 사용되는 언어로, 데이터베이스 내부 스키마에 데이터를 입력, 수정, 삭제, 조회 등의 처리를 한다.
- SELECT, INSERT, DELETE, UPDATE 등
• 데이터 정의어(DDL)
- 데이터베이스의 객체를 생성, 삭제, 변경하는 언어로, 데이터베이스 관리자 또는 설계자가 사용한다.
- CREATE, ALTER, DROP 등
• 데이터 제어어(DCL)
- 데이터 보안, 무결성, 병행 수행 제어, 회복 등을 정의하는 데 사용하는 언어이다.
- COMMIT, ROLLBACK, GRANT, REVOKE 등

04

정답 ④

정답해설

완료한 트랜잭션에 의해 데이터베이스에 가해진 변경이 어떠한 고장에도 손실되지 않아야 한다는 것은 트랜잭션의 특성인 ACID 중 영속성(Durability)에 대한 설명이다.

The 알아보기 트랜잭션(Transaction)

• 개념
- 데이터베이스 상태를 일관적으로 유지하기 위한 병행 수행 제어 및 회복의 기본 단위이자 한꺼번에 모두 수행되어야 할 일련의 데이터베이스의 논리적 연산 집합이다.
- 사용자 시스템에 대한 서비스 요구 시 시스템의 상태 변환 과정의 작업 단위이다.
- 하나의 트랜잭션은 완료(Commit)되거나 복귀(Rollback)되어야 한다.
- 복구 및 병행 수행 시 작업의 논리적 단위이며, 구조점(Save Point)은 필요에 따라 여러 번 지정이 가능하다.
• 트랜잭션의 특성(ACID)

원자성 (Atomicity)	트랜잭션의 연산은 데이터베이스에 모두 반영하든지 아니면 전혀 반영되지 않아야 한다(All or Nothing). 예 은행에서 인출이 되는 경우라면 인출이 되거나 인출이 전혀 안돼야 한다.
일관성 (Consistency)	트랜잭션이 완전히 실행된 후에도 데이터베이스는 하나의 일관된 상태를 유지해야 한다. 예 은행에서 출금을 했다면 잔액이 감소된 상태로 유지되어야 한다.
고립성 (Isolation)	현재 수행 중인 트랜잭션이 완료될 때까지 트랜잭션이 생성한 중간 연산 결과에 다른 트랜잭션이 끼어들 수 없다. 예 은행인출기에서 사용하는 출금계좌는 다른 곳에서 동시에 사용할 수 없도록 독립적으로 처리하게 해야 한다.
영속성 (Durability)	완료된 트랜잭션에 의해 데이터베이스에 반영된 결과는 어떠한 경우에도 손실되지 않아야 한다. 예 은행인출기에서 출금처리 중에 기계 고장이 발생하더라도 잔액에 문제가 없어야 한다.

05

정답해설

$F = AB' + A = A(B' + 1) = A$

오답해설

① $F = A + A'B = (A + A')(A + B) = A + B$

② $F = A(A + B) + B = AA + AB + B = A + AB + B$
$= A(1 + B) + B = A + B$

④ $F = AB + AB' + A'B = A(B + B') + A'B = A + A'B$
$= (A + A')(A + B) = A + B$

> **The 알아보기** 부울 대수 기본 정리 및 기본 법칙
>
> $A + 1 = 1$ $A + A' = 1$
>
> $A \cdot A = A$ $A \cdot \overline{A} = 0$
>
> $A + A = A$ $A + \overline{A} = 1$
>
> - 교환 법칙: $A + B = B + A$,
> $A \cdot B = B \cdot A$
> - 결합 법칙: $A + (B + C) = (A + B) + C$,
> $A \cdot (B \cdot C) = (A \cdot B) \cdot C$
> - 분배 법칙: $A + (B \cdot C) = (A + B) \cdot (A + C)$,
> $A \cdot (B + C) = (A \cdot B) + (A \cdot C)$
> - 흡수 법칙: $A + (A \cdot B) = A$,
> $A \cdot (A + B) = A$

06

정답해설

ⓒ · ② 교환법

오답해설

㉠ 삽입법

ⓒ 선택법

> **The 알아보기** 정렬 방식에 의한 구분
>
> - 삽입법: Insertion Sort, Shell Sort
> - 교환법: Bubble Sort, Quick Sort, Selection Sort
> - 선택법: Heap Sort
> - 병합법: 2-Way Merge Sort, k-Way Merge Sort
> - 분배법: Radix Sort

07

정답해설

데크(Deque)는 서로 다른 방향에서 입출력이 가능하며, 양쪽 끝에서 삽입 연산과 삭제 연산이 모두 가능한 큐의 변형이다(Double Ended Queue의 약자).

> **The 알아보기** 데크(Deque)
>
> - 가장 일반적인 구조로 포인터가 두 개(Left, Right)이고, 스택과 큐를 복합한 형태이다.
> - 입력 제한 데크: 입력이 한쪽 끝에서만 수행되는 스크롤(Scroll) 형태이다.
> - 출력 제한 데크: 출력이 한쪽 끝에서만 수행되는 셸프(Shelf) 형태이다.

08

정답해설

전위 순회의 노드 처리 순서는 현재 노드 → 왼쪽 노드 → 오른쪽 노드이고, 각 서브 트리의 방문 순서도 동일하다.

현재 노드를 처리하고 왼쪽 노드가 있으면 왼쪽 노드로 이동해서 처리하고 오른쪽 노드를 처리한다. A 노드를 먼저 처리하고 왼쪽 노드 B로 이동해서 처리한다. B 노드에 왼쪽 노드가 있기 때문에 D 노드를 처리하고 오른쪽 노드 E를 처리한다. 다음으로 G노드가 처리된다. A 노드의 왼쪽 노드는 모두 처리되었고 다음으로 오른쪽 노드 C를 처리하고 F, H 노드를 처리한다.

$$A \rightarrow B \rightarrow D \rightarrow E \rightarrow \boxed{G} \rightarrow C \rightarrow F \rightarrow H$$
$$1 \quad\; 2 \quad\; 3 \quad\; 4 \quad\; \boxed{5} \quad\; 6 \quad\; 7 \quad\; 8$$

따라서 다섯 번째에 방문하는 노드는 G이다.

09

정답 ④

정답해설

DRAM(동적램)은 소비 전력이 낮은 반면, 구성 회로가 간단하여 집적도가 높다.

> **The 알아보기 RAM의 종류**
>
> • DRAM(동적램)
> - 주기적인 재충전(Refresh)이 필요하며, 주기억장치에 적합
> - 소비 전력이 낮은 반면, 구성 회로가 간단하여 집적도가 높음
> - 가격이 저렴하고, 콘덴서에서 사용
>
> • SRAM(정적램)
> - 재충전이 필요 없고, 액세스 속도가 빨라 캐시(Cache) 메모리에 적합
> - 소비 전력이 높은 반면, 구성 회로가 복잡하여 집적도가 낮음
> - 가격이 비싸고, 플립플롭(Flip-Flop)으로 구성

10

정답 ②

오답해설

① 디지털 핑거프린팅: 디지털 콘텐츠에 정보를 삽입하는 것은 디지털 워터마킹과 동일하나, 콘텐츠를 구매한 사용자의 정보를 삽입하는 것이 디지털 워터마킹과의 차이점이다.

③ 디지털 사이니지: 공공장소나 상업적인 장소에서 문자, 영상 등의 다양한 정보를 디스플레이 화면에 보여주는 서비스를 말한다.

④ 콘텐츠 필터링: 많은 양의 데이터를 처리하고 특정 기준에 해당하는 콘텐츠에 대해 조치를 취하기 위해 마련된 자동시스템이다.

11

정답 ①

정답해설

㉠ 네트워크 계층(3계층): 라우터

㉡ 데이터 링크 계층(2계층): 브리지, 스위치

㉢ 물리 계층(1계층): 허브, 리피터

> **The 알아보기 OSI 7계층 대표 프로토콜**

Physical (물리 계층)	장치 간 물리적인 접속과 비트 정보를 다른 시스템으로 전송하는 규칙 정의
	전선, 전파, 광섬유, 동축 케이블, 도파관, PSTN, Repeater, DSU, CSU, Modem
Data Link (데이터 링크 계층)	동기화, 에러 제어, 흐름 제어, 링크 확립 기능을 담당
	Ethernet, Token Ring, PPP, HDLC, Frame relay, ISDN, ATM, 무선랜, FDDI
Network (네트워크 계층)	데이터 전송과 교환 기능을 제공
	IP, ICMP, IGMP, X.25, CLNP, ARP, RARP, BGP, OSPF, RIP, IPX, DDP
Transport (전송 계층)	응용 프로그램 간 논리적 연결과 하위 계층들을 연결하는 역할 수행
	TCP, UDP, RTP, SCTP, SPX, Apple Talk
Session (세션 계층)	응용 프로그램 사이의 연결을 확립, 유지, 단절시키는 수단을 제공
	TLS, SSH, ISO 8327 / CCITT X.225, RPC, NetBIOS, AppleTalk
Presentation (표현 계층)	암호화와 해독, 효율적 전송을 위한 데이터 압축, 형식 변환 기능 수행
	JPEG, MPEG, XDR, ASN.1, SMB, AFP
Application (응용 계층)	네트워크를 통한 응용 프로그램 간의 정보 교환을 담당
	HTTP, SMTP, SNMP, FTP, Telnet, SSH & Scp, NFS, RTSP

12

정답 ②

정답해설

JK 플립플롭은 RS 플립플롭에서 S=R=1일 때 동작이 안되는 단점을 보완한 플립플롭으로, 다른 모든 플립플롭의 기능을 대용할 수 있으며 응용범위가 넓고 집적회로화되어 가장 널리 사용되는 플립플롭이다. RS 플립플롭의 2개의 입력선이 R, S인 것처럼 JK 플립플롭의 2개의 입력선은 J, K이다.

오답해설

① RS 플립플롭은 가장 기본적인 플립플롭으로, S와 R라는 2개의 입력선을 조절하여 임의의 비트값을 그대로 유지하거나 0 또는 1의 값을 기억시키기 위해 사용된다.

③ D 플립플롭은 RS 플립플롭의 R선에 인버터를 추가하여 S선과 하나로 묶어 입력선을 하나(D)로만 구성한 플립플롭으로, 입력하는 값을 그대로 저장하는 기능을 수행한다.

④ T 플립플롭은 JK 플립플롭의 두 입력선 J, K를 묶어서 한 개의 입력선 T로 구성한 플립플롭이다. 원 상태와 보수 상태의 2가지 상태로만 전환되므로 누를 때마다 ON, OFF가 교차되는 스위치를 만들고자 할 때 사용된다.

13

정답 ④

정답해설

소프트웨어 프로젝트 관리(Project Management)는 소프트웨어 생명주기의 전 과정에 걸쳐 진행되며, 주어진 기간 내에 최소의 비용으로 사용자를 만족시키는 시스템을 개발하기 위한 활동이다. 소프트웨어의 기술적인 구축 방법과 자원, 도구들을 제공하고, 인력을 적절히 투입한다.

The 알아보기 프로젝트 관리(Project Management)

• 프로젝트 관리의 특징
 – 개발 계획의 수립, 분석, 설계, 구현 등의 작업과 생산 제품에 대한 관리를 수행한다.
 – 소프트웨어 라이프 사이클(Life Cycle)의 전 과정에 걸쳐 수행된다.
 – 가장 대표적인 위험 요소는 사용자의 요구사항 변경이다.
 – 프로젝트의 관리 대상에는 비용 관리(최소 비용), 일정 관리, 품질 관리 등이 있다.
• 프로젝트 관리의 단계
 – [1단계] 프로젝트 계획 수립: 범위, 자원, 비용 측정을 통하여 위험성(Risk)을 최소화한다.
 – [2단계] 프로젝트 시동: 프로젝트의 작업 환경, 인적 교육 등을 통하여 계획을 수행한다.

 – [3단계] 프로젝트 감시: 프로젝트의 실행 기간 동안 프로젝트에 대한 상황표를 작성한다.
 – [4단계] 프로젝트 종료: 프로젝트의 사용 후 성과와 평가를 검토한다.
• 프로젝트 관리를 위한 3P
 – 사람(People): 프로젝트를 효과적으로 관리하기 위한 인적 자원이다. 예 프로그래머의 능력
 – 문제(Problem): 사용자 시스템의 문제 인식과 발생할 수 있는 문제를 고려한다.
 – 프로세스(Process): 소프트웨어 개발의 사용 방법과 전체 흐름 등의 작업 계획이다.

14

정답 ④

오답해설

① 클래스에서 상속을 금지하는 키워드는 final이다.

② 인터페이스는 추상 메소드를 포함할 수 있다.

③ 메소드 오버라이딩은 재정의되는 메소드의 매개변수와 자료형, 개수 등이 모두 동일하다.

15

정답 ②

정답해설

하나의 프로세스만이 한 시점에서 하나의 자원을 사용한다면 교착 상태 자체가 발생하지 않는다.

오답해설

① 예방(Prevention): 교착 상태를 유발하는 상호 배제, 비선점, 점유와 대기, 원형 대기 조건의 4가지 필요조건이 발생하지 않도록 무력화하는 것이다. 4가지 조건 중 하나라도 막을 수 있다면 교착 상태는 발생하지 않는다.

③ 회피(Avoidance): 자원 할당량을 조절하여 교착 상태를 해결하는 방법이다. 자원을 할당하다가 교착 상태가 발생할 가능성이 높아지면 자원 할당을 중단하고 지켜본다.

④ 검출(Detection): 어떤 제약을 가하지 않고 자원 할당 그래프를 모니터링하면서 교착 상태가 발생하는지 체크하는 방식이다. 교착 상태가 발생할 경우 회복 단계가 진행된다.

※ 교착 상태를 해결하는 방법에는 예방(Prevention), 회피(Avoidance), 검출(Detection), 회복(Recovery)이 있다.

- 비선점(Non-Preemption): 프로세스에 할당된 자원은 사용이 끝날 때까지 강제로 빼앗을 수 없다.
- 상호 배제(Mutual Exclusion): 한 프로세스가 사용 중이면 다른 프로세스가 기다리는 경우로 프로세스에게 필요한 자원의 배타적 통제권을 요구한다.
- 점유와 대기(Hold and Wait): 프로세스들은 할당된 자원을 가진 상태에서 다른 자원을 기다린다.
- 환형 대기(Circular Wait): 각 프로세스는 순환적으로 다음 프로세스가 요구하는 자원을 가지고 있다.

16　　　　　　　정답 ②

정답해설

②는 쉘(Shell)에 대한 설명이다.

- UNIX 시스템의 가장 핵심적인 루틴으로 부팅 시 주기억장치에 적재되어 상주하면서 실행된다.
- 대부분 C 언어로 개발되어 이식성과 확장성이 우수하다.
- 하드웨어와 프로그램 간의 인터페이스 역할을 담당하며, 하드웨어를 캡슐화한다.
- 하드웨어를 보호하고 응용 프로그램(사용자)들에게 서비스를 제공한다.
- 프로세스 관리, 기억장치 관리, 메모리 관리, 네트워크 관리, 입출력 관리, 파일 시스템 관리, 프로세스 간의 통신 등을 수행한다.
- 커널의 크기는 작지만 사용자는 시스템 호출을 이용하여 커널 기능을 사용할 수 있다.

17　　　　　　　정답 ①

정답해설

㉠ 소프트웨어 아키텍처: 시스템의 한 구조나 구조들로 각 요소들과 외부에 보이는 특성들 그리고 그들 간의 관계를 절충하는 활동[SEI]

㉡ 다형성: 서로 다른 객체가 동일한 메시지에 대해 고유한 방식으로 응답하는 것(Overloading, Overriding)

㉢ 시퀀스 모델: 객체와 객체 간의 상호작용을 메시지 흐름으로 표현. Object 사이에 메시지를 보내는 시간 또는 순서를 보여주기 위해 사용

18　　　　　　　정답 ③

정답해설

〈보기〉에 나와 있는 조건문을 보면 'K?'라고 나타내고 있다. 문자 뒤에 오는 ?의 개수와 문자의 수가 같아야 하는데, K 뒤에 있는 ?는 하나밖에 없으므로 K 문자 뒤에는 하나의 문자나 숫자밖에 올 수 없다.

19　　　　　　　정답 ④

정답해설

㉠은 순차적 응집도, ㉡은 내용 결합도에 대한 설명이다.

- 응집도
  - 절차적(Procedural) 응집도: 한 구성요소로부터 다른 구성요소로 전달되고, 2개 이상의 기능이 있으나 서로 관련이 없다.
  - 논리적(Logical) 응집도: 동일한 종류의 활동을 많이 포함하고 있는 경우로 논리적으로 응집된 모듈은 유지보수가 어렵다.
  - 기능적(Functional) 응집도: 하나의 모듈 기능만을 수행(함수적 응집도)한다.
  - 순차적(Sequential) 응집도: 모듈의 구성요소가 하나의 활동으로부터 나온 출력 자료를 그 다음 활동의 입력 자료로 사용한다.
- 결합도
  - 자료 결합도(Data Coupling): 두 모듈 간의 인터페이스가 자료 요소만으로 구성된 결합이다.
  - 스탬프 결합도(Stamp Coupling): 모듈 간의 인터페이스가 배열이나 레코드 등의 자료 구조가 전달된 경우의 결합이다.
  - 공용 결합도(Common Coupling): 한 모듈은 기억 장소를 공유하며, 결합된 관계로 Call By Reference 형태로 결합된다.
  - 내용 결합도(Content Coupling): 한 모듈이 다른 모듈의 내부 기능 및 그 내부 자료를 조회하는 경우의 결합이다.

20

정답해설

④는 블랙박스 테스트(명세 기반 테스트)에 대한 설명이다. 블랙박스 테스트는 프로그램의 오류를 찾는 것이 아니라 입력 값에 대한 예상 출력 값을 정해놓고 그대로 결과가 나오는지 확인함으로써 오류를 찾는다. 프로그램이 기능을 어떻게 수행하는가보다는 사용자가 원하는 기능을 수행하는가에 대해 테스트한다.

오답해설

화이트박스 테스트(구현 기반 테스트)는 프로그램 내부에서 사용되는 변수나 서브루틴 등의 오류를 찾기 위해 프로그램 코드의 내부 구조를 테스트 설계의 기반으로 사용하기 때문에 코드 기반 테스트라고도 한다. 입력 데이터를 가지고 실행 상태를 추적함으로써 오류를 찾아내기 때문에 동적 테스트 부류에 속한다.

The 알아보기 소프트웨어 검사의 종류

- 화이트 박스(White Box) 검사
  - 모듈 안의 작동을 자세히 관찰할 수 있으며, 프로그램 원시 코드의 논리적인 구조를 커버되도록 검사 사례를 설계하는 프로그램 검사기법이다.
  - 프로그램의 제어구조에 따라 선택, 반복 등의 부분들을 수행함으로써 논리적인 경로를 점검한다.
  - 검사대상의 가능한 경로를 어느 정도 통과하는지의 적용 범위성을 측정기준으로 한다.
  - 검사 종류 : 기초 경로 검사, 조건 기준 검사, 구조 검사, 루프 검사, 논리 위주 검사, 데이터 흐름 검사 등
- 블랙 박스(Black Box) 검사
  - 모듈의 구조보다 기능을 검사하는 방식으로 소프트웨어 인터페이스에서 실시되며 설계된 모든 기능이 정상적으로 수행되는지 확인한다.
  - 소프트웨어의 기능이 의도대로 작동하고 있는지, 입력은 적절하게 받아들였는지, 출력은 정확하게 생성되는지를 보여주는 데 사용된다.
  - 검사 종류 : 동치 분할 검사, 경계 값 검사, 오류 예측 검사, 원인–결과 그래프 검사, 비교 검사 등

21

정답 ③

정답해설

void funCount( );	→ 함수 선언
int count;	→ 전역변수 선언
main(void)	
int num	→ 지역변수 선언
for( )	→ num에 0으로 초기화하고 2보다 작을 때까지 num++(1씩 증가)
funCount( )	→ 함수 호출, for문의 조건에 따라 2번 호출
return 0	→ 반환
funCount( )	
int num=0	→ 지역변수 선언

printf( )에 의해 정수 값 num=++num 값, count=++count 출력, 0에서 ++ 앞에 붙어 있으므로 먼저 증가한다. num은 지역 변수이므로 함수가 호출될 때마다 계속 초기화되어 매번 1이다. count는 전역 변수이므로 처음에 먼저 증가해서 1이었다가 2번째 호출일 때 다시 증가하여 2가 된다.

22

정답 ③

오답해설

㉠ 설계는 요구사항 분석 및 정의 단계 이후에 진행된다. 마지막 단계는 구현이다.

㉣ 베타테스트는 마지막 프로토타입 결과물로 실시한다.

The 알아보기 소프트웨어 공학 모델

- 4GT 모델(4세대 기법) : 개발 시작과 동시에 완성시킨다는 개념이다.
- 폭포수 모델
  - 보헴에 의해 개발되었으며, 앞 단계가 종료되어야만 다음 단계로 넘어가는 선형 순차 모형이다.
  - 각 단계는 이전 단계로 갈 수 없으며, 두 개 이상의 병행 수행이 불가능하고 요구사항의 변경이 어렵다.
  - 개발 단계 : 계획 → 요구분석 → 설계 → 구현 → 검사 → 유지보수
- 프로토타입 모델
  - 폭포수 모델의 단점을 보완한 모형으로 사용자의 요구사항을 충실히 반영한다.
  - 최종 결과물이 만들어지기 전에 의뢰자가 최종 결과물의 일부 또는 모형(시제품)을 볼 수 있다.

76 군무원 FINAL 실전 봉투모의고사

- 프로젝트의 관리가 용이하고, 노력과 비용을 절감한다.
- 개발 단계: 요구수집 → 프로토타이핑 → 설계 → 구현 → 검사 → 유지보수
• 나선형 모델(=점진적 모형)
- 폭포수 모형과 프로토타입 모형의 장점만을 적용한 방식으로 사용자의 요구사항에 있는 위험요소들을 해결한다.
- 대규모 프로젝트 또는 대형 시스템 구축 시 유리하다.
- 개발단계: 계획 및 정의 → 위험 분석 → 개발 → 고객 평가

23
정답 ①

정답해설
int i, j, k=0;
→ 변수 선언, k는 0으로 초기화
for (i=1, j=1; i<5; i++)
→ i값과 j값을 1로 초기화, i가 5보다 작을 때까지 증가하므로 i가 5가 되면 for 문을 벗어난다.
if ((i % 2) == 0) continue;
→ 짝수가 되면 다시 조건인 for의 i<5로 이동
k += i * j++;
→ i가 홀수일 때 실행하므로 1, 3일 때 실행, j++은 i * j를 실행하고 j++에 의해 j 값이 증가되며, k=k+1 * 1, k=k+3 * 2가 진행된다.
따라서 출력 결과는 7이 된다.

24
정답 ③

정답해설
다치 종속성 제거는 제4정규형 만족 조건이고, 조인 종속성 제거는 제5정규형 만족 조건에 해당한다. 릴레이션이 보이스 코드 정규형을 만족하면서 다치 종속을 제거하면 제4정규형에 속하고, 여기에서 다시 후보키를 통하지 않는 조인 종속을 제거하면 제5정규형을 만족한다.

오답해설
보이스 코드 정규형을 만족하기 위해서는 기본적으로 제1정규형에서 제3정규형까지의 조건을 모두 만족해야 하고, 이후 모든 결정자가 후보키가 되도록 한다. 제3정규형 릴레이션에서 후보키가 아닌 결정자가 존재할 때 이로 인해 이상 현상이나 불필요한 중복이 발생할 수 있으므로 모든 결정자가 후보키가 되도록 릴레이션을 분해한다.

① 제3정규형(3NF)의 조건이다. 릴레이션이 제2정규형에 속하고, 기본키가 아닌 모든 속성이 기본키에 이행적 함수 종속이 되지 않아야 한다. 릴레이션에서 이행적 함수 종속 관계를 제거하여 모든 속성이 기본키에 이행적 함수 종속되지 않도록 릴레이션을 분해한다.
② 제1정규형(1NF)의 조건이다. 릴레이션이 제1정규형에 속하려면 릴레이션에 속한 모든 속성이 더는 분해되지 않는 원자 값만 가져야 한다.
④ 제2정규형(2NF)의 조건이다. 릴레이션이 제1정규형에 속하고, 기본키가 아닌 모든 속성이 기본키에 완전 함수 종속되어야 한다.

> **The 알아보기 정규형의 종류**
> • 제1정규형(1NF): 모든 도메인이 원자 값으로만 구성
> • 제2정규형(2NF): 부분적 함수 종속 제거
> • 제3정규형(3NF): 이행적 함수 종속 제거
> • 보이스 코드 정규형(BCNF): 결정자이면서 후보키가 아닌 함수 종족 제거, 모든 결정자가 후보키의 조건(최소성 · 유일성)을 만족
> • 제4정규형(4NF): 다치 종속 제거
> • 제5정규형(5NF): 후보키를 통하지 않은 조인 종속 제거

25
정답 ①

정답해설
충돌이 발생했을 때 비어 있는 슬롯이 없으면 충돌을 해결하는 데 문제가 발생한다. 버킷에 비어 있는 슬롯이 없는 상태를 포화 버킷 상태라고 하고, 포화 버킷 상태에서 또 버킷을 지정받은 키 값이 있어서 다시 충돌이 발생하면 오버플로우가 된다. 따라서 충돌을 해결하기 위해서는 기억공간이 필요하다. 오버플로우(Overflow)가 발생했을 때 해결기법으로 개방 주소법(Open Addressing)과 폐쇄 주소법(Close Addressing)이 있다.

오답해설
② 키 값이 서로 다른데 해시 함수를 통해 동일한 해시 주소로 사상되는 것을 충돌이라고 한다.
④ 해싱은 충돌이 발생하지 않을 경우 탐색 시간 복잡도가 $O(1)$이 된다.

제3과목: 정보보호론

01	02	03	04	05	06	07	08	09	10
②	②	④	②	③	②	②	③	④	①
11	12	13	14	15	16	17	18	19	20
④	③	②	①	④	③	③	②	③	②
21	22	23	24	25					
③	①	①	①	④					

01
정답 ②

정답해설

콜드 사이트(Cold Site)는 복구 사이트 중에서 가장 많이 사용하는 것으로, 구축 및 유지 비용이 저렴하나 데이터와 정보의 백업된 복사본을 보유하지 않아 보안과 복구가 거의 불가능하며, 데이터 손실이 발생하며 테스트(검사) 작업이 곤란하다.

The 알아보기   재해 복구 사이트

• 핫 사이트(Hot Site)
  - 시스템, 애플리케이션 환경을 실시간으로 복제하여 재해 발생 시 최단 시간에 데이터를 복구할 수 있는 사이트(동기적·비동기적 방식)
  - 모든 컴퓨터 설비를 완전히 갖추고, 실제 운영되는 환경과 동일한 상태를 유지
  - 주 센터와 동일한 수준의 시스템을 대기 상태로 두고, 최신의 데이터 상태를 유지하다가 재해 시 재해 복구 센터의 시스템을 활성화 상태로 전환하여 복구
  - 시스템 환경의 이중화로 수시 검증이 가능하지만, 유지 비용이 많이 듦
  - 실제 운영 데이터로 보안 문제가 발생하므로, 데이터를 최신 버전으로 유지
• 웜 사이트(Warm Site)
  - 핫 사이트와 콜드 사이트의 중간 사이트
  - 애플리케이션의 설비가 없음
  - 핫 사이트보다 규모가 작고, 경제적이므로 유지 비용이 적음
  - 하드웨어가 있지만, 전체 워크스테이션은 설치되어 있지 않음
  - 직접 백업본을 갖출 수 있지만, 완전하지 못함(백업 미디어로부터 리스토어)

• 콜드 사이트(Cold Site)
  - 복구 사이트 중에서 가장 많이 사용하는 사이트
  - 보안과 복구가 거의 불가능하고, 구축 및 유지 비용이 저렴
  - 데이터 손실이 발생하며, 테스트(검사) 작업이 곤란
  - 데이터와 정보의 백업된 복사본을 보유하지 않음

02
정답 ②

정답해설

스택 버퍼 오버플로우는 스택에 존재하는 버퍼에 대한 공격으로 'ㄹ - ㄱ - ㄴ - ㄷ' 순으로 공격이 진행된다.

03
정답 ④

오답해설

• ARP Watch: 초기 MAC 주소와 IP 주소의 매칭 값을 저장하고 네트워크에 송수신되는 ARP 트래픽을 모니터링하여 이를 변하게 하는 패킷이 탐지되면 관리자에게 알려줌으로써 스니핑을 감지한다.
• Decoy: 스니핑 공격을 하는 공격자의 주요 목적은 사용자 ID와 패스워드의 획득에 있다. 보안 관리자는 이 점을 이용하여 가짜 ID와 패스워드를 네트워크에 계속 보내고, 공격자가 이 ID와 패스워드를 이용하여 접속을 시도하는 호스트를 탐지한다.

04
정답 ②

정답해설

S/MIME(Secure MIME)는 IETF의 작업 그룹에서 RSADSI(RSA Data Security Incorporation)의 기술을 기반으로 개발한 전자우편 보안 기술로, 전자우편에 대한 암호화 및 전자서명을 통하여 메시지에 대한 기밀성, 무결성, 사용자 인증, 송신 사실 부인 방지, 프라이버시 보호 등의 보안 기능이 지원된다.

오답해설

① WEP: IEEE 802.11b 표준에 정의된 무선 LAN에 대한 프로토콜로, 가장 초보적인 보안 기능을 제공한다.
③ PGP: 필 짐머만(Phill Zimmerman)이 독자적으로 개발하고 무료 배포한 것으로, 메일을 암호화하고 수신한 메일을 복호화해 주는 프로그램이다.

④ TFTP: FTP와 마찬가지로 클라이언트와 서버 간 파일을 전송하기 위한 프로토콜로, FTP보다 더 단순한 방식으로 파일을 전송한다.

05
정답 ③

정답해설

생일 역설은 어느 날이라도 생일이 일치할 확률이 높아지는 것을 표현한 것으로, 블록 암호 알고리즘의 안전성 분석이 아니라 일방향 해시 함수의 강한 충돌 내성을 깨는 데 이용된다.

The 알아보기 해시 함수에 대한 공격

- 생일 역설(Birthday Paradox)
  - 어느 날이라도 생일이 일치할 확률이 높아지는 것을 표현
  - 해시 함수(Hash Function)의 충돌 메시지 쌍을 찾는 데 사용
  - 특정 장소에 23명 이상이 있으면 그중에서 2명 이상의 사람 생일이 같을 확률은 0.5보다 큼(즉, 확률로 1/2 이상 반드시 존재)
  - 0부터 N−1까지의 균일 분포를 갖는 수 중에서 임의로 한 개의 수를 선택하면 (N)1/2번의 시도 후에 동일한 수가 반복해서 선택될 확률은 0.5를 넘는다는 이론과 부합
  - 일방향 해시 함수의 강한 충돌 내성을 깨려는 공격
- 생일 공격(Birthday Attack)
  - n비트 출력의 해시 함수는 생일 역설에 의해 $2^{n/2}$개의 메시지만 있으면 1/2 이상으로 충돌 쌍이 발생(128비트, 180비트의 출력 값을 갖는 해시 함수는 각각 64비트, 80비트의 안전도를 가짐)
  - 현재의 컴퓨터 계산 능력을 고려하면 적어도 180비트 이상의 해시 함수를 사용하는 것이 바람직함
- 랜덤 오라클 공격(Random Oracle Attack)
  - 길이가 n비트인 해시 코드에 대한 공격 난이도는 비례적으로 상승
  - 충돌 공격보다 프리 이미지 또는 제2의 프리 이미지 공격이 훨씬 어려움

06
정답 ②

정답해설

섀도우(/etc/shadow)는 사용자 패스워드가 평문이 아닌 암호화되어 저장된 파일이다. 파일은 관리자 계정만으로 읽을 수 있으며, 패스워드를 암호화(MD5)하여 저장한다.

오답해설

① /etc/passwd: 사용자의 기본 정보를 저장한 파일이다.
③ /etc/profile: UNIX 시스템에서 각 사용자가 로그인할 때마다 시스템에 의해 자동으로 실행되어야 하는 내용(PATH 변수, 프롬프트 지정 등)을 정의해 놓은 파일이다.
④ /etc/login.defs: 사용자 계정의 설정과 관련된 기본 값을 정의한 파일이다. 사용자 계정 생성 시 전체를 제한하기 위한 설정 파일이다.
※ • /etc/group: 사용자 그룹에 대한 정보가 저장되어 있는 파일이다.
  • /etc/default/useradd: useradd 사용자 계정 생성 시 기본 정보를 가지고 있는 파일이다.
  • /etc/skel: 사용자 계정 생성 시 홈 디렉터리에 기본적으로 생성되는 파일이 저장된 디렉터리이다.

07
정답 ②

정답해설

개인정보 처리방침 등 개인정보의 처리에 관한 사항을 공개하여야 하며, 열람청구권 등 정보주체의 권리를 보장하여야 한다(「개인정보 보호법」 제3조 제5항).

오답해설

① 동법 제3조 제7항
③ 동법 제3조 제3항
④ 동법 제3조 제1항

08
정답 ③

정답해설
DNSSEC(DNS Security Extensions)
DNS 데이터 대상의 "데이터 위조−변조 공격"을 방지하기 위한 인터넷 표준기술이다. 서비스 거부 공격은 방어할 수 없으며, DNS Cache Poisoning 공격 등을 방어할 수 있다.

09
정답 ④

정답해설
생일 공격(Birthday Attack)은 일방향 해시 함수와 강한 충돌 저항성에 대한 공격이다. 해시 함수뿐만 아니라 메시지 인증 코드(MAC)의 안전성 분석에서도 중요한 역할을 한다.

오답해설
사회공학적 공격(Social Engineering Attack)
컴퓨터 보안에서 인간 상호작용의 깊은 신뢰를 바탕으로 사람을 속여, 정상적인 보안 절차를 깨뜨리기 위한 비기술적인 침입 수단으로 정보를 얻는 행위를 말한다. 우선 통신망 보안 정보에 접근 권한이 있는 담당자와 신뢰를 쌓고 전화나 이메일을 통해 그들의 약점과 도움을 요청하며, 상대방의 자만심이나 권한을 이용한다. 사람의 심리적인 취약점을 악용하여 시스템 접근 코드와 비밀번호 등의 비밀 정보를 알아내어 시스템에 침입하는 것(접근 권한을 얻음)으로, 물리적, 네트워크 및 시스템 보안에 못지않게 인간적 보안이 중요하다. 여기에는 피싱(Phishing), 파밍(Pharming), 스미싱(Smishing) 등이 해당한다.
※ 인간 기반 사회공학적 기법: 어깨너머 훔쳐보기, 쓰레기통 뒤지기 등

10
정답 ①

오답해설
② 트랩도어 일방향 함수: 일반적으로 함숫값을 계산하기는 쉬우나 특정한 비밀 정보를 알면 풀기 쉽지만 트랩도어라고 하는 비밀 정보를 모르면 알아내기 매우 어려운 함수이다.
③ Diffie−Hellman 키 교환 방식: 이산대수 문제를 풀기 어렵다는 사실에 기반해 공유할 암호키를 계산하여 만들어 내는 방식으로 이산대수 공격과 중간자 공격에 취약하다.
④ ElGamal 암호 알고리즘: 이산대수 문제에 근거하여 만든 시스템으로 공개키 알고리즘에 해당한다.

11

정답해설

ⓒ · ⓔ 침입 탐지 시스템(IDS) 중 NIDS에 대한 설명이다.

오답해설

ⓐ · ⓒ 침입 탐지 시스템(IDS) 중 HIDS에 대한 설명이다.

The 알아보기　침입 탐지 시스템의 분류

- 호스트 기반 침입 탐지 시스템(HIDS)
  - 운영체제에 부가적으로 설치·운용되며 설정된 사용자 계정에 따라 어떤 사용자가 어떤 접근을 시도하고, 어떤 작업을 했는지에 대한 기록을 남기고 추적함
  - 전체 네트워크에 대한 침입 탐지가 곤란하고 운영체제의 취약점이 HIDS를 손상시킬 수 있음
- 네트워크 기반 침입 탐지 시스템(NIDS)
  - 네트워크 영역 전체를 탐지 대상으로 하며 네트워크 패킷 데이터를 수집하여 침입 여부를 판정
  - IP 주소를 소유하지 않아 해커의 직접적인 공격에 대한 방어가 가능하고 존재 사실도 숨길 수 있다.
  - 암호화된 패킷을 분석할 수 없음
  - 스위칭 환경에서 NIDS를 설치하려면 부가 장비 필요

12

정답 ③

정답해설

③은 블록 암호 알고리즘에 대한 설명이다.

The 알아보기　스트림 암호 알고리즘

- 개념: 작은 길이의 키로부터 긴 길이의 난수를 발생시키는 이진키 스트림 과정을 통해 얻어진 이진 수열과 평문 이진 수열의 배타적 논리합(XOR)으로 암호문을 생성하는 방식이다.
- 스트림 암호의 종류

RC4	• 네트워크 프로토콜에서 사용하며, 바이트 스트림 단위 • 평문 1바이트와 키 1바이트가 XOR 연산되어 암호문을 생성
A5/1	• 휴대 전화 통신의 네트워크(GSM)에서 사용 • 전화 통신은 228비트 프레임으로 지정
WEP	• IEEE 802.11 무선 랜의 표준(RC4 스트림 암호 방식으로 사용) • MAC 프레임을 40비트의 WEP 공유 비밀키와 24비트로 조합된 64비트의 키를 이용 • 현재 취약점이 알려져 권장되지 않음(WPA2 권장)

13

정답 ②

정답해설

국제 공통평가기준(CC): 한 국가에서 평가받은 제품을 다른 국가에서 사용하기 위해서는 재평가 받아야 하는 문제점이 있기 때문에 이에 소요되는 비용을 줄이기 위하여 국제 공통평가기준(CC)이 탄생하게 되었다. Part1-소개 및 일반 모델, Part2-보안기능 요구사항, Part3-보안보증 요구사항 등 3개 부분으로 구성되어 있다. 공통평가기준 평가보증등급은 EAL1~EAL7의 7등급으로 나누어지며, 등급이 높아질수록 보안보증 요구사항이 강화된다.

※ ITSEC 인증: 영국, 독일, 프랑스 및 네덜란드 등 자국의 정보보호시스템 평가기준을 제정하여 시행하던 4개국이 평가제품의 상호인정 및 평가기준이 상이함에 따른 정보보호제품의 평가에 소요되는 시간, 인력 및 소요 비용을 절감하기 위하여 1991년에 ITSEC v1.2가 제정되었다. 단일 기준으로 모든 정보보호제품을 평가하고, 평가등급은 E1(최저), E2, E3, E4, E5 및 E6(최고)의 6등급으로 나눈다(E0 등급; 부적합 판정을 의미).

The 알아보기　국제 공통평가기준(CC; Common Creterial)

- 특징
  - 국가마다 서로 다른 정보보호 시스템의 평가 기준을 연동하고 평가 결과를 상호 인증하기 위해 제정된 평가 기준으로, 동일한 제품에 대한 중복 평가를 피할 수 있다.
  - 정보보호 측면에서 정보보호 기능이 있는 IT 제품의 안전성을 보증 및 평가한다.
  - 보안 요구 조건을 명세화하고, 평가 기준을 정의하여 IT 제품의 신뢰성을 향상시킨다.
  - 국내 관련 규정은 「지능정보화기본법」 제58조, 「지능정보화기본법 시행령」 제51조, 「정보통신망 이용촉진 및 정보보호 등에 관한 법률」 제52조에서 다루고 있다.
- 구성요소
  - 패키지(Package): 보안 목표를 만족하기 위한 컴포넌트의 집합으로 유용한 요구 사항은 재사용이 가능
  - 평가(Evaluation): 보증 요구에 따른 컴포넌트의 집합으로 구체화된 보증 수준이 보증 등급을 형성
  - 보호 프로파일(Protection Profile): 정보 제품을 이루고 있는 보안 요구 사항으로 보안 목표를 입력 요소로 사용(EAL 등급별로 작성)
  - 보안 목표 명세서(Security Target): 정의되지 않은 보안 요구 사항을 포함할 수 있음(IT 보안 목표와 특정 요구 조건을 포함)

- 평가 보증 등급(EAL ; Evaluation Assurance Level)
  - EAL 1: 명세서나 설명서를 이용하여 보안 기능을 분석 (기본적인 보증을 제공)
  - EAL 2: 취약점 분석과 개발자 시험 등의 독립적인 시험을 요구
  - EAL 3: 조직적인 시험 및 검사를 목적으로 완전한 범위의 보안과 절차를 요구
  - EAL 4: 조직적인 설계, 시험, 검토를 목적으로 개선된 메커니즘을 요구
  - EAL 5: 준정형적인 설계, 완전한 구현, 비밀 채널 분석 등의 개선된 절차를 요구
  - EAL 6: 준정형적인 설계 검증 및 시험을 목적으로 개선된 형상 관리와 개발 환경을 요구
  - EAL 7: 정형화된 표현 및 일치성, 포괄적 시험 등의 분석을 요구(가장 엄격)

14 정답 ①

정답해설

SAM(Security Account Manager)

사용자·그룹 계정 정보에 대한 데이터베이스를 관리하며, 사용자의 로그인 입력 정보와 SAM 데이터베이스 정보를 비교하여 인증여부를 결정하도록 해준다.

오답해설

② SRM(Security Reference Monitor): SAM이 사용자의 계정과 패스워드가 일치하는지를 확인하여 SRM에게 알려주면, SRM이 사용자에게 고유의 SID(Security Identifier)를 부여한다. SID에 기반하여 파일이나 디렉터리에 접근(Access) 제어를 하게 되고, 이에 대한 감사 메시지를 생성한다(실질적으로 SAM에서 인증을 거친 후 권한을 부여하는 모듈이다).

15 정답 ④

정답해설

보안 취약점은 컴퓨터의 하드웨어 또는 소프트웨어의 결함이나 운영체제 설계상의 허점으로 인해 사용자에게 허용된 권한 이상의 동작이나 허용 범위 이상의 정보 열람을 가능하게 하는 약점을 말한다. 각 자산별 취약점 정도를 파악하여 정보자산이 갖는 위험을 간접적으로 알 수 있다.

16 정답 ③

오답해설

① · ② B Class, C Class: 일반적으로 사용 가능한 IP 주소로 A Class도 포함한다.

④ E Class: 연구용으로 사용된다.

17 정답 ③

정답해설

utmp는 현재 로그인한 사용자 정보를 보관한다. 사용자의 로그인, 로그아웃, 시스템 부팅 등의 정보를 보관은 wtmp에 대한 설명이다.

> **The 알아보기   UNIX의 주요 로그 파일**
> - history: 명령창에서 실행했던 명령 내역
> - sulog: 다른 사용자의 권한으로 셸을 실행하는 su 명령어의 사용 내역
> - xferlog: FTP 서버 운영 시 주고받는 모든 파일을 기록
> - loginlog: 실패한 로그인 시도에 대한 정보를 기록
> - lastlog: 최근에 성공한 로그인 정보를 기록
> - btmp: 실패한 로그인 시도의 기록을 보관(lastb 명령어를 사용하여 확인)
> - utmp: 현재 로그인한 사용자 정보를 보관
> - wtmp: 사용자의 로그인, 로그아웃, 시스템 부팅 등의 정보를 보관
> - pacct: 사용자가 로그인한 시간부터 로그아웃할 때까지 실행한 명령어와 시간을 기록

18 정답 ②

오답해설

DMZ에는 웹 서버, DNS 서버, FTP 서버, 네임 서버, 메일 서버 등이 위치할 수 있다.

19 정답 ③

정답해설

FTP는 5계층, ICMP는 3계층, UDT는 4계층에 해당한다.

The 알아보기　OSI 7계층과 TCP/IP 계층

OSI 7계층		TCP/IP 계층	해당 프로토콜
상위층	7 응용	응용 계층	HTTP, FTP, SMTP, SNMP, POP, DHCP, DNS, Telnet, SSH, S/MIME 등
	6 표현		
	5 세션		
	4 전송	전송 계층	TCP, UDP, TLS 등
하위층	3 네트워크	인터넷 계층	IP, ICMP, ARP, RARP 등
	2 데이터 링크	네트워크 접속 계층	MAC 주소, HDLC, BSC, PPP 등
	1 물리		

20　　　　　　　　　　　　정답 ②

정답해설

②는 WTP(Wireless Transport Layer)에 대한 설명이다.

21　　　　　　　　　　　　정답 ③

정답해설

TCP(Transmission Control Protocol)

연결지향형 프로토콜로 전송 계층에 속하며, 송신 측에서 수신 측의 데이터 전송 여부를 확인할 수 있다. 데이터를 전송하기 전에 먼저 데이터 송수신을 하기 위한 연결 통로를 만들고 연결 상태를 확인한 후에 데이터를 전송한다. 통신이 종료될 때까지 연결 상태를 유지하고 정상적 전송 여부를 확인한다. 이러한 오류 제어와 흐름 제어를 통해 두 시스템 간의 신뢰성 있는 데이터의 전송이 보장된다.

22　　　　　　　　　　　　정답 ①

정답해설

㉠ 포맷 스트링(Format String): 최근에 발견된 해킹 방법이다. printf, fprintf, sprintf, snprintf, vprintf, vsprintf, syslog 등의 잘못된 사용으로 취약점이 발생한다.
㉡ 스니핑(Sniffing): 네트워크상의 데이터를 감청하는 것으로, 수동적 공격에 해당한다.

23　　　　　　　　　　　　정답 ①

정답해설

블루스나프(Bluesnarf)는 휴대폰 등의 보안 취약점을 이용하여 블루투스 장치의 저장 데이터에 접근할 수 있고, 이에 따른 침투 흔적을 남기지 않는다.

24　　　　　　　　　　　　정답 ①

정답해설

관리기관의 장은 대통령령으로 정하는 바에 따라 정기적으로 소관 주요정보통신기반시설의 취약점을 분석·평가하여야 한다(「정보통신기반 보호법」 제9조의 제1항).

오답해설

② 동법 제8조 제1항
③ 동법 제8조 제4항
④ 동법 제8조의2 제2항

The 알아보기　정보통신기반 보호법 제8조(주요정보통신기반시설의 지정 등)

① 중앙행정기관의 장은 소관분야의 정보통신기반시설 중 다음 각 호의 사항을 고려하여 전자적 침해행위로부터의 보호가 필요하다고 인정되는 정보통신기반시설을 주요정보통신기반시설로 지정할 수 있다.
　1. 해당 정보통신기반시설을 관리하는 기관이 수행하는 업무의 국가사회적 중요성
　2. 제1호에 따른 기관이 수행하는 업무의 정보통신기반시설에 대한 의존도
　3. 다른 정보통신기반시설과의 상호연계성
　4. 침해사고가 발생할 경우 국가안전보장과 경제사회에 미치는 피해규모 및 범위
　5. 침해사고의 발생가능성 또는 그 복구의 용이성
② 중앙행정기관의 장은 제1항에 따른 지정 여부를 결정하기 위하여 필요한 자료의 제출을 해당 관리기관에 요구할 수 있다.
③ 관계중앙행정기관의 장은 관리기관이 해당 업무를 폐지·정지 또는 변경하는 경우에는 직권 또는 해당 관리기관의 신청에 의하여 주요정보통신기반시설의 지정을 취소할 수 있다.
④ 지방자치단체의 장이 관리·감독하는 기관의 정보통신기반시설에 대하여는 행정안전부장관이 지방자치단체의 장과 협의하여 주요정보통신기반시설로 지정하거나 그 지정을 취소할 수 있다.
⑤ 중앙행정기관의 장이 제1항 및 제3항에 따라 지정 또는 지정 취소를 하고자 하는 경우에는 위원회의 심의를 받아야

한다. 이 경우 위원회는 제1항 및 제3항에 따라 지정 또는 지정취소의 대상이 되는 관리기관의 장을 위원회에 출석하게 하여 그 의견을 들을 수 있다.

⑥ 중앙행정기관의 장은 제1항 및 제3항에 따라 주요정보통신기반시설을 지정 또는 지정 취소한 때에는 이를 고시하여야 한다. 다만, 국가안전보장을 위하여 필요한 경우에는 위원회의 심의를 받아 이를 고시하지 아니할 수 있다.

⑦ 주요정보통신기반시설의 지정 및 지정취소 등에 관하여 필요한 사항은 이를 대통령령으로 정한다.

정보통신기반 보호법 제8조의2(주요정보통신기반시설의 지정 권고)

① 과학기술정보통신부장관과 국가정보원장 등은 특정한 정보통신기반시설을 주요정보통신기반시설로 지정할 필요가 있다고 판단되는 경우에는 중앙행정기관의 장에게 해당 정보통신기반시설을 주요정보통신기반시설로 지정하도록 권고할 수 있다. 이 경우 지정 권고를 받은 중앙행정기관의 장은 위원회의 심의를 거쳐 지정 여부를 결정하여야 한다.

② 과학기술정보통신부장관과 국가정보원장등은 제1항에 따른 권고를 위하여 필요한 경우에는 중앙행정기관의 장에게 해당 정보통신기반시설에 관한 자료를 요청할 수 있다.

③ 제1항에 따른 주요정보통신기반시설의 지정 권고 절차, 그 밖에 필요한 사항은 대통령령으로 정한다.

25

정답해설

④는 부인 방지(Non-Repudiation, 봉쇄)에 대한 설명이다. 부인 방지는 기관 내부의 중요한 데이터를 외부로 전송하는 행위가 탐지된 경우 이에 대해 전송하지 않았다고 주장하지 못하도록 확실한 증거를 제시할 수 있는 보안 서비스이다. 발신인이 보낸 사실을 부인하거나 수신인이 받지 않았다고 부인할 때 사후에 송신·수신 여부를 확인(증명)함으로써 사실 부인을 방지하는 보안 기술로, 전자상거래의 신뢰성과 안전성을 확보한다.

• 가용성(Availability): 인가된 사용자가 정보나 서비스를 요구할 때(필요시) 언제든지 사용 가능하도록 하는 기술이다. 정보는 지속적으로 변화하고 인가된 사용자는 여기에 접근할 수 있어야 한다(서비스 제공 보장).

오답해설

① 인증성(Authenticity): 정당한 사용자임을 확인하는 것으로, 잘못된 인증을 하게 되면 주체 또는 객체에 피해를 끼칠 수 있다.

② 신뢰성(Reliablility): 의도된 행위에 따른 결과의 일관성을 보장하는 것으로, 신뢰성의 결여는 고객의 신뢰성 상실로 인하여 기업의 신뢰도를 떨어뜨리는 등 조직의 목표에 중대한 영향을 미칠 수 있다.

③ 책임 추적성(Accountability, 책임성): 내부 정보에 침해 행위가 발생한 경우, 각 객체의 행위를 유일하게 추적하여 찾아낼 수 있음을 보장하는 것으로, 제재, 부인 방지, 오류 제한, 침입 탐지 및 방지, 사후 처리 등을 지원한다.

The 알아보기 정보보호의 목적

• 기밀성(Confidentiality): 인가된 사용자만이 데이터에 접근할 수 있도록 제한하는 것으로, 가로채기 공격에서 송·수신되는 데이터를 보호한다(소극적 공격으로부터 데이터를 보호).

• 무결성(Integrity)
 – 정보의 저장과 전달 시 비인가된 방식으로 정보와 소프트웨어가 변경되지 않도록 정확성 및 안정성을 보호하는 것이다.
 – 시스템 내의 정보는 인가받은 사용자만 수정할 수 있으며, 정보 전달 도중에는 데이터를 보호하여 항상 올바른 데이터를 유지한다.

• 가용성(Availability): 인가된 사용자에게 서비스가 제대로 제공되도록 보장하는 것으로, 필요할 때 데이터에 접근할 수 있는 능력이다.

• 책임 추적성(Accountability): 각 개체의 행위를 유일하게 추적할 수 있음을 보장하는 것으로, 각 개인은 자신의 행위에 대해서 책임을 진다. 제재, 부인 방지, 오류 제한, 침입 탐지 및 방지, 사후 처리 등을 지원한다.

• 인증성(Authenticity): 통신(연결 지향 또는 비연결 지향)에서 정보를 보내는 사람의 신원을 확인하는 것으로, 사용자 접근 권한 및 작업 수행을 조사한다.

• 신뢰성(Reliability): 의도된 행위에 따른 결과의 일관성이다.

제5회 모의고사 정답 및 해설

제1과목: 국어

01	02	03	04	05	06	07	08	09	10
①	①	④	③	④	③	④	②	①	②

11	12	13	14	15	16	17	18	19	20
④	②	④	②	④	②	④	③	②	①

21	22	23	24	25					
①	①	③	③	②					

01
정답 ①

정답해설

'노기(怒氣)'의 '노(怒)'는 본음이 '성낼 노'이다. 두음 법칙은 첫 음에 한자음 '니, 녀, 뇨, 뉴' 등이 오지 못하는 것이므로 노기(怒氣)와는 상관없다. 참고로, '희로애락(喜怒哀樂)'의 '로'는 음을 부드럽게 발음하기 위해 변한 '활음조(滑音調)'일 뿐이다.

오답해설

② 論: 말할 론(논)

③ 泥: 진흙 니(이)

④ 略: 간략할 략(약)

02
정답 ①

정답해설

'동격 관형절'은 안긴문장 그 자체가 뒤에 오는 체언과 동일한 의미를 갖는 것으로 안긴문장 내 성분의 생략이 불가능하다. '관계 관형절'은 안긴문장 안에서 쓰인 주어, 목적어, 부사어와 같은 문장 성분 중 하나와 안긴문장 뒤에 와서 수식을 받는 체언이 일치할 때 그 성분을 생략한 관형절을 말한다.

① '급히 학교로 돌아오라는'은 성분의 생략이 없이 체언 '연락'과 같은 의미를 지니는 '동격 관형절'이다. 또한 '긴 관형절'은 항상 '동격 관형절'이라는 것에 주의한다.

오답해설

② '충무공이 (거북선을) 만든'은 목적어가 생략된 관계 관형절이다.

③ '사람이 (그 섬에) 살지 않는'은 부사어가 생략된 관계 관형절이다.

④ '수양버들이 (돌각담에) 서 있는'은 부사어가 생략된 관계 관형절이다.

03
정답 ④

정답해설

'ㆁ(옛이응)'은 아음의 이체자이다. 후음의 기본자는 'ㅇ', 가획자는 'ㆆ, ㅎ'이다.

오답해설

① 아음의 기본자는 'ㄱ', 가획자는 'ㅋ', 이체자는 'ㆁ(옛이응)'이다.

② 설음의 기본자는 'ㄴ', 가획자는 'ㄷ, ㅌ', 이체자는 'ㄹ'이다.

③ 치음의 기본자는 'ㅅ', 가획자는 'ㅈ, ㅊ', 이체자는 'ㅿ'이다.

04
정답 ③

정답해설

'모색(摸索)'은 일이나 사건 따위를 해결할 수 있는 방법이나 실마리를 찾는 것을 의미하므로 적절하게 사용되었다.

• 탐색(探索): 드러나지 않은 사물이나 현상 따위를 찾아내거나 밝히기 위하여 살피어 찾음

05
정답 ④

정답해설

ㄹ에 쓰인 '풀다'는 '사람을 동원하다.'라는 뜻이다. 따라서 '금지되거나 제한된 것을 할 수 있도록 터놓다.'라는 뜻을 가진 '풀다'의 예문으로 적절하지 않으며, ㄹ에 들어갈 수 있는 적절한 예문으로는 '구금을 풀다.'가 있다.

오답해설

① ㄱ에 쓰인 '풀다'는 '모르거나 복잡한 문제 따위를 알아내거나 해결하다.'라는 뜻으로, ㄱ에 들어가기에 적절한 예문이다.

② ㄴ에 쓰인 '풀다'는 '어려운 것을 알기 쉽게 바꾸다.'라는 뜻으로, ㄴ에 들어가기에 적절한 예문이다.

③ ㄷ에 쓰인 '풀다'는 '긴장된 상태를 부드럽게 하다.'라는 뜻으로, ㄷ에 들어가기에 적절한 예문이다.

- 묶이거나 감기거나 얽히거나 합쳐진 것 따위를 그렇지 아니한 상태로 되게 하다.
  - 예 보따리를 풀다.
- 생각이나 이야기 따위를 말하다.
  - 예 생각을 풀어 나가다.
- 일어난 감정 따위를 누그러뜨리다.
  - 예 노여움을 풀다.
- 마음에 맺혀 있는 것을 해결하여 없애거나 품고 있는 것을 이루다.
  - 예 회포를 풀다.
- 모르거나 복잡한 문제 따위를 알아내거나 해결하다.
  - 예 궁금증을 풀다.
- 금지되거나 제한된 것을 할 수 있도록 터놓다.
  - 예 통금을 풀다.
- 가축이나 사람 따위를 우리나 틀에 가두지 아니하다.
  - 예 미국에서는 원칙적으로 개는 풀어서 기르지 못하게 되어 있다.
- 피로나 독기 따위를 없어지게 하다.
  - 예 노독을 풀다.
- 사람을 동원하다.
  - 예 사람을 풀어 수소문을 하다.
- 콧물을 밖으로 나오게 하다.
  - 예 코를 풀다.

06
정답 ③

정답해설

물건이나 일의 내용을 가리지 아니하는 뜻을 나타내는 조사와 어미는 '(-)든지'로 적고, 지난 일을 나타내는 어미는 '-더라, -던'으로 적는다.

07
정답 ④

오답해설

① 남편의 형은 '아주버님'으로 불러야 한다.
② '말씀이 있겠습니다.' 또는 '말씀이 있으시겠습니다.'로 바꿔 써야 한다.
③ '품절'의 주체는 사물인 '상품'이므로 높여서 말할 수 없다. 따라서 '품절입니다'로 고치는 것이 적절하다.

08
정답 ②

정답해설

ⓒ 나는 젊어 있고 임은 오직 나를 사랑하시니

- 갈래: 가사
- 주제: 연군의 정, 임금을 그리는 마음
- 특징
  - 정철의 「속미인곡」과 더불어 가사 문학의 절정을 이룬 작품
  - 우리말 구사의 극치를 보여준 작품
  - 비유법, 변화법을 비롯하여 연정을 심화시키는 점층적 표현이 사용됨
- 현대어 풀이
  이 몸 만드실 때 임을 좇아서 만드시니, 한평생 인연임을 하늘이 모를 일이던가? 나는 젊어 있고 임은 오직 나를 사랑하시니 이 마음과 이 사랑 견줄 데가 전혀 없다. 평생에 원하건대 (임과) 함께 살아가고자 하였더니, 늙어서야 무슨 일로 외따로 두고 그리워하는가. 엊그제까지는 임을 모시고 광한전에 오르고는 했는데, 그 사이에 어찌하여 속세에 내려오게 되니 떠나올 적에 빗은 머리가 헝클어진 지 삼 년이구나. 연지분 있지만 누구를 위하여 곱게 단장할까? 마음에 맺힌 시름이 겹겹이 쌓여 있어 짓는 것은 한숨이고, 떨어지는 것은 눈물이구나. 인생은 유한한데 근심도 끝이 없다. 무정한 세월은 물 흐르듯 하는구나. 덥고 시원함이 때를 알아 가는 듯 다시 오니, 듣거니 보거니 느낄 일이 많기도 많구나.

09

정답해설

제시된 글에서 우리 대표팀은 더 강도 높은 훈련을 이어가며 경기력 향상에 매진하였다고 하였으므로 이러한 상황에 어울리는 한자성어는 '달리는 말에 채찍질한다는 뜻으로, 잘하는 사람을 더욱 장려함을 이르는 말'을 뜻하는 走馬加鞭(주마가편)이다.

• 走馬加鞭: 달릴 주, 말 마, 더할 가, 채찍 편

오답해설

② 走馬看山(주마간산): 말을 타고 달리며 산천을 구경한다는 뜻으로, 자세히 살피지 아니하고 대충대충 보고 지나감을 이르는 말

• 走馬看山: 달릴 주, 말 마, 볼 간, 뫼 산

③ 切齒腐心(절치부심): 몹시 분하여 이를 갈며 속을 썩임

• 切齒腐心: 끊을 절, 이 치, 썩을 부, 마음 심

④ 見蚊拔劍(견문발검): 모기를 보고 칼을 뺀다는 뜻으로, 사소한 일에 크게 성내어 덤빔을 이르는 말

• 見蚊拔劍: 볼 견, 모기 문, 뺄 발, 칼 검

10

정답해설

파놉티콘이란 교도관이 다수의 죄수를 감시하는 시스템으로, 이는 권력자에 의한 정보 독점 아래 다수가 통제되는 구조이다. 따라서 ⓛ에는 그대로 '다수'가 들어가는 것이 적절하다.

오답해설

① ㉠의 앞부분에서는 교도관은 죄수들을 바라볼 수 있지만, 죄수들은 교도관을 바라볼 수 없는 구조인 파놉티콘에 대해 제시하였다. 따라서 죄수들은 교도관이 실제로 없어도 그 사실을 알 수 없으므로 ㉠을 '없을'로 고치는 것이 적절하다.

③ ㉢의 뒷부분에서는 인터넷에서 권력자에 대한 비판을 신변 노출 없이 자유롭게 표현할 수 있게 되었다고 제시하였다. 이는 인터넷에서는 어떤 행위를 한 사람이 누구인지 드러나지 않는다는 것이므로 ㉢을 '익명성'으로 고치는 것이 적절하다.

④ ㉣의 앞부분에서는 인터넷에서 권력자에 대한 비판을 신변 노출 없이 자유롭게 표현할 수 있게 되었다고 제시하였고, ㉣의 뒷부분에서는 네티즌의 활동으로 권력자들을 감시하는 전환이 일어났다고 제시하였다. 따라서 다수가 자유롭게 정보를 수용하고 생산할 수 있기 때문에 권력자를 감시하게 된 것이므로 ㉣을 '누구나가'로 고치는 것이 적절하다.

11

정답해설

제시문은 현재의 사건을 진행하면서 '언젠가는', '어저께'와 같이 과거의 사건을 끌어들이고 있다. 이와 같은 사건 구성을 역순행적 구성이라 한다('과거 → 현재'로 시간의 흐름에 따라 사건을 구성하는 방식은 순행적 구성 또는 순차적 구성이라 함).

오답해설

②와 같은 방식을 삽화식 구성이라고 하고, ③과 같은 방식을 액자식 구성이라 한다. 제시문에서는 이러한 구성 방식을 찾아볼 수 없다.

The 알아보기 김유정, 「봄봄」

• 갈래: 단편 소설, 농촌 소설, 순수 소설
• 시점: 1인칭 주인공 시점
• 배경
 – 시간: 1930년대 봄
 – 공간: 강원도 산골의 농촌 마을
• 주제: 교활한 장인과 우직한 데릴사위 간의 갈등
• 해제: 「봄봄」은 혼인을 핑계로 일만 시키는 교활한 장인과 그런 장인에게 반발하면서도 끝내 이용당하는 순박하고 어수룩한 머슴 '나'의 갈등을 재미있게 그려 내고 있다. 일제 강점하의 궁핍한 농촌 생활을 배경으로 하면서도 토속적인 어휘를 사용하여 농촌의 모습을 해학적으로 묘사하고 있으며, 농촌의 문제성을 노출시키면서도 그것을 능동적으로 그리기보다는 웃음으로 치환시켰다.
• 제목의 의미: '봄봄'은 '봄'을 두 번 강조한 제목으로, 봄날 만물이 생장하듯이 '나'와 점순이의 사랑도 성장함을 드러내려는 작가의 의도를 반영하고 있다.

12 정답 ②

정답해설

작품 내적 요소인 사건의 전달 방식에 초점을 맞추어 감상한 것으로 ②는 절대주의적 관점에 해당한다.

오답해설

① 반영론적 관점에 해당한다.

③ 효용론적 관점에 해당한다.

④ 표현론적 관점에 해당한다.

13 정답 ④

정답해설

제시된 작품은 임을 간절하게 기다리는 심정을 원망의 어조로 표현한 사설시조이다. 따라서 '간절히 기다리다'라는 뜻의 ④ '눈이 빠지다'가 화자의 심정으로 적절하다.

오답해설

① '눈이 가다'는 '눈길을 사로잡다'는 뜻의 관용어이다.

② '눈이 맞다'는 '서로 마음이 통하다'는 뜻의 관용어이다.

③ '눈이 뒤집히다'는 '이성을 잃다'는 뜻의 관용어이다.

The 알아보기 작자 미상, 「어이 못 오던다」

- 갈래: 사설시조
- 성격: 과장적, 해학적
- 표현: 열거법, 연쇄법, 과장법
- 제재: 오지 않는 임
- 주제: 임에 대한 원망과 그리움
- 특징
  - 연쇄법을 활용하여 시상을 전개함
  - 기발한 상상력을 통해 해학적 효과를 얻고 있음
- 해제: 자신을 찾아오지 않는 임에 대한 그리움과 원망의 심정을 과장과 해학을 통해 표현하고 있다.
- 현대어 풀이

  어이 못 오는가 무슨 일로 못 오는가.

  너 오는 길 위에 무쇠로 성을 쌓고 성 안에 담을 쌓고 담 안에는 집을 짓고 집 안에는 뒤주 놓고 뒤주 안에 궤를 놓고 궤 안에 너를 결박하여 놓고 쌍배목과 외걸새에 용거북 자물쇠로 깊숙이 잠갔더냐 네 어이 그리 안 오던가.

  한 달이 서른 날이거늘 날 보러 올 하루가 없으랴.

---

14 정답 ②

정답해설

윤수의 이야기에 대한 민재의 반응인 '나도 그런 적이 있어.'를 보았을 때, 민재는 자신의 경험을 들어 윤수가 스스로 해결점을 찾도록 도와주고 있다. 이는 공감적 듣기의 적극적인 들어주기에 해당한다.

오답해설

① 민재는 윤수의 짝꿍과 연관이 없는 제삼자로, 이야기를 듣는 역할을 수행하고 있다. 따라서 민재가 상대의 입장을 고려해 용서함으로써 갈등을 해결한다는 설명은 적절하지 않다.

③ 민재는 이전에 겪은 자신의 경험을 이야기하여 윤수에게 도움을 주려고 할 뿐, 윤수를 비판하면서 스스로의 장점을 부각하고 있지는 않다.

④ 민재는 '왜? 무슨 일이 있었어?' 등의 말을 하며 윤수의 말을 경청하고 있지만, 윤수의 말에 대한 타당성을 평가하고 있지는 않다.

15 정답 ④

정답해설

(라)에서는 화성을 변화시키는 '테라포밍'의 계획을 구체적으로 설명하고 있을 뿐, 개별적인 사실로부터 일반적인 명제를 이끌어 내는 귀납의 방법을 사용하고 있지는 않다.

오답해설

① (가)에서는 화성의 특성을 설명하고 인간이 살 수 있도록 변화시키는 것을 말하는 '테라포밍'에 대해 제시하고 있다.

② (나)에서는 영화 「레드 플래닛」을 예로 들어 '테라포밍'에 대해 구체적으로 설명하고 있다.

③ (다)에서는 '영화가 아닌 현실에서 화성을 변화시키는 일이 가능할까?'라고 질문을 던지며 '테라포밍'을 현실화할 수 있는 방법을 제시하고 있다.

16 정답 ②

정답해설

(나)에서 '이끼가 번식해 화성 표면을 덮으면 그들이 배출하는 산소가 모여 궁극적으로는 인간이 호흡할 수 있는 대기층이 형성되기 때문이다.'라고 언급한 부분을 통해 '테라포밍' 계획의 핵심이 되는 마지막 작업은 인간이 화성에서 살 수 있도록 공기를 공급하는 대기층을 만들어 주는 일임을 확인할 수 있다.

오답해설

① (라)에서 '극관은 점점 녹게 될 것이다. 그러나 이런 방법을 택하더라도 인간이 직접 호흡하며 돌아다니게 될 때까지는 최소 몇백 년의 시간이 걸릴 것이다.'라고 언급한 부분을 통해 화성의 극관을 녹이는 일은 '테라포밍' 계획의 최종적인 작업이 아님을 확인할 수 있다.

③ (다)에서 '극관에 검은 물질을 덮어 햇빛을 잘 흡수하게 만든 후 온도가 상승하면 극관이 자연스럽게 녹을 수 있도록 하는 방법인 것이다.'라고 언급한 부분을 통해 화성의 온도를 상승시키는 일은 극관을 녹이기 위한 과정임을 확인할 수 있다. 따라서 이 작업은 '테라포밍' 계획의 핵심이 되는 최종 작업이라 할 수는 없다.

④ (다)에서 '극관에 검은 물질을 덮어 햇빛을 잘 흡수하게 만든 후 온도가 상승하면 극관이 자연스럽게 녹을 수 있도록 하는 방법인 것이다.'라고 언급한 부분을 통해 극관을 검은 물질로 덮는 일은 햇빛을 잘 흡수하게 만들기 위한 과정임을 확인할 수 있다. 따라서 이 작업은 '테라포밍' 계획의 핵심이 되는 최종 작업이라 할 수는 없다.

17 정답 ④

정답해설

제시된 글에는 상대방이 충분히 그 의미를 파악할 수 있다고 판단될 때 간접 발화를 전략적으로 사용함으로써 의사소통을 원활하게 하기도 한다는 내용만 언급되었을 뿐 간접 발화와 직접 발화 중 어느 것이 화자의 의도를 더 잘 전달하는지에 대한 내용은 나와 있지 않다.

18 정답 ③

정답해설

대구에 계신 할아버지와의 대화를 통해 지역 간 사용 어휘의 차이, 어머니와의 대화를 통해 세대 간 사용 어휘의 차이로 인해 생기는 불편함에 대해 서술하고 있긴 하지만, ③ '성별에 따라 사용하는 어휘가 달라지기도 한다.'라는 내용은 〈보기〉에 없다.

오답해설

① "어머니께서는 '문상'이 무엇이냐고 물으셨고 나는 '문화상품권'을 줄여서 사용하는 말이라고 말씀드렸다."라는 부분과 "학교에서 친구들과 이야기할 때 흔히 사용하는 '컴싸'나 '훈남', '생파' 같은 단어들을 부모님과 대화할 때는 설명을 해드려야 해서 불편할 때가 많다."는 내용을 통해 어휘는 세대에 따라 달라지기도 한다는 것을 알 수 있다.

② '할아버지께서 나에게 심부름을 시키셨는데 사투리가 섞여 있어서 잘 알아들을 수가 없었다.'라는 부분을 통해 어휘가 지역에 따라 달라지기도 한다는 것을 알 수 있다.

④ "학교에서 친구들과 이야기할 때 흔히 사용하는 '컴싸'나 '훈남', '생파' 같은 단어들을 부모님과 대화할 때는 설명을 해드려야 해서 불편할 때가 많다."라는 부분을 통해 청소년들이 은어나 유행어를 많이 쓴다는 것을 알 수 있다.

19 정답 ②

정답해설

앞뒤가 대등한 내용이면 문장 구조를 일치시켜 쓰도록 한다. '중국 음식의 모방이나 정통 중국 음식을 본뜨거나 하여'라는 문장을 풀어 보면, '중국 음식의 모방을 본뜨거나, 정통 중국 음식을 본뜨거나'로 되어서 서술어 호응이 이루어지지 않는다. 따라서 ② '중국 음식을 모방하거나, 정통 중국 음식을 본뜨거나 하여'로 바꿔야 한다.

20 정답 ①

정답해설

㉠에는 겉으로는 모순되어 보이나 진리를 내포하는 표현, 즉 역설의 수법이 사용되었다. ㉡에는 은유적 표현이 쓰였다.

오답해설

②·③·④ 역설법이 나타난다.

> The 알아보기   정호승, 「슬픔이 기쁨에게」
> - 갈래: 자유시, 서정시
> - 성격: 의지적, 상징적
> - 제재: 소외된 이웃들의 슬픔
> - 주제: 이기적인 삶에 대한 반성 및 더불어 살아가는 삶의 가치 추구
> - 특징
>   - 상대방에게 말을 건네는 방식으로 시상을 전개함
>   - 어미 '-겠다'의 반복을 통해 운율감을 형성하고 화자의 의지적인 자세를 효과적으로 나타냄

21

정답 ①

정답해설

제시된 글에서는 1960년대 이후 중앙아메리카 숲의 25% 이상이 벌채되었다는 것, 1970년대 말에 전체 농토의 2/3가 축산 단지로 점유되었다는 것, 그리고 1987년 이후 멕시코에서 1,497만 3,900ha의 열대 우림이 파괴되었다는 것 등의 통계 수치를 제시하고 있다. 통계 수치를 제시하는 것은 문제 상황의 심각성을 구체적으로 보여주고, 근거의 신뢰성을 높여서 타당성을 높이는 역할을 한다.

22

정답 ①

정답해설

15세기 국어에서 현대 국어로 오는 과정에서 모음들이 연쇄적으로 조음 위치의 변화를 겪는 현상은 발견되지 않았다.

오답해설

② 국어 단모음의 개수가 15세기에는 7개, 19세기 초에는 8개, 현재는 10개이므로, 단모음의 개수가 점차 늘어났다는 설명은 적절하다.

③ 15세기 국어의 단모음이었던 'ㆍ'가 현대 국어로 오면서 소멸되었으므로 모음 중에서 음소 자체가 소멸된 것이 있다는 설명은 적절하다.

④ 15세기 국어의 이중모음이었던 'ㅐ, ㅔ, ㅚ, ㅟ'가 현대 국어로 오면서 단모음으로 변화했으므로 일부 이중모음의 단모음화가 발견된다는 설명은 적절하다.

23

정답 ③

정답해설

㉠ 부엌+일 → [부억닐]: 음절의 끝소리 규칙, 'ㄴ' 첨가 → [부엉닐]: 비음화

㉡ 콧+날 → [콛날]: 음절의 끝소리 규칙 → [콘날]: 비음화

㉢ 앉+고 → [안꼬]: 자음군 단순화, 된소리되기

㉣ 훑+는 → [훌른]: 자음군 단순화, 유음화

③ '앓+고 → [알코]는 자음·축약(ㅎ+ㄱ → ㅋ)이 일어났지만 ㉢에서는 자음군 단순화와 된소리되기가 나타난다.

오답해설

① '맞+불 → [맏뿔]'에는 음절의 끝소리 규칙과 된소리되기가 나타나므로, 음절 끝에 오는 자음이 제한되는 음운 변동이 일어난다는 설명은 적절하다. ㉠~㉣ 중 음절의 끝소리 규칙이 나타나는 것은 ㉠, ㉡이다.

② '있+니 → [인니]'에는 음절의 끝소리 규칙과 비음화 현상이 나타난다. 인접하는 자음과 조음 방법이 같아지는 음운 변동 현상은 자음 동화 현상으로, 비음화(㉠, ㉡)와 유음화(㉣)가 있다.

④ '몫+도 → [목또]'에는 자음군 단순화와 된소리되기 현상이 나타난다. 음절 끝에 둘 이상의 자음이 오지 못하기 때문에 나타나는 자음군 단순화 현상이 나타나는 것은 ㉢, ㉣이다.

24

정답 ③

정답해설

'넉넉하다'는 크기나 수량 따위가 기준에 차고도 남음이 있다는 뜻이고, '푼푼하다'는 모자람이 없이 넉넉하다는 의미로, 이 두 단어의 의미 관계는 '유의 관계'이다. ③의 '괭이잠'은 깊이 들지 못하고 자주 깨면서 자는 잠을 의미하고, '노루잠'은 깊이 들지 못하고 자꾸 놀라 깨는 잠을 의미하며, 이 두 단어의 의미 관계는 '유의 관계'이다.

오답해설

① · ② · ④는 '반의 관계'이다.

25

정답 ②

정답해설

②의 '대응'은 '유추의 근거 영역의 요소들과 대상 영역의 요소들을 연결하는 단계'로 '워싱턴'과 '링컨'을 연결하고, 숫자 '1'과 미지항 x를 연결하는 과정이 이에 해당한다고 했으므로 미국의 몇 번째 대통령인지 정보가 없는 사람이라면 정보를 연결하는 과정인 '대응'의 단계까지는 성공하겠지만, 자신이 찾아낸 규칙을 대상 영역에 적용하는 '적용'의 단계에서 미지항 x의 값에 16을 적용할 수가 없어 실패할 것이다.

오답해설

① '추리'는 '앞의 두 항이 어떠한 연관성을 갖는지 규칙을 찾는 과정'이므로 '워싱턴'이 미국의 대통령이 아니라 미국의 도시 이름이라는 정보만 갖고 있는 사람이라면 미국의 초대 대통령인 '워싱턴'과 숫자 '1'로부터 연관성을 찾아낼 수 없으므로 '추리'의 단계에서 실패할 것이라는 이해는 적절하다.

③ '적용'은 '자신이 찾아낸 규칙을 대상 영역에 적용하는 과정'이므로 미국 역대 대통령의 순서에 대한 정보가 있는 사람이라면, '적용' 단계에서 '16'을 선택하겠지만, 조지 워싱턴이 1달러 지폐의 인물이고 아브라함 링컨이 5달러 지폐의 인물이라는 미국의 화폐에 대한 정보만 갖고 있는 사람이라면 '적용'의 단계에서 '5'를 선택할 것이라는 이해는 적절하다.

④ '정당화'는 '비교의 결과 더 적합하다고 생각되는 답을 선택하는 과정'이므로 'x'에 들어갈 수 있는 답으로 '5'와 '16'을 찾아낸 사람이라면, 'x는 순서를 나타낸다'라는 새로운 기준을 제시했을 때 '정당화'의 단계에서 링컨이 미국의 열여섯 번째 대통령임을 생각하여 '16'을 선택할 것이다. 따라서 '정당화' 단계에서 '16'을 선택할 것이라는 이해는 적절하다.

제2과목: 컴퓨터일반

01	02	03	04	05	06	07	08	09	10
④	③	③	④	②	①	④	④	④	①
11	**12**	**13**	**14**	**15**	**16**	**17**	**18**	**19**	**20**
③	③	②	④	②	②	③	③	①	③
21	**22**	**23**	**24**	**25**					
③	③	②	②	①					

01

정답 ④

정답해설

운영체제의 발달 과정 요약

일괄처리 시스템 → 다중 프로그래밍, 다중처리, 시분할, 실시간처리 시스템 → 다중 모드 → 분산처리 시스템

02

정답 ③

정답해설

㉠ MIME: 전자 메일에서 사용되는 텍스트, 이미지, 오디오, 비디오 등의 데이터를 표현하기 위한 형식 표준이다.

㉡ DNS: 도메인 네임을 IP 주소로 변환해 주는 프로토콜이다.

오답해설

① • IMAP: 인터넷 메일 서버에서 메일을 관리하고 읽어올 때 사용되는 프로토콜이다.
　 • SNMP: 네트워크상에서 연결된 장치들을 관리하는 네트워크 관리 프로토콜이다.

② • DNS: 도메인 네임을 IP 주소로 변환해 주는 프로토콜이다.
　 • FTP: 인터넷상에서 컴퓨터 간 파일 전송을 지원하는 프로토콜이다.

④ • SMTP: 인터넷상에서 전자우편을 전송할 때 사용하는 프로토콜로, 부팅(Booting) 파일을 다운로드하는 용도로 사용한다.
　 • DHCP: IP 주소를 동적으로 설정하기 위해 사용되는 프로토콜이다.

03 정답 ③

정답해설

ⓒ PC(프로그램 카운터): 명령 포인터 레지스터라고도 하며, 다음에 인출할 명령어의 주소를 저장한다. 각 명령어가 실행되면 다음에 이어질 명령어의 주소 값이 자동적으로 증가한다.

ⓛ AC(누산기): 산술 논리 연산 장치(ALU) 내부에 위치하며, 연산 시 초기 데이터, 중간 결과, 최종 연산 결과를 저장한다. 최종 연산 결과는 목적지 레지스터나 MBR을 이용하여 주기억장치로 전송된다.

ⓗ MBR(메모리 버퍼 레지스터): 메모리 데이터 레지스터(MDR)라고도 하며, 데이터를 메모리에서 읽거나 저장할 때 데이터를 일시적으로 저장한다.

ⓞ IR(명령 레지스터): 주기억장치에서 가장 최근에 인출한 명령어를 저장하는 레지스터이다. 명령어를 읽어와 해독하여 컴퓨터 각 장치에 제어 신호를 전송한다.

오답해설

ⓔ MAR(메모리 주소 레지스터): 메모리에 CPU가 데이터를 저장하거나 읽을 때 필요한 메모리 주소를 저장한다.

> **The 알아보기** 레지스터의 종류
>
> - 플래그 레지스터(FR): 상태 레지스터(SR), 프로그램 상태 워드(PSW)라고도 하며, 연산 결과 발생하는 상태를 저장한다.
> - 입출력 버퍼 레지스터(BR): 입·출력 모듈과 프로세서 간에 데이터 교환 시 사용된다.
> - 데이터 레지스터(DR): 주변 장치로부터 송수신되는 데이터를 일시적으로 저장한다.

---

04 정답 ④

정답해설

물리적인 하나의 디스크를 용량에 따라 여러 개의 논리적 하드디스크 드라이브로 분할하는 것은 파티션(Partition)에 대한 설명이다.

05 정답 ②

정답해설

큐에서 데이터가 삽입되는 부분을 뒤(Rear)라 하고, 데이터가 삭제되는 부분을 앞(Front)이라 한다. Rear는 큐에서 가장 뒤에 있는 원소를 가리키고, Front는 가장 앞에 있는 원소를 가리킨다.

오답해설

① 큐의 경우에는 데이터가 삽입되는 부분과 삭제되는 부분이 다르며, 한쪽 끝에서는 데이터 삽입이 이루어지고, 반대쪽 끝에서는 데이터 삭제가 이루어진다. 즉, 큐는 먼저 삽입된 데이터가 먼저 삭제되므로 선입선출(FIFO; First-In First-Out)이라고 한다.

③ 다중 프로그래밍에서 프로그램이 대기한 순서대로 처리를 할 때 큐가 적용된다.

※ 다중 프로그래밍 시스템(Multi-Programming System)은 두 개 이상의 여러 프로그램을 주기억장치에 적재시켜 마치 동시에 실행되는 것처럼 처리한다.

④ 순차 큐는 1차원 배열을 이용하여 구현할 수 있다. 원형 큐는 순차 큐와 동일한 1차원 배열이지만 배열의 처음과 끝이 서로 연결되어 있는 원형 구조를 이루고 있다.

---

06 정답 ①

정답해설

〈보기〉에서 설명하는 것은 NoSQL(Not Only SQL)이다.

> **The 알아보기** NoSQL의 특징
>
> - 데이터의 분산 저장으로 수평적인 확장이 쉬워졌다.
> - 대용량 데이터의 쓰기 성능이 향상되었다.
> - 디스크 기반인 경우 저비용으로 대용량 데이터 저장소 구축이 용이하다.
> - 기존 RDBMS의 특성(원자성, 일관성, 독립성, 지속성)을 보장할 수 없다.
> - 구현기술의 난이도가 높다.
> - 대부분 공개 소스 기반으로 안정성 보장 및 문제 발생 시 기술지원이 곤란하다.
> - 자체적인 기술력을 확보하여야 구축 및 유지보수가 가능하다.
> - Google, Yahoo, Twitter, Facebook 등 대형 인터넷 포털 업체들이 주로 채택하고 있다.

07

정답해설

지그비(Zigbee): IEEE 802.15.4 기반 PAN 기술로 낮은 전력을 소모하면서 저가의 센서 네트워크 구현에 최적의 방안을 제공하는 기술이다. 전력 소모를 최소화하는 대신 반경 30m 내에서만 데이터 전송이 가능하다. 산업용 제어, 임베디드 센서, 의학자료 수집, 화재 및 도난, 빌딩 자동화 등의 다방면의 분야에 사용되고 있다.

오답해설

① 블루투스(Bluetooth): 전화기, 노트북, 컴퓨터 등과 같이 서로 다른 기능을 가진 다양한 기기 간에 무선으로 데이터 통신을 할 수 있도록 만든 기술로 에릭슨이 IBM, 노키아, 도시바와 함께 개발하였으며, IEEE 802.15.1 규격으로 발표되었다. 피코넷(Piconet)과 스캐터넷(Scatternet) 두 가지 네트워크 유형을 정의하고 있다.

② NFC(Near Field Communication): 13.56MHz 대역을 가지며, 약 10cm 정도로 가까운 거리에서 장치 간에 양방향 무선 통신을 가능하게 해주는 기술로 모바일 결제 서비스에 많이 활용된다.

③ RFID(Radio Frequency Identification): 무선 주파수를 이용하여 접촉하지 않아도 인식이 가능한 기술로, RFID 태그와 RFID 판독기가 필요하다. RFID 태그는 안테나와 집적 회로로 이루어지며 집적 회로 안에 정보를 기록하고 안테나를 통해 판독기에게 정보를 송신한다.

08

정답해설

Do while Counter <= 3은 Counter 값이 3 이하인 경우 반복하라는 명령문이다. Counter=Counter+1, 즉 Counter 값이 0부터 시작하므로 Counter 값은 반복 시 1이 되며 Sum 값에 더하도록 되어 있다. 이것을 반복하면 다음과 같다.

• 처음(Counter 값: 0) 반복 시 Sum 값은 0, Counter 값은 1이고, Sum=Sum+Counter이므로 Sum 값은 1이 된다.

• 두 번째(Counter 값: 1) 반복 시 Sum 값은 1, Counter 값은 2이며 다시 Sum 값은 3이 된다.

• 세 번째(Counter 값: 2) 반복 시 Sum 값은 3, Counter 값은 3이며 다시 Sum 값은 6이 된다.

• 네 번째(Counter 값: 3) 반복 시 Sum 값은 6, Counter 값은 4이며 최종적으로 Sum 값은 10이 된다.

09

정답해설

1개의 노드로 생성된 이진 트리의 높이가 1일 경우에 n개의 노드를 가지는 이진 트리의 깊이는 최대 n이고, 최소 $[\log_2(n+1)]$이다.

• 최대: 300개

• 최소: $2^8=256$, $2^9=512$이므로
$[\log_2(300+1)]=[\log_2 301]=[8.\cdots]=9$

The 알아보기	이진 트리의 종류		
	포화(Full) 이진 트리	완전(Complete) 이진 트리	경사(Skewed) 이진 트리
	• Leaf 노드들이 모두 같은 높이 • 높이가 k인 총 노드 수: 2^k-1 • Level k에서 $2^{(k-1)}$개의 노드를 가짐	Leaf 노드들이 트리의 왼쪽부터 차곡차곡 채워진 형태	한쪽 방향(왼쪽 또는 오른쪽)으로 노드들이 채워진 상태

10

정답해설

$(+(*(/A(\uparrow BC))D)E)$ 괄호 안의 전위표기법인 [연산자, 피연산자, 피연산자]를 중위표기법을 거쳐서 순서대로 후위표기법인 [피연산자, 피연산자, 연산자] 순으로 변경하면 $ABC\uparrow/D*E+$가 된다.

11

정답해설

• 생산성은 한 달에 프로그래머들이 개발할 수 있는 라인 수로 $20\times500=10,000$(라인)이다.

• 개발기간은 50,000라인을 생산성에 따라 개발하는 기간으로 $50,000\div10,000=5$(개월)이다.

따라서 5개월의 개발기간이 소요된다.

1. 소프트웨어의 비용 결정 요소
   - 소프트웨어 비용은 프로젝트의 일정 계획과 비용을 적절히 유지하기 위해 사용되지만, 오류(Error)가 많이 발생한다.
   - 비용은 프로젝트의 시작 단계에서부터 종료 단계까지 연속적으로 소요된다.
   - 비용을 정확하게 예측하려면 경험적 모형, 분해 기법, 과거의 유사한 프로젝트를 이용한다.
     - 프로젝트 요소: 제품의 복잡도와 크기, 요구되는 신뢰도, 시스템의 크기와 처리 능력
     - 자원 요소: 인적 자원, 시스템 자원, 재사용이 가능한 자원
     - 생산성 요소: 개발자의 능력, 개발 기간, 개발 비용, 개발방법론, 팀의 의사전달
     - 일반 요소: 프로그래머의 능력, 가용 시간, 기술 수준
2. 소프트웨어의 비용 측정 계산
   - 예측치=[낙관치+(4×기대치)+비관치]/6
   - 생산성=LOC/인 월
   - 개발기간=인 월/투입 인원
   - 월별 생산성=KLOC(KDSI)/노력(인 월)
   - KLOC(Kilo Line Of Code): 개발 프로그램의 라인 수를 1,000라인으로 묶어서 표현한다.

12
정답 ③

정답해설

폭포수 모델에서는 요구사항 분석(ㄹ) → 설계(ㄱ) → 개발 → 테스트(ㄷ)를 거쳐 프로젝트가 진행되며, 이후에 운영·유지보수(ㄴ) 단계에서 새로운 기능의 추가나 수정이 이루어진다.

- 검토 및 승인을 거쳐 순차적·하향식으로 개발이 진행되는 생명주기 모델
- 장단점
  - 장점: 이해하기 쉬움, 다음 단계 진행 전에 결과 검증, 관리 용이
  - 단점: 요구사항 도출 어려움, 설계·코딩·테스트가 지연됨, 문제점 발견 지연

13
정답 ②

정답해설

Telnet은 인터넷 서비스에서 다른 컴퓨터를 자신의 컴퓨터와 같이 가상 터미널을 이용해 원격으로 사용할 수 있도록 지원해 준다.

오답해설

① FTP는 인터넷을 통하여 파일을 송수신할 수 있는 서비스이다.
③ Gopher(고퍼)는 인터넷 정보에 대하여 메뉴 형식으로 정보 검색을 하는 서비스이다.
④ Archie(아키)는 전 세계 인터넷상에서 익명의 FTP 사이트 정보를 검색할 수 있는 서비스이다.

14
정답 ④

정답해설

UML(Unified Modeling Language)

- 요구 분석, 시스템 설계 및 구현 등의 시스템 개발 과정에서 개발자 간 의사소통을 원활하게 하기 위하여 표준화한 통합 모델링 언어이다.
- 시스템 개발자가 구축하고자 하는 소프트웨어를 코딩하기에 앞서 표준화되고, 이해하기 쉬운 방법으로 소프트웨어를 설계한다.
- 가시화 언어: 개념 모델 작성 시 오류가 적고, 의사소통을 쉽게 하는 그래픽 언어이다.
- 문서화 언어: 시스템에 대한 평가, 통제, 의사소통의 문서화(요구사항, 아키텍처 설계, 소스코드, 프로젝트 계획, Test 등)가 가능하다.
- 구현 언어: 다양한 프로그래밍 언어와 연결 왕복 공학 기능(순공학/역공학), 실행 시스템의 예측이 가능하다.
- 명세화 언어: 정확한 모델 제시, 완전한 모델 작성, 분석, 설계의 결정을 표현한다.

15 정답 ②

정답해설

CSMA/CD란 공유 링크에 접근하기 위한 프로토콜로, 임의접근(Random Access) 방식에 속하는 프로토콜에는 ALOHA, CSMA, CSMA/CD, CSMA/CA가 있다.

> **The 알아보기 에러 검출 및 정정 방식의 종류**
>
> - 패리티 검사
>   - 블록의 데이터 끝에 패리티 비트(Parity Bit)를 추가하여 오류를 검출하는 방식으로, 전송 부호의 에러를 검출하되 오류 검출은 가능하나 오류 정정은 불가능하다.
>   - 오류 발생 확률이 낮고, 정보의 비트 수가 적은 경우에 사용된다.
>   - 짝수(우수) 패리티 검사와 홀수(기수) 패리티 검사 방법이 존재한다.
> - 블록합 검사: 각 문자 당 패리티 체크 비트와 데이터 프레임의 모든 문자열에 대한 에러 체크의 블록합 검사 문자를 함께 전송하는 방식이다.
> - 순환 잉여 검사(CRC)
>   - 블록합 검사의 단점과 집단 오류를 검출하기 위한 방식이다.
>   - 가장 우수한 방식으로 에러 검출 코드인 FCS(Frame Check Sequence)를 정보에 추가하여 전송한다.
>   - 다항식을 이용하며 오류 정정도 가능하다.
> - 정마크 부호 방식: 일정비 코드라고 하며 전송문자를 부호화하고자 할 때 각 부호의 1(또는 0)의 개수를 일정하게 유지하여 전송하고, 수신 측에서는 전송된 문자 중 1(또는 0)이 일정한 개수인가를 판정하여 오류를 검사하는 방식이다.

16 정답 ②

정답해설

html은 대소문자를 구별하지 않는다. html5가 되면서 그 규정이 타이트해졌으나 닫힌 태그가 없어도 실행이 되기도 한다.

17 정답 ①

정답해설

DMA(Direct Memory Access)

- 데이터 전송이 중앙처리장치(CPU)를 통하지 않고 메모리와 입출력기기 사이에서 직접 행해지는 방식을 말한다.
- 하나의 입출력 명령어에 의해 하나의 블록 전체가 전송된다.
- 직접 주기억장치로 데이터를 전송하는 방식으로 DMA 대량 전송(Burst Transfer)과 사이클 스틸(Cycle Steal) 방식이 있다.
- DMA 제어기가 자료 전송을 종료하면 인터럽트를 발생시켜 CPU에게 알려준다.

18 정답 ③

정답해설

2진 검색에서 최대 비교횟수는 $\log_2 2^{n+1}$이다. 자료의 수가 2,048=2^{11}이므로 n=11이다. 따라서 최대 비교횟수는 12회이다.

19 정답 ①

정답해설

ICMP는 IP와 조합하여 통신 중에 발생하는 오류의 처리와 전송 경로의 변경 등을 위한 제어 메시지를 관리하는 프로토콜이다.

오답해설

② ARP: IP 주소를 MAC 주소로 변경하는 프로토콜이다.

③ RARP: 호스트의 물리적 주소로부터 IP 주소를 구할 수 있도록 하는 프로토콜이다.

④ IP: 각 패킷의 주소 부분을 처리하여 패킷이 목적지에 정확히 도달할 수 있도록 하는 비연결형 프로토콜이다.

20

오답해설

키 값이 가장 큰 노드를 찾기 위한 힙을 최대 힙이라고 한다. 최대 힙의 조건은 부모 노드의 키 값이 자식 노드의 키 값보다 항상 크거나 같은 크기의 관계를 가지는 완전 이진 트리이어야 한다. 최대 힙에서는 키 값이 가장 큰 노드가 루트 노드가 되어야 한다.

① · ② 키 값이 가장 크지 않기 때문에 해당되지 않는다.

④ 마지막 레벨 세 번째 노드 '3' 다음이 비어 있어 완전 이진 트리가 아니기 때문에 답이 될 수 없다.

※ 완전 이진 트리의 성립 조건
- 마지막 레벨을 제외한 모든 레벨의 노드가 가득 채워져야 한다.
- 마지막 레벨(제일 하단 줄)은 노드가 모두 채워질 필요는 없으나, 왼쪽에서 오른쪽 방향으로 순서대로 채워져야 한다.
- → 포화 이진 트리의 노드 번호 1번부터 n번까지 노드의 빈 자리가 없는 이진 트리이다.

> **The 알아보기** 힙(Heap) 트리
>
> 완전 이진 트리의 노드 중 키 값이 가장 큰 노드나 가장 작은 노드를 찾기 위한 자료구조이다. 키 값이 가장 큰 노드를 찾기 위한 힙을 최대 힙이라고 하고, 가장 작은 노드를 찾기 위한 힙을 최소 힙이라고 한다.
>
> 최대 힙은 부모 노드의 키 값이 자식 노드의 키 값보다 항상 크거나 같은 관계를 가지는 완전 이진 트리이다. 따라서 최대 힙에서 키 값이 가장 큰 노드는 루트 노드가 된다.
>
> 최소 힙은 부모 노드의 키 값이 자식 노드의 키 값보다 항상 작거나 같은 관계를 가지는 완전 이진 트리이다. 따라서 최소 힙에서 키 값이 가장 작은 노드는 루트 노드가 된다. 힙은 같은 키 값의 노드를 중복해서 가질 수 있다.

21

오답해설

① MIME: ASCII 문자만을 지원하는 SMTP의 전송을 위해 문자 인코딩을 통하여 전자우편을 보낼 수 있도록 하는 인터넷 표준 포맷이다.

② TFTP: 빠른 데이터 전송을 위해 UDP를 필수 구성요소로 한다.

④ DHCP: 사용자에게 동적 IP를 할당하는 프로토콜이다.

22

정답해설

아이노드(I-node)는 각 파일이나 디렉토리에 대한 모든 정보를 저장한다. 파일의 소유자, 크기, 소유자, 접근 권한, 유형, 접근시간, 링크 수, 저장된 블록의 주소 등의 각종 속성 정보를 저장하는데, 여기에 파일의 이름은 포함되지 않는다.

오답해설

① 데이터 블록: 실제 데이터가 저장되는 공간으로, 디렉토리별 디렉토리 엔트리와 실제 파일에 대한 데이터가 저장된다.

② 슈퍼 블록: 파일 시스템마다 하나씩 존재하며 파일 시스템을 기술하는 정보를 저장한다.

> **The 알아보기** UNIX 시스템 파일 구조
>
> - 부트 블록(Boot Block): 시스템 부팅 시 필요한 코드를 저장한 블록
> - 슈퍼 블록(Super Block): 전체 파일 시스템의 정보를 저장한 블록
> - 데이터 블록(Data Block): 실제 파일들에 대한 데이터와 디렉토리별 디렉토리 엔트리가 보관되는 블록
> - I - node 블록
>   - 각 파일에 대한 정보를 기억하는 자료 구조 블록
>   - 포함된 정보: 파일 소유자와 그룹, 소유자의 식별자, 파일의 접근 허가 및 보호 권한, 파일이 생성된 시간, 파일의 최종 접근 및 수정 시간, 파일 크기, 파일 링크 수, 데이터가 저장된 블록의 주소, 파일 종류(일반 파일, 특수 파일, 디렉터리) 등

23

정답해설

마지막 네 자리를 3으로 나눈 나머지가 해시 주소가 된다.

① $8,259 \div 3 = 2,753 \cdots 0$

② $4,276 \div 3 = 1,425 \cdots 1$

③ $3,345 \div 3 = 1,115 \cdots 0$

④ $6,822 \div 3 = 2,274 \cdots 0$

따라서 나머지 값이 다른 ②가 나머지 셋과 다른 저장 장소에 저장된다.

24

정답 ②

정답해설

ExceptionTest 클래스에서 인스턴스 생성 시 생성자 메소드가 수행되지만, try에서 예외발생이 되지 않기 때문에 catch문은 수행되지 않아 B는 출력되지 않는다.

25

정답 ①

정답해설

빅데이터는 3V 특성을 가지고 있다. 3V는 데이터의 양(Volume), 데이터 생성 속도(Velocity), 형태의 다양성(Variety)을 의미한다.

The 알아보기 빅데이터의 특징(3V)

- Volume(규모): IT 기술 발전으로 기존의 정형 데이터뿐 아니라 SNS로부터 수집되는 사진, 동영상 등의 다양한 멀티미디어 데이터까지 디지털 정보량이 기하급수적으로 증가한다.
- Variety(다양성): 데이터는 정형 데이터뿐만 아니라 비정형, 반정형 데이터를 포함한다.
- Velocity(속도): 빅데이터의 목적은 빠른 비즈니스 변화 환경에서 데이터를 분석하여 도출된 결과로 기업의 전략, 목표, 인사이트를 도출하는 데 있다. 즉, 가치 있는 정보 활용을 위해 데이터 처리 및 빠른 분석 속도가 중요하다.

제3과목: 정보보호론

01	02	03	04	05	06	07	08	09	10
④	③	②	①	④	①	③	③	②	②
11	12	13	14	15	16	17	18	19	20
③	④	④	④	②	④	④	④	②	①
21	22	23	24	25					
③	①	③	④	①					

01

정답 ④

정답해설

가로와 세로의 2차원 형태로 이루어져 있어 많은 양의 데이터를 넣을 수 있다.

The 알아보기 QR 코드(QR Code)

- 흑백 격자 무늬 패턴으로 정보를 나타내는 매트릭스 형식의 2차원 바코드이다.
- 일반 바코드의 구조는 단방향, 즉 1차원적으로 숫자 또는 문자 정보를 저장할 수 있는 반면, QR 코드의 구조는 종횡으로 2차원 형태를 가지고 있어 더 많은 정보를 가질 수 있으며, 사진 및 동영상, 지도, 명함 등 다양한 정보를 보다 편리하게 담아낼 수 있다.
- 명칭은 덴소 웨이브의 등록 상표 Quick Response에서 유래하였다. 종래에 많이 쓰이던 바코드의 용량 제한을 극복하고 그 형식과 내용을 확장한 2차원의 바코드로 종횡의 정보를 가지고 있어 숫자 외에 문자 데이터를 저장할 수 있다. 보통 디지털 카메라나 전용 스캐너로 읽어 활용하며, 주로 일본, 한국, 영국, 미국 등에서 많이 사용된다.

02

정답 ③

정답해설

메시지 인증 방법은 메시지의 무결성, 송신자 확인, 부인방지를 위해 사용한다.

03 정답 ②

정답해설

XSS는 콘텐츠를 암호화나 검증하는 절차 없이 사용자가 제공하는 데이터를 애플리케이션에서 받아들이거나 웹 브라우저로 보낼 때마다 발생한다. 또한 공격자가 피해자의 웹 브라우저에 스크립트를 실행하여 사용자 세션 탈취, 웹 변조, 악의적인 사이트로의 이동 등을 발생시킨다.

> **The 알아보기 크로스 사이트 스크립팅 공격(XSS; Cross Site Scripting)**
>
> • 웹 메일에 있는 악의적인 스크립트에 의해 다른 사용자의 사용을 방해하거나 쿠키 및 기타 개인 정보를 특정 사이트로 전송시키는 공격이다.
> • 게시판 글에 원본과 함께 악성코드를 삽입하여 클라이언트 정보를 유출하는 공격으로, 입력받은 데이터는 필터링하지 않는다(웹 사이트에서 입력을 엄밀하게 검증하지 않는 취약점을 이용).
> • 사용자로 위장한 공격자가 웹 사이트에서 프로그램 코드를 삽입하여 이후 해당 사이트를 방문하는 다른 사용자의 웹 브라우저에서 해당 코드가 실행되도록 한다.
> • 콘텐츠의 암호화나 검증 절차 없이 사용자가 제공하는 데이터를 애플리케이션에서 받아들이거나 웹 브라우저로 보낼 때마다 발생한다.
> • 공격자가 해당 웹 브라우저 내에서 스크립트를 실행함으로써 사용자 세션을 가로채거나 웹 사이트를 손상시킬 수 있다.
> • 다른 사용자에게 악성코드를 보낼 때 사용하며, URL이나 게시판에 대한 XSS 공격이 가능하다.
> • 공격이 성공하는 경우 일반 사용자의 세션 토큰이 노출되거나 사용자 컴퓨터를 공격하는 등 다른 사용자를 속이기 위해 위조된 콘텐츠를 보여 준다.

04 정답 ①

정답해설

스테가노그래피(Steganography): 비밀 데이터를 기존의 이미지 파일이나 음악 파일, 동영상 파일 등에 인지하지 못할 정도의 미세한 변화를 주어 잘 보이지 않게 삽입하여 숨겨서 전달하는 기술이다. 민감한 정보의 존재 자체를 숨기는 기술로, 텍스트 · 이미지 파일 등과 같은 디지털화된 데이터에 비밀 이진(Binary) 정보가 은닉될 수 있다. 고해상도 이미지 내 각 픽셀의 최하위 비트들을 변형하여 원본의 큰 손상 없이 정보를 은닉하는 방법이 있다. 암호화가 메시지의 내용을 보호하는 목적이라면 이 기술은 저작권 보호보다는 정보를 은밀하게 전달하기 위한 목적이 크다. 이미지 파일의 경우 원본 이미지와 대체 이미지의 차이를 육안으로 구별하기가 어렵다.

오답해설

② 워터마킹(Watermarking): 이미지, 동영상 등 디지털 콘텐츠의 저작권 보호를 위해 디지털 콘텐츠에 일정한 암호, 특정 코드 또는 패턴을 은닉(삽입)하여 불법 복제를 막는 기술이다. 원본의 내용을 왜곡하지 않는 범위 내에서 사용자가 인식하지 못하도록 저작권 정보를 디지털 콘텐츠에 삽입한다.

③ 핑거프린팅(Fingerprinting): 디지털 콘텐츠를 구매할 때 지문과 같은 구매자의 고유한 정보를 파일에 삽입하여 불법 배포 발견 시 최초의 배포자를 추적할 수 있게 하는 기술이다. 디지털 콘텐츠에 각기 다른 일련번호를 삽입하는 것으로, 전자화폐의 일련번호 등에 적용 가능하다.

④ DRM(Digital Rights Management): 디지털 콘텐츠의 저작권을 보호하기 위한 기술로, DVD와 다운로드된 음원, 디지털 시네마, 유료 소프트웨어, 디지털 방송, 교육용 서비스 등에 적용된다. 이는 콘텐츠에 대한 접근과 이용이 허락된 사용자만이 사용할 수 있도록 하여 주로 콘텐츠의 불법적인 복제나 허가받지 않은 기기에서의 콘텐츠 사용을 방지한다.

> **The 알아보기 스테가노그래피 기법**
>
> • 공간적인 변환 방법
>   – 이미지 파일에서의 LSB(Least Significant Bit) 등을 이용한 방법으로 이미지 내용 중 중요도가 가장 떨어지는 부분에 비밀 정보를 삽입하는 방법이다.
>   – 비밀 정보를 손쉽게 삽입할 수 있고 커버 이미지의 종류에 따라 이미지 크기의 최대 약 50%까지도 비밀정보를

삽입할 수 있다는 장점이 있지만, 이미지의 변환에 약하다는 단점이 있다.
- 주파수 변환 방법
  - JPEG 파일에서 쓰이는 DCT 변환 등을 이용하는 방법이다.
  - 이미지 변환 등에 대해 비밀 정보가 훼손되지 않는다는 장점이 있지만, 삽입할 수 있는 용량이 커버 이미지의 약 5~15% 정도로 현저히 줄어드는 단점이 있다.

05
정답 ④

정답해설

ECC는 이산대수 기반의 공개키 암호 방식에 해당한다.

The 알아보기 블록 암호 알고리즘의 운영 모드

- ECB
  - 평문 블록 단위로 각 블록마다 암호화하는 가장 단순한 방식. 여러 데이터베이스를 암호화할 때 병렬적으로 처리가 가능
  - 같은 키에 대해 동일한 평문 블록이 동일한 암호문 블록으로 출력한다는 단점 때문에 권장하지 않음
- CTR
  - 블록 암호에서 구현할 수 있는 암호화 및 복호화 구조가 동일(병렬 처리)
  - 평문 블록별로 증가하는 서로 다른 카운터 값을 키로 암호화하며, 암호화 시 피드백이 존재하지 않음(패딩 불필요)
  - 같은 키에 대해 서로 다른 카운터를 이용하여 동일한 평문 블록이 서로 다른 암호문 블록으로 출력됨(AES 운영 모드 권고로 추가)
- CBC
  - 이전 암호 블록과 평문 블록을 XOR 연산하여 암호 블록을 반복적으로 생성
  - 전 블록 값에서 발생한 에러는 이후 블록 값에 영향을 줌
  - 무결성 검증을 위한 MAC 값을 생성하는 데 주로 사용되거나 IPSec 프로토콜에서 통신의 기밀성을 지키기 위해 해당 모드를 사용
- OFB
  - 키 스트림이 평문과 암호문에 의존하지 않기 때문에 암호화 블록에서 발생되는 에러는 다음 블록에 영향을 주지 않음
  - 암호문에서 발생하는 에러는 복구할 수 없음
  - 키 스트림 값을 미리 만들 수 있어 암호화와 연산 속도가 빠름

- CFB
  - 이전 블록 값의 최상위 비트에서 발생한 에러는 이후 블록 값에 영향을 줌
  - 어떠한 블록 암호도 스트림 암호로 변경 가능(작은 크기의 블록을 암호화)
  - 암호문에서 발생한 에러는 일정 시간 후에 복구할 수 있음
  - 블록 크기보다 작은 데이터에 적용할 수 있지만 암호문 블록의 재전송 공격에 취약함(패딩 불필요)

06
정답 ①

정답해설

㉠ 역할 기반 접근 통제 모델(RBAC): 사용자가 아닌 역할이나 임무에 권한을 부여하기 때문에 사용자가 자주 바뀌는 환경에 적합하다.

㉡ 비바 모델: 무결성을 기반으로 하는 접근 통제 모델로, No Read Down과 No Write Up의 통제 정책을 갖는다.

㉢ 벨-라파듈라 모델: 데이터의 기밀성 유지를 최우선으로 하므로 객체에 대한 기밀성만 대처가 가능하다.

The 알아보기 접근 통제 모델

- 벨-라파듈라(Bell-Lapadula) 모델
  - 특정 객체의 접근은 특정 직무가 접근을 요구하는 경우에만 허가된다(다중 등급의 보안 정책).
  - 데이터의 기밀성 유지를 최우선으로 하므로 객체에 대한 기밀성만 대처가 가능하다(기밀성에 대한 비중으로 무결성과 가용성은 고려하지 않음).
  - 상위 등급의 주체가 하위 등급의 객체에 정보 쓰기를 수행할 수 없도록 하므로 상위 레벨의 객체 읽기와 하위 레벨의 객체 수정은 불가능하다.
- 비바(Biba) 모델
  - 무결성을 위해 벨-라파듈라 모델을 보완한 모델로, 비인가자의 변조 방지를 목적으로 한다(내부 또는 외부의 일관성 유지).
  - 주어진 무결성보다 낮은 등급의 데이터는 읽을 수 없고(No Read Down), 높은 등급의 데이터는 수정할 수 없다(No Write Up).
- 만리장성(Chinese Wall, Brewer Nash) 모델: 이해 충돌(Conflicts of Interest)이 발생할 수 있는 특정 정보의 흐름을 차단하는 모델로, 상업적인 기밀성 정책을 따른다.

07

정답해설

SPN(Substitution Permutation Network)은 혼돈(Confusion)과 확산(Diffusion)의 이론에 기반한 구조로 암호화 과정과 복호화 과정이 다르기 때문에 구현상 낭비가 있을 수 있으며, 역변환 함수에 제약이 있다.

> **The 알아보기** Feistel 구조와 SPN 구조
>
> • Feistel 구조
>   - 암호화 · 복호화 과정이 동일하고, 라운드 함수에 관계없이 역변환이 가능
>   - 평문 두 개의 블록으로 나누어 배타적 논리합과 라운드를 가짐
>   - 구조는 3라운드 이상의 짝수 라운드로 구성(16라운드를 거침)
>   - 하드웨어 및 소프트웨어의 구현이 용이(알고리즘 속도가 빠름)
>   - 현재까지 구조상의 문제점이 발견되지 않음(두 번의 과정으로 확산이 이루어짐)
>   - DES, SEED, LOKI, MISTY, RC5/6, BLOWFISH, TWOFISH 등의 알고리즘 존재
> • SPN 구조
>   - 혼돈(Confusion)과 확산(Diffusion)의 이론에 기반한 구조
>   - 혼돈은 암호문과 키의 관계를 숨기고, 확산은 암호문과 평문의 관계를 숨김
>   - 암호화 · 복호화 알고리즘의 고속화를 요구하며, 라운드 함수가 역변환이 되어야 함
>   - 암호화 과정과 복호화 과정이 다르기 때문에 구현상 낭비가 있음
>   - 역변환 함수에 제약이 있으며, S-BOX와 P-BOX를 사용
>   - CRYPTON은 서로 다른 키 알고리즘을 통해 암호화 · 복호화 과정을 동일하게 함
>   - IDEA, SAFER, SHARK, SQUARE, SERPENT 등의 알고리즘 존재

08

정답해설

메시지 내용 공개(Release of Message Contents)는 소극적 · 수동적(Passive) 보안 공격에 해당한다.

09

정답해설

②는 DoS(Denial of Service) 공격에 대한 설명이다.

> **The 알아보기** 분산 반사 서비스 거부(DRDoS; Distributed Reflection DoS) 공격
>
> • 개념
>   - DDoS 공격의 새로운 방식으로 BGP의 취약성, TCP 3 Way Handshake의 취약점을 이용한 공격 기법이다.
>   - 시스템을 악의적으로 공격하여 해당 시스템 자원을 부족하게 한 후 기존의 의도된 용도로 사용할 수 없게 한다.
>   - 공격자의 IP를 스푸핑(Spoofing)하여 전송하므로 대규모 네트워크가 필요하지 않다.
>   - 타깃(Target)은 클라이언트 접속지별로 서비스 포트를 제한하지 않고, 해당 포트 서비스만 종료한다.
>   - DRDoS라는 프로그램이 유포되어 공격 목적지를 지정하면 자동으로 공격할 수 있도록 구성한다.
>   - 출발지 IP를 변조하면서 공격 트래픽이 많은 반사 서버를 경유하므로 공격의 근원지를 파악하여 추적하는 것은 거의 불가능하다.
>   - 일반 DDoS 공격에 비해 적은 PC로 공격 트래픽 양을 증가시킬 수 있다.
> • 대응 방법
>   - IP 주소는 위조된 패킷이 인터넷망으로 유입되지 않도록 ISP를 직접 차단(Ingress Filtering)한다.
>   - 라우터 및 스위치는 자신이 전달하는 패킷의 위변조 여부를 판단할 수 없으므로 발생된 공격을 분석하여 공격 IP를 블랙리스트로 차단해야 한다.
>   - 국내 모든 ISP에 Ingress Filtering이 완벽하게 적용될 경우 공격 근원지에서 출발지 IP를 공격 대상 IP로 변조하여 트래픽을 전송하는 것이 반사 서버로 도착하기 전에 차단되므로 대부분 무력화된다.
>   - DRDoS에 악의적으로 이용되지 않으려면, ICMP 프로토콜을 사용하지 않는 시스템인 경우 스위치 또는 서버에서 해당 프로토콜을 차단한다.

10 정답 ②

정답해설

"전자문서"란 정보처리시스템에 의하여 전자적 형태로 작성되어 송신 또는 수신되거나 저장된 정보를 말하고, 전자서명생성정보가 가입자에게 유일하게 속한다는 사실 등을 확인하고 이를 증명하는 전자적 정보는 "인증서"이다(「전자서명법」제2조 제1호 · 제6호).

> **The 알아보기 전자서명법 제2조(정의)**
>
> 이 법에서 사용하는 용어의 뜻은 다음과 같다.
>
> 1. "전자문서"란 정보처리시스템에 의하여 전자적 형태로 작성되어 송신 또는 수신되거나 저장된 정보를 말한다.
> 2. "전자서명"이란 다음 각 목의 사항을 나타내는 데 이용하기 위하여 전자문서에 첨부되거나 논리적으로 결합된 전자적 형태의 정보를 말한다.
>   가. 서명자의 신원
>   나. 서명자가 해당 전자문서에 서명하였다는 사실
> 3. "전자서명생성정보"란 전자서명을 생성하기 위하여 이용하는 전자적 정보를 말한다.
> 4. "전자서명수단"이란 전자서명을 하기 위하여 이용하는 전자적 수단을 말한다.
> 5. "전자서명인증"이란 전자서명생성정보가 가입자에게 유일하게 속한다는 사실을 확인하고 이를 증명하는 행위를 말한다.
> 6. "인증서"란 전자서명생성정보가 가입자에게 유일하게 속한다는 사실 등을 확인하고 이를 증명하는 전자적 정보를 말한다.
> 7. "전자서명인증업무"란 전자서명인증, 전자서명인증 관련 기록의 관리 등 전자서명인증서비스를 제공하는 업무를 말한다.
> 8. "전자서명인증사업자"란 전자서명인증업무를 하는 자를 말한다.
> 9. "가입자"란 전자서명생성정보에 대하여 전자서명인증사업자로부터 전자서명인증을 받은 자를 말한다.
> 10. "이용자"란 전자서명인증사업자가 제공하는 전자서명인증서비스를 이용하는 자를 말한다.

11 정답 ③

정답해설

CBC는 암호화 입력 값이 이전 결과에 의존하므로 병렬화가 불가능하지만, 복호화는 복호화한 각 블록을 다음 이전 암호화 블록과 XOR 하여 복구가 가능하므로 병렬화가 가능하다.

12 정답 ④

정답해설

ㄹ 선택 암호문 공격(CCA)은 공격자가 직접 선택한 암호문에 해당되는 평문을 얻음으로써 행하여지는 공격으로, 공격자가 복호화에 사용되는 장치에 접근할 수 있을 때 가능하다.

> **The 알아보기 암호 메시지 공격 유형**
> • 암호문 단독 공격(COA; Ciphertext Only Attack)
>   – 공격자에게 암호문만 주어지는 공격으로, 평문의 특성 등을 추정하여 해독
>   – 암호문으로 암호키나 평문을 찾음(암호 해독자에게 불리)
>   – 안전성은 키 길이에 전적으로 의존하며, 암호화키 전수 조사에 적용
> • 알려진(기지) 평문 공격(KPA; Known Plaintext Attack)
>   – 공격자에게 평문과 암호문이 주어짐으로써 행하여지는 공격(하나 이상의 비밀키에 대한 평문과 암호문)
>   – 약간의 평문에 대응하는 암호문을 알고 있는 상태에서 암호문과 평문의 관계로부터 키나 평문을 추정하여 암호를 해독
>   – 암호문에 대응하는 평문이나 비밀키를 얻는 것이 목적
> • 선택 평문 공격(CPA; Chosen Plaintext Attack)
>   – 공격자가 직접 공격에 필요한 평문을 선택하고, 이에 대응하는 암호문이 주어짐으로써 행하여지는 공격
>   – 공격자가 암호기에 접근하여 평문을 선택하고, 그 평문에 해당하는 암호문을 얻어 키나 평문을 추정하여 암호를 해독
>   – 해당 공격에 대한 안전한 암호 시스템을 두는 것이 이상적
> • 선택 암호문 공격(CCA; Chosen Ciphertext Attack)
>   – 공격자가 직접 선택한 암호문에 해당되는 평문을 얻음으로써 행하여지는 공격
>   – 공격자가 복호화에 사용되는 장치에 접근할 수 있을 때 가능
> • 능동 선택 암호문 공격(ACCA; Adaptive Chosen Ciphertext Attack)
>   – 공격자가 평문과 대응하는 암호문을 알고, 주기적으로 공격에 필요한 암호문을 선택하여 이에 대응하는 평문을 얻음으로써 행하여지는 공격
>   – 강력한 조건이 요구되므로 비현실적인 공격에 해당

13
정답 ④

정답해설

ESM(Enterprise Security Management)

보안관리를 전사적인 차원에서 일관된 정책을 가지고 통합적으로 관제 및 운영·관리함으로써, 보안관리 업무의 효율화와 보안성 향상을 극대화시킬 목적으로 사용되는 '통합보안관리' 체계를 말한다.

- 네트워크를 통하여 들어오는 모든 위험요소를 총체적으로 분석하여 사전에 예방할 수 있도록 운영자에게 알려주는 시스템이다.
- 네트워크 운영자 및 서버 운영자는 ESM을 통하여 수집된 위험정보를 바탕으로 네트워크에서 발생할 수 있는 위기상황을 미리 파악하고 대처할 준비를 함으로써, 시스템 운용을 원활하게 할 수 있다.
- 접근 권한을 모니터링하고, 접근하는 객체를 관리할 수 있도록 구성되어 있다.
- 제로데이(Zero-Day) 공격 방지를 위한 대책으로, 네트워크 시스템의 접근 권한을 분리할 목적으로 사용하는 시스템이다.

오답해설

② NAC(Network Access Control): 기업 내부의 네트워크에 접근하는 모든 장비를 포괄적으로 제어하고, 보안 위협으로부터 능동적으로 방어할 수 있는 네트워크 접근제어 솔루션이다. 사용자 컴퓨터 및 네트워크 단말기가 네트워크에 접근하기 전에 보안정책을 준수했는지 여부를 검사하여 네트워크 접속을 통제하는 기술로, 네트워크 접근제어 기술을 이용하여 내부 네트워크의 자원을 관리하고, 네트워크 내의 장애 및 사고 원인을 예방·탐지하고 제거함으로써, 안정적인 네트워크 운영·관리가 가능하도록 해준다.

③ UTM(Unified Threat Management): 기존의 다양한 보안 솔루션(방화벽, IDS, IPS, VPN, 바이러스 필터링, 콘텐츠 필터링 등)의 보안 기능을 하나로 통합한 기술과 장비로서, 하나의 장비에서 여러 보안 기능을 통합적으로 제공하여 다양하고 복잡한 보안 위협에 대응하고, 관리 편의성과 비용 절감의 장점이 있다.

14
정답 ④

정답해설

서비스별 업무 중단 시 회사가 허용할 수 있는 최대허용중단시간(MTD; Maximum Tolerable Downtime) 산정은 사업영향분석(BIA; Business Impact Analysis)에서 수행한다.

15
정답 ②

정답해설

외부에서 서버 계정에 접근할 때 한 번만 사용할 수 있는 패스워드는 'OTP'이다.

오답해설

① HMAC: 해시 기반 메시지 인증 코드로, MD5, SHA-1 등 암호화 해시 기능을 비밀 공용키와 함께 사용한다.

③ 솔트(Salt): 비밀번호 앞 또는 뒤에 문자열을 추가하여 동일한 비밀번호에 대해 동일 다이제스트를 생성하는 해시 함수의 문제점을 보완해 주는 기술이다.

④ 스트레칭(Streching): 복잡한 연산을 반복적으로 사용하는 기술이다.

16
정답 ④

정답해설

④는 침입 탐지 시스템(IDS)에 대한 설명이다. 탐지 대상 시스템이나 네트워크를 모니터링함으로써 비인가되거나 비정상적인 행동을 탐지한다.

> **The 알아보기 침입 방지 시스템(IPS)**
> - 넓은 범주의 통합위협관리시스템(UTM)에 속하며, 공격에 대한 탐지만을 하는 침입 탐지 시스템의 한계성을 극복한 보안 시스템이다. 공격 시그니처(Signature)를 탐지하여, 네트워크에 연결된 시스템에서 비정상 행위가 발생하는지를 감시하고, 자동으로 중단시키며, 시스템 및 네트워크에 대한 다양한 불법 침입행위를 실시간으로 탐지하고 분석하여 비정상적인 패킷인 경우 자동으로 차단한다.
> - 네트워크에서 탐지하지 못하는 알려지지 않은 공격까지도 방어할 수 있는 실시간 침입 방지 시스템으로, 운영체제 레벨에서 실시간 탐지와 방어기능을 제공한다. 급속한 증가가 예상되는 제로데이 공격(Zero Day Attack)의 위협에 대한 능동적 대응 기법과 알려진 공격(Known Attack), 알려지지 않은 공격(Unknown Attack)이나 비정상 트래픽(Anomaly Traffic)을 효율적으로 탐지하고 방어할 수 있는 정확한 분석이 가능하다.

- 웜, 바이러스, 불법 침입이나 분산 서비스 거부(DDoS) 공격 등의 비정상적인 이상 신호를 발견 즉시 인공지능적으로 적절한 조치를 취한다는 점에서 방화벽이나 IDS와는 차이가 있다.
- 시스템 자원에 접근하기 어렵다.
- 공격에 대한 적절한 대응 및 사전 방어로 관리비용이 절감된다.

17 정답 ④

정답해설

디지털 포렌식 수행 시 'ⓛ - ⓡ - ⓣ - ⓜ - ⓗ - ⓙ' 순으로 진행된다.

18 정답 ④

정답해설

버퍼 오버플로우의 대응책으로 사용자의 스택 또는 힙 영역의 쓰기 및 실행 권한을 제거해야 한다.

> **The 알아보기** **버퍼 오버플로우(Buffer Overflow)의 대응책**
> - 취약점을 점검할 경우 웹 애플리케이션에 있는 많은 인수 값을 전달해서 테스트하거나 게시물 작성 시 허용된 문자보다 많은 문자열을 입력한다.
> - 웹 서버의 제품 버전을 안전한 버전으로 유지하고, 보안 패치를 항상 최신으로 유지한다.
> - 함수로부터 복귀할 때 스택의 무결성을 검사하고, 사용자의 스택 또는 힙 영역의 쓰기 및 실행 권한을 제거한다.
> - Sendmail Daemon에 대해 알려진 패턴의 원격 공격은 침입 방지 시스템(IPS)으로 방어한다.
> - 문자 길이를 검사하지 않는 함수를 사용하지 않고, 안전한 프로그래밍을 한다.
> - 버퍼 오버플로우를 점검하는 웹 스캐닝 도구를 이용하여 주기적으로 점검한다.

19 정답 ②

정답해설

Back Orifice는 CDC의 해킹 그룹에서 만든 해킹 도구로, 서버 프로그램의 접속 패스워드를 설정한다.

> **The 알아보기** **트로이 목마의 대표적 기능**
> - NetBus
>   - File Manager, Registry Manager, Application Redirect, 화면 캡처, 키보드 입력 정보 보기 등의 기능을 가짐
>   - 서버 프로그램의 접속 패스워드를 설정하거나 서버 프로그램의 포트를 변경
> - Back Orifice
>   - 파일 시스템에 대한 접근, 프로세스 생성·삭제, 시스템 패스워드 유출, 키보드 모니터링, 네트워크 자원 공유, 파일 조작, 레지스트리 조작 등의 기능을 가짐
>   - CDC의 해킹 그룹에서 만든 해킹 도구로, 서버 프로그램의 접속 패스워드를 설정
> - School Bus
>   - 패스워드 유출, 캐시 영역의 패스워드 추출, 파일 관리, 키보드 입력 모니터링 등의 기능을 가짐
>   - 서버 프로그램의 접속 패스워드를 설정
> - Ackcmd
>   - Windows 2000을 위한 원격 명령 프롬프트
>   - TCP ACK 세그먼트로 통신을 하기 때문에 특정 방화벽과의 연결이 가능
>   - netstat-an 명령어로 연결 세션 정보를 얻기 어려움

20 정답 ①

오답해설

② 정규화(Canonicalization): 가능한 하나 이상의 표현을 갖는 데이터를 "표준" 표현으로 변환하는 프로세스를 말한다.

③ 리버스 엔지니어링(Reverse Engineering): 소프트웨어 공학의 한 분야로, 기존에 만들어진 제품이나 시스템을 분해하여 초기 단계의 데이터들을 분석하는 것을 말한다.

④ 소프트웨어 프로토타이핑(Software Prototyping): 소프트웨어를 프로토 타입으로 먼저 만들고 고객으로부터 피드백을 바탕으로 개선해 나가는 프로세스 모델을 말한다.

21 정답 ③

정답해설

③은 세션 하이재킹(Session Hijacking)에 대한 설명이다.

오답해설

① 크로스 사이트 요청 변조(CSRF)는 사용자가 자신의 의지와는 무관하게 공격자가 의도한 수정, 삭제, 등록 등의 행위를 특정 웹 사이트에 요청하게 하는 공격 기법이다.

② 취약한 웹 애플리케이션에 로그온한 피해자의 웹 브라우저가 피해자의 세션 쿠키와 공격자의 변조된 HTTP 요청을 강제로 전송하도록 한다.

④ 동기화된 토큰 패턴(Synchronizer Token Pattern)은 서버 사이드(세션 스코프 등)에 보관된 토큰을 CSRF 방어가 필요한 요청마다 요청할 Form에 Hidden 필드를 이용하여 토큰을 추가하여 포함시켜 요청하고, 서버에서 비교하는 방식으로 CSRF를 방어하는 방법이다.

22 정답 ①

정답해설

①은 패킷 필터링(Packet Filtering)에 대한 설명이다.

The 알아보기 패킷 필터링(Packet Filtering)

• 출발지(발신지)와 목적지(수신지)의 IP 주소, 포트 번호, 프로토콜 유형 등을 기본으로 패킷을 전달하거나 차단할 수 있다(투명성 제공).

• 기존 프로그램과 쉽게 연동하며 처리 속도가 빠르다.

네트워크 주소 변환(NAT; Network Address Translation)

• 사설 IP 주소를 공인 IP로 변환시켜 사용하는 기술이다.

• 보유하고 있는 IP 주소가 부족할 경우, 사설 IP 주소를 사용하여 IP 주소를 확장하기 위한 방법으로 활용할 수 있다.

• 내부 네트워크 주소를 드러내지 않는 보안성을 갖는다.

• NAT의 종류

  – Static NAT: 공인 IP 주소와 사설 IP 주소가 1 : 1로 매칭되는 것으로, IP 주소 절약 효과는 없다.

  – Dynamic NAT: 여러 개의 사설 IP 주소에 대해 여러 개의 공인 IP 주소를 동적으로 할당시키는 것으로, IP 주소를 절약할 수 있으며 보안 면에서 장점이 있다.

  – PAT(Port Address Translation): 공인 IP 주소 1개에 사설 IP 주소 여러 개가 매칭되는 방식으로, 사설 네트워크 내 각 호스트에 임의의 포트 번호를 지정하여 사설 IP와 해당 포트번호를 공인 IP 주소와 해당 포트번호에 매칭·치환하는 방식이다.

---

23 정답 ③

정답해설

이용자의 정보보호(「정보통신망 이용촉진 및 정보보호 등에 관한 법률」제47조의4 제1항·제2항): 정부는 이용자의 정보보호에 필요한 기준을 정하여 이용자에게 권고하고, 침해사고의 예방 및 확산 방지를 위하여 취약점 점검, 기술 지원 등 필요한 조치를 할 수 있다. 정부는 제1항(앞문장)에 따른 조치에 관한 업무를 한국인터넷진흥원 또는 대통령령으로 정하는 전문기관에 위탁할 수 있다.

오답해설

① 정보통신망의 안정성 확보 등(동법 제45조 제1항): 다음 각 호의 어느 하나에 해당하는 자는 정보통신서비스의 제공에 사용되는 정보통신망의 안정성 및 정보의 신뢰성을 확보하기 위한 보호조치를 하여야 한다.

  1. 정보통신서비스 제공자

  2. 정보통신망에 연결되어 정보를 송·수신할 수 있는 기기·설비·장비 중 대통령령으로 정하는 기기·설비·장비(이하 "정보통신망연결기기 등"이라 한다)를 제조하거나 수입하는 자

② 정보보호지침에는 다음 각 호의 사항이 포함되어야 한다(동법 제45조 제3항).

  1. 정당한 권한이 없는 자가 정보통신망에 접근·침입하는 것을 방지하거나 대응하기 위한 정보보호시스템의 설치·운영 등 기술적·물리적 보호조치

  2. 정보의 불법 유출·위조·변조·삭제 등을 방지하기 위한 기술적 보호조치

  3. 정보통신망의 지속적인 이용이 가능한 상태를 확보하기 위한 기술적·물리적 보호조치

  4. 정보통신망의 안정 및 정보보호를 위한 인력·조직·경비의 확보 및 관련 계획수립 등 관리적 보호조치

  5. 정보통신망연결기기 등의 정보보호를 위한 기술적 보호조치

④ 정보통신망연결기기 등 관련 침해사고의 대응 등(동법 제48조의5 제2항): 과학기술정보통신부장관은 정보통신망연결기기 등과 관련된 침해사고가 발생하여 국민의 생명·신체 또는 재산에 위험을 초래할 가능성이 있는 경우 관계 중앙행정기관의 장에게 다음 각 호의 조치를 하도록 요청할 수 있다.

  1. 제47조의4 제1항(침해사고의 원인 분석 등)에 따른 취약점 점검, 기술 지원 등의 조치

  2. 피해 확산을 방지하기 위하여 필요한 조치

3. 그 밖에 정보통신망연결기기 등의 정보보호를 위한 제도의 개선

24

정답 ④

정답해설

④는 확률 분석법에 대한 설명이다. 순위 결정법은 비교 우위 순위에서 위험 항목의 서술적 순위를 결정하는 방법이다.

> **The 알아보기　위험 분석 방법론**
> - 과거자료 분석법: 과거 자료를 통해 위험 발생 가능성을 예측하는 방법으로, 자료가 많을수록 정확도가 높다.
> - 수학공식 접근법: 위험 발생 빈도를 수학적 공식으로 계산하는 방법으로, 과거 자료 분석법이 어려울 경우 사용한다.
> - 확률 분석법: 확률적 편차를 이용하여 사건을 예측하는 방법으로, 정확성이 낮다.
> - 델파이법: 시스템에 관한 전문적인 지식을 가진 전문가 집단을 구성하고, 토론을 통해 정보 시스템의 다양한 위협과 취약성을 분석하는 방법이다. 전문가 집단의 의견과 판단을 정리하므로 시간과 비용을 절약할 수 있다.
> - 시나리오법: 특정 시나리오를 통해 발생 가능한 위협의 결과를 우선순위로 도출하는 방법이다.
> - 순위 결정법: 비교 우위 순위에서 위험 항목의 서술적 순위를 결정하는 방법이다.

25

정답 ①

정답해설

안드로이드는 설치되는 응용 프로그램에 대해 개발자가 서명·배포하는 방식으로 개발과 배포가 자유롭다.

> **The 알아보기　ios와 안드로이드 비교**
>
> | 구분 | ios | 안드로이드 |
> |---|---|---|
> | **보안 통제권** | 애플(폐쇄적) | 개발자 혹은 사용자(개방적) |
> | **프로그램 실행 권한** | 관리자 | 일반 사용자 |
> | **응용 프로그램의 서명·배포** | 애플의 CA를 통함 | 개발자 |
> | **샌드박스 활용** | 엄격함 | ios에 비해 자유로움 |
> | **취약점** | 탈옥 | 루팅 |